*Journal of Japanese Law*

# 日本法研究

## 第5卷

## 2019

牟宪魁　主编

四川大学出版社

项目策划：李勇军
责任编辑：李勇军
责任校对：曾　鑫
封面设计：阿　林
责任印制：王　炜

**图书在版编目（CIP）数据**

日本法研究．第5卷 / 牟宪魁主编．— 成都：四川
大学出版社，2019.11
　　ISBN 978-7-5690-3185-0

　　Ⅰ．①日… Ⅱ．①牟… Ⅲ．①法学－研究－日本
Ⅳ．① D931.3

中国版本图书馆 CIP 数据核字（2019）第 256756 号

**书名　日本法研究　第 5 卷**
RIBENFA YANJIU DI 5 JUAN

| | |
|---|---|
| 主　　编 | 牟宪魁 |
| 出　　版 | 四川大学出版社 |
| 地　　址 | 成都市一环路南一段 24 号（610065） |
| 发　　行 | 四川大学出版社 |
| 书　　号 | ISBN 978-7-5690-3185-0 |
| 印前制作 | 四川胜翔数码印务设计有限公司 |
| 印　　刷 | 郫县犀浦印刷厂 |
| 成品尺寸 | 152mm×230mm |
| 插　　页 | 1 |
| 印　　张 | 16.75 |
| 字　　数 | 360 千字 |
| 版　　次 | 2019 年 11 月第 1 版 |
| 印　　次 | 2019 年 11 月第 1 次印刷 |
| 定　　价 | 49.00 元 |

扫码加入读者圈

四川大学出版社
微信公众号

# 目 录
## CONTENTS

# CONTENTS

## Articles

## Case Law

## New Legislation

## Research Overview

# 专题研究

## ARTICLES

# 债权流动化与禁止让与特约的效力

## ——日本法的转向与我国的课题

杨瑞贺[*]

## 一、问题的提出

我国《合同法》一方面允许债权人得自由让与其债权，以满足债权交易之需求。另一方面为保护债务人，使其不因债权让与陷入不利地位，又特设债务人保护之规定。例如，第82条关于债务人抗辩权的规定、第83条关于债务人抵销权的规定等。但是，债务人依此等规定仅能获得最低限度的保护。如有其他利益诉求，其可以依《合同法》第79条第2项与债权人订立禁止债权让与特约，以限制或禁止债权人转让其债权。这种特约在法律上的效力如何，则是一个十分重要的问题。我国民法学界对禁止让与特约的研究大多停留在引进外国立法例的层面，或在一般理论上讨论禁止让与特约的效力，对于禁止让与特约的存在意义与功能、其在债务人保护体系中的作用以及与其他制度的关系，还鲜有论及。此外，已有的相关论述多是围绕已发生债权展开的，对于将来债权让与后订立的禁止让与特约的效力，还没有专门的论述。

* 杨瑞贺，北海道大学法学研究科民法专业博士研究生。本文写作得到国家留学基金委"建设高水平大学公派研究生项目"资助。

我国对禁止让与特约的一些基本认识受日本法影响较大，关于禁止让与特约的学说也多来源于日本法。鉴于债权让与在现代交易社会中的重要性，日本在此次债权法修改伊始就将其列为修法的重要议题。在修法过程中，日本学者对禁止让与特约的效力进行了充分的讨论，积累了诸多研究成果。对于禁止让与特约的效力，日本民法修正案在债权归属层面上否定了禁止让与特约的对外效力，禁止让与特约的意义仅在于赋予债务人一项履行拒绝权。此外，对于将来债权让与后订立的禁止让与特约的效力，日本民法修正案也作出了明文规定。日本的这一立法动向还没有引起我国民法学界足够的重视，学者在讨论禁止让与特约的效力时，多在介绍日本民法修改前的判例与学说。目前，我国民法学担负着编纂民法典的使命，但不得不承认民法学的基础理论研究还相对薄弱。因此，借鉴国外先进的法律制度，具有重要的意义。

本文将先对我国关于禁止让与特约的学说进行整理，指出其存在的问题。然后，着重考察日本法上关于禁止让与特约的讨论。在汲取经验的基础上，重新审视禁止让与特约的效力。希望这些介绍和考察能对债权流动化及禁止让与特约效力的思考提供启示。

## 二、我国禁止债权让与特约效力研究的现状及存在的问题

我国《合同法》第 79 条规定，债权人可以将其债权让与第三人，但当事人约定不得转让的除外。债权人违反该约定（禁止让与特约）所为的债权让与的效力如何，学术见解不尽一致。

（一）物权效力说[①]

此说认为，禁止让与特约不仅使债权人负有不得让与债权的不作为义务，还使债权在内容上发生变更，即丧失可让与性，但债务

---

① 韩世远：《合同法总论》（第 3 版），法律出版社 2011 年版，第 470 页；魏振瀛主编：《民法》，北京大学出版社 2000 年版，第 355 页。吴光荣：《论违法让与禁止的法律后果》，载《法律科学》（西北政法大学学报）2014 年第 5 期，第 84-85 页；苏号朋：《试论债权让与的可牟利性》，载《法学》1993 年第 9 期，第 23 页。我国台湾地区关于禁止让与特约的论述，参见史尚宽：《债法总论》，中国政法大学出版社 2000 年版，第717 页；黄立：《民法债总论》，元照出版有限公司 1995 年版，第 599 页；林诚二：《民法债编总论——体系化解说》，中国人民大学出版社 2003 年版，第 495-496 页；孙森焱：《民法债编总论》（下册），文太印刷企业有限公司 2010 年版，第 943 页。

人不得以债权丧失可让与性对抗不知情的第三人。作为禁止让与特约的反射结果，违反该特约的债权让与无效。对于无效的主张权人，学界出现分歧，有绝对效力说和相对无效说之分。

1. 绝对无效说

此说认为，违反禁止让与特约的债权让与无效，该无效具有绝对效力，对于任何人而言均为无效，且任何人均得主张。绝对无效论者一方面认为禁止让与特约专为债务人之利益而设，另一方面却又主张禁止让与特约亦得由第三人主张。[①] 其间似有矛盾。违反禁止让与特约的债权让与的"无效"为绝对无效，是否意味着让与人的一般债权人、被让与债权的扣押权人等人也可以主张让与无效，值得探讨。这一学说主要存在如下疑问。

首先，绝对无效说无法合理说明善意受让人取得债权的问题。我国《合同法》虽无日本民法第 466 条第 2 项之规定，但在解释上通常认为禁止让与特约不得对抗善意受让人。[②] 全国人大法工委的合同法释义也认为，合同当事人的这种特别约定，不得对抗善意第三人，善意受让人可以主张让与有效。[③] 债权人违反禁止让与特约所为的债权让与并非绝对无效，绝对无效说无法合理说明善意受让人取得债权的问题。此外，对于"不得对抗善意第三人"中的"第三人"，一般认为转得人也属于"第三人"的范畴。在附禁止让与特约的债权被辗转让与的情形，即使第一受让人为恶意，善意的第二受让人也可以取得债权。[④] 岂不使原属无效的债权让与变为有

① 黄立：《民法债编总论》，元照出版有限公司 1995 年版，第 599 页。

② 张广兴、韩世远：《合同法总则》（下册），法律出版社 1999 年版，第 14 页（张广兴执笔）。王勤劳：《债权让与制度研究》，法律出版社 2013 年版，第 206 页。学者起草民法典草案建议稿也规定，禁止让与特约不得对抗善意第三人。参见梁慧星主编：《中国民法典草案建议稿附理由·债权总则编》，法律出版社 2013 年版，第 238－239 页。王利明主编：《中国民法典学者建议稿及立法理由·条文·立法理由·参考立法例·债法总则编·合同编》，法律出版社 2005 年版，第 120－121 页。

③ 胡康生：《中华人民共和国合同法释义》，法律出版社 2013 年版，第 147 页。

④ 韩世远：《合同法总论》（第 3 版），法律出版社 2011 年版，第 469 页。

效，变相承认善意转得人可以善意取得债权。① 如此解释理论上有难以自圆其说之处。

其次，绝对无效说不符合我国《合同法》第 79 条第 2 项的立法目的。《合同法》第 79 条第 2 项的规范目的在于保护债务人的利益。既然禁止让与特约的目的在于保护债务人，那么该特约也仅应由债务人主张。在司法实务中，可能会出现一个有趣的现象，即禁止让与特约不是由债务人主张，而是由债务人以外的人来援引，他们希望通过主张让与无效实现其对让与人的债权②。例如，债权人甲将其对债务人乙享有的附禁止债权让与特约的债权让与恶意受让人丙，并通知了债务人乙，紧接着甲的一般债权人丁扣押了被让与债权。乙对先前让与表示承认，并向丙清偿了债务。在该事例中，乙没有主张禁止让与特约，而是向受让人丙清偿了债务。乙与丙不存在利益冲突，而丁与丙的利益发生对立。利益的天平是倾向丙还是丁，值得探讨。如站在绝对无效论者的立场上，债权让与绝对无效，丁当然可以主张让与无效。③ 如此一来，将引发一个深层次的问题，即禁止让与特约究竟在保护何人的利益。如肯定丁的请求，禁止让与特约在一定程度上成为保护债务人以外之人的制度。但从《合同法》第 79 条第 2 项的规范目的观之，应否定丁的请求。上述主张任何人均得援用禁止让与特约的观点背离了《合同法》第 79 条第 2 项的规范目的。

最后，绝对无效说未必能实现保护债务人的目的。在上述事例中，债务人乙没有主张禁止让与特约，而是向受让人丙履行了债务。甲的债权人丁为何能通过主张禁止让与特约之存在，而宣布让与无效。承认丁的请求，意味着债权让与归于无效，让与人甲还是

① 孙森焱：《民法债编总论》（下册），文太印刷企业有限公司 2010 年版，第 943 页。在日本，也有学者产生了类似的疑问，即在物权放力说的语境下，恶意（或重大过失）的受让人不能取得债权（为完全无权利人），从该受让人处受让债权的转得人即使为善意无重大过失，也无继承取得债权的余地，参见潮见佳男『プラクティス民法（第 4 版）』（信山社、2012 年）480 頁。

② ハイン・ケッツ〔潮見佳男＝中田邦博＝松岡久和訳〕『ヨーロッパ契約法Ⅰ』（法律文化社、2000 年）510 頁。

③ 有学者认为，禁止让与特约系为债务人之利益而设，本仅应由债务人主张让与无效，但同时又主张该特约得由第三人援引。参见黄立：《民法债编总论》，元照出版有限公司 1995 年版，第 599 页。

被让与债权的债权人，乙的清偿行为构成非债清偿，当然其可以请求丙返还不当得利。但在丙资不抵债时，乙可能会承担债权无法回收的风险。绝对无效论者主张违反禁止让与特约的债权让与绝对无效，显然逾越了该特约保护债务人的目的范围。

2. 相对无效说

此说认为，违反禁止让与特约的债权让与，仅对债务人不发生效力，属于相对无效。[①] 在某种意义上，可以说该学说在债务人保护所必要的范围内承认了禁止让与特约的效力。即债权让与对让与当事人及第三人而言有效，而对债务人而言无效。债务人可以无视债权让与的发生，继续向原债权人清偿。如此解释《合同法》第79条第2项，有利于保护债务人固定清偿对象的利益，而且还保障了债权人的财产处分自由。此种在债务人保护所必要的范围内承认禁止让与特约的效力的做法，总的来说是正确的，但仍存在如下疑问。

首先，中国法上是否存在相对无效说的法条依据。相对无效说来源于德国法，其法律根据在于德国民法第135条。该条系仅为保护特定人利益而设，违反该规定的处分，仅对该特定人不发生效力，属于相对无效。[②] 德国学者通过援引该条的立法趣旨，论证了权利（债权）处分限制中适用相对无效构成的可能性。在我国，也有学者反对绝对无效说的基本立场，主张采用德国法上的相对无效说。[③] 但对于我国民法处分障碍体系中适用相对无效的可能性，学者并没有进行充分的研究。如果禁止让与特约的目的只是为了保护债务人，那么法律只要赋予债务人一项履行拒绝权，使其可以拒绝债务人的履行请求，继续向原债权人清偿等，即足以保护债务人。如此一来，债务人固定清偿对象的利益得到保护，完全没有必要在

[①] 对于禁止让与特约的效力，韩世远教授认为，宜采持物权效力说，违反禁止让与特约的债权让与相对无效，参见韩世远：《合同法总论》（第3版），法律出版社2011年版，第470页。该说的基本思想是，基于契约的利益调整，原则上不应触及当事人以外的法律关系及利益。参见石田刚『債権譲渡禁止特約の研究』（商事法務、2013年）174頁。

[②] 参见台湾（地区）大学法律学院、台大法学基金会编译：《德国民法典》，北京大学出版社2017年版，第118页。

[③] 庄加园：《禁止债权让与约定的效力模式解析》，载《为民法而斗争》（梁慧星先生七秩华诞祝寿文集），法律出版社2014年版，第643页。

债权归属层面上承认禁止让与特约的效力。

其次，禁止让与特约的相对无效构成可能致使被让与债权无法回收。依相对无效说，在债务人与让与人的关系上，让与人仍享有免除、内容变更、抵销等有关债权处分的权限。受让人得到的只不过是债权的消极权能，欠缺债权的本质效力。恶意受让人不能请求债务人履行债务，而让与人又缺乏回收不属于自己责任财产的被让与债权的动力。如此一来，可能会出现被让与债权无法回收的闭塞状态。在我国，虽有学者主张导入德国的相对无效说，但鲜有论及这一闭塞状态的解除。

最后，相对无效说未必能实现禁止让与特约保护债务人的目的。一般情况下，相对无效说可以起到保护债务人的作用。但在多重让与及让与人的一般债权人扣押被让与债权的情形，相对无效说未必能实现保护债务人的目的。[1] 试举例分析：在债权人甲将其对债务人乙享有的附禁止让与特约的债权先后让与恶意的第一受让人与善意的第二受让人，并通知了债务人的情形，对债务人乙而言，善意的第二受让人丁为新的债权人，乙可以向丁清偿。但丁受领清偿后，须向丙返还不当得利（恶意的第一受让人丙因善意的第二受让人丁的登场最终取得被让与债权）。另外，乙还可以对第一次债权让与表示承认，而向丙清偿。总之，乙只能向丙或丁清偿，不能向甲清偿。如此一来，债务人以禁止让与特约所确保的固定清偿对象的利益，未能获得保护。乙在第二受让人丁出现之前，债务人可以拒绝第一受让人丙的履行请求，继续向原债权人甲进行清偿或抵销。为何第二受让人丁登场后，债务人乙就丧失其以禁止让与特约所确保的固定清偿对象的利益。我国学者继受德国法上的相对无效说是否妥当，诚有疑问。

---

[1] 赫高規「改正債権譲渡禁止特約法制についての 4 つのありがちな誤解」事業再生研究機構編『債権譲渡法制に関する民法改正と事業再生』（商事法務、2017 年）171 頁。

### （二）债权效力说①

此说认为，禁止让与特约仅使债权人负有不得让与债权的不作为义务，具有债权效力，仅对债权人及债务人有拘束力，债权人违反禁止让与特约所为的债权让与应属有效。但在受让人已知该特约之存在时，债务人可以对该受让人提出恶意抗辩。债权效力说在一定程度上缓和了禁止让与特约的绝对效力对债权交易产生的不利影响，但仍存在如下疑问。

首先，债权效力说无法合理解释禁止让与特约可以对抗恶意受让人的问题。依债权效力说，债权人和债务人间的约定仅具有债权效力，不宜约束作为第三人的受让人。② 按此逻辑，违反禁止让与特约的债权让与绝对有效，即使受让人为恶意亦同。债权效力论者一方面主张禁止让与特约具有债权效力，另一方面却又认为债务人得以该特约对抗恶意受让人。其间似有矛盾。

其次，债务人主张恶意抗辩权时的法律关系不甚明确。债权效力论者认为，债务人可以对恶意的受让人提出恶意抗辩。但对于恶意抗辩的具体内容，学界还鲜有论及。有学者认为，如果债务人提出受让人为恶意的抗辩，主张债权让与无效的，应当予以支持。③ 由此可见，让与无效并非恶意抗辩的必然结果，其以债务人主张为前提。债务人不主张让与无效，只是拒绝恶意受让人的履行请求的，法律是否应当予以支持。按照债权效力论者的观点，答案应该是肯定的。但是，当债务人提出恶意抗辩时，恶意受让人是溯及地未取得债权，还是债权让与溯及地无效，还是恶意受让人取得债权，只不过债务人可以拒绝恶意受让人的履行请求，在解释上存在多种可能性。④

---

① 崔建远主编：《合同法》，法律出版社 2010 年版，第 216 页；王利明：《合同法研究》，中国人民大学出版社 2003 年版，第 243 页；谢鸿飞：《合同法学新发展》，中国科学出版社 2015 年版，第 363 页。

② 崔建远主编：《合同法》，法律出版社 2010 年版，第 216 页。

③ 参见崔建远主编：《合同法》，法律出版社 2010 年版，第 216 页；王利明：《合同法研究》，中国人民大学出版社 2003 年版，第 243 页；谢鸿飞：《合同法学新发展》，中国科学出版社 2015 年版，第 363 页。

④ 日本法上的债权效力说存在着同样的问题，详见米仓明「債権讓渡禁止特約に関する再檢討」法学研究 47 卷 2 号（2006 年）21—22 頁。

最后，债权效力说的具体内容不甚明确。在受让人明知禁止让与特约之存在的情形，依债权效力说，债务人当然可以拒绝恶意受让人的履行请求。但有疑问的是，债务人是否必须遵照让与人的履行请求，其可否以让与人已处分其债权为由拒绝让与人的履行请求。如债务人可以拒绝让与人的履行请求，则可能出现让与人和恶意受让人均不能请求债务人履行债务的局面。此外，在债权多重让与的情形下，债权效力说的不透明性更加明显。① 试举例说明：债权人甲将其对债务人乙享有的附禁止让与特约的债权先后让与恶意的第一受让人与善意的第二受让人的情形，债务人可以拒绝恶意的第一受让人丙的履行请求，这一点不难理解。有疑问的是，债务人是否也能向善意的第二受让人丁主张第一次让与为无效的法律效果（因乙向甲清偿，债务消灭），债务人是否必须遵照善意的第二受让人丁的履行请求，受领给付的第二受让人是否应向第一受让人丙返还不当得利。如果债务人必须遵照第二受让人丁的履行请求，那么债务人可能丧失其原本得以禁止让与特约所追求的利益。对于禁止让与特约的效力，我国学者多主张借鉴日本法上的债权效力说，但鲜有学者论及该说的具体内容。②

（三）禁止让与特约效力的类型化分析

1. 以禁止让与特约的形式为类型化标准的区分效果论

区分效果论者主张应当以当事人表示的意思为类型化的标准，赋予禁止让与特约不同的效力。③ 此观点的理论依据在于，禁止让与特约的不同形式体现了当事人的不同利益，法律应当尊重当事人的选择。即在排除让与的约定中，当事人的意思是绝对排除债权让与，而在限制让与的约定中，债务人享有选择债权人或排除部分债权人的利益。就其法律效果而言，当事人作出前者约定，债权人违反该约定让与债权的，债权让与绝对无效。当事人做出后者约定，债权人违反该约定让与债权的，债权让与相对无效。区分效果论在

---

① 赫高规「債権譲渡禁止特約と債権法改正」NBL987 号（2012 年）14 頁。

② 日本学者关于债权效力说的检讨，参见米倉明「債権譲渡禁止特約に関する再検討」法学研究 47 卷 2 号（2006 年）21—25 頁；赫高规「債権譲渡禁止特約と債権法改正」NBL987 号（2012 年）14 頁。

③ 冯洁语：《论禁止债权让与特约效力的教义学构造》，载《清华法学》2017 年第 4 期，第 139—140 頁。

一定程度上可以缓和禁止让与特约的绝对效力对债权交易产生的不利影响，但仍存在如下疑问。

首先，《合同法》第79条第2项内部效果的类型化欠缺制定法上的依据。站在物权效力论者的立场上理解"不得让与"，可以认为债权因该项约定丧失可让与性，违反该约定的债权让与绝对无效。但有疑问的是，限权规范的违反是否必然发生相对无效的法律效果。按照区分效果论者的观点，《合同法》第79条第2项是对债权人处分权的限制，但让与人的处分能力并未受到限制。① 因此，债权人违反该项约定让与债权的，只要债权人有处分能力，原则上应为有效，而非相对无效。值得注意的是，区分效力效果论并非我们学者所创，其理论根源来自德国法。德国学者曾尝试参照德国民法第135条的规范意旨，将相对无效引入到让与无效中，以克服禁止让与特约的绝对效力所带来的问题。我国民法上是否存在德国民法第135条式的规定姑且不论，但可以肯定的是，限权规范的违反未必产生相对无效的法律效果。

其次，《合同法》第79条第2项的规范目的在于保护债务人的利益，但并不意味着债务人有选择不同效力模式的权利。我国《合同法》采纳了"债权自由让与＋债务人特别保护"债权让与模式，不同于民法通则所采的"债务人同意主义"。在判断债权让与的法律效果时，应当注意禁止让与特约在债务人保护体系中所处的位置及其与其他制度的相关关系。遗憾的是，鲜有学者将禁止债权让与特约的效力问题与此等规定联系起来思考。当债务人的利益通过其他保护规定获得保护时，禁止让与特约的存在意义大大缩减，至少没有必要承认其对外效力。

最后，基于特约形式的类型化背离了我国司法实践，无益于债权让与纠纷的解决。"债权人不得让与债权"，"债权人经债务人同意可以让与债权"，"债权人非经债务人同意不得让与债权"等，从文义上看，上述表述并无本质区别，均在限制债权人让与债权。在司法实务中，法院一般也认为，后两种形式的约定可以纳入《合同

---

① 对于违反禁止让与特约的效力，有学者认为该特约乃对于某行为或准许或可否之限制，处分能力之限制，乃对于能力之限制，两者有所不同。参见张谷：《论债权让与契约与债务人保护原则》，载《民法商法学》2003年第6期，第7页。

法》第 79 条第 2 项"不得让与之约定"的范围，在法律效果上并无本质不同。[①] 在比较法上，各国多不区分禁止让与特约的形式，无论是当事人约定"债权不得让与"，还是当事人约定"债权让与须征得债务人同意"，均统一适用有关禁止让与特约的规定。基于禁止让与特约形式的区分效果论不但不利于债权让与纠纷的解决，而且还延续了绝对无效说和相对无效说的缺陷。

2. 以"债权的发生原因"为类型化标准的区分效果论

关于禁止让与特约的效力，有学者认为可以考虑区分民事债权让与与商事债权让与。[②] 对于一般民事债权让与，主张修改合同法，增设有关禁止让与特约不得对抗善意第三人的规定。对于商事行为中的债权让与，则主张合同法应当增设有关禁止让与特约不能对抗受让人的规定。[③] 鉴于金钱债权让与的重要性，有学者提议《合同法》第 79 条第 2 项应增加例外规定，即"禁止让与约定不能阻碍金钱债权让与的效力，违反约定的当事人须承担违约责任"。[④] 对于债务人的利益，该却学者认为，债务人向特定债权人给付的利益相对于债权交易安全相当微弱，即使牺牲债务人的利益也不至于给债务人带来太多的麻烦。[⑤] 此外，还有学者认为，我国可借鉴美国统一商法典及德国商法典的规定，限制禁止让与特约的适用范围，规定当事人在商事领域中就金钱债权不得约定禁止让与，以使金钱债权更加自由的流动。[⑥]

对于商事交易产生的金钱债权，其流动性的确保有利于债权交易安全的保护，但也不应忽视对债务人利益的保护。在债权让与的问题上，一直以来就存在着这样一种思想：债务人不能因债权让与

---

[①] 参见"北京涿鹿通宜建材有限公司与北京市青年路混凝土有限公司、北京市第二建筑工程有限责任公司买卖合同纠纷案"，(2008) 昌民初字第 03816 号判决书。

[②] 黄斌：《国际保理业务中应收账款债权让与的法律分析》，载《清华大学学报（哲学社会科学版）》2006 年第 2 期，第 137－144 页。

[③] 参见黄斌：《国际保理业务中应收账款债权让与的法律分析》，载《清华大学学报（哲学社会科学版）》2006 年第 2 期，第 137－144 页。

[④] 庄加园：《合同法第 79 条（债权让与）评注》，载《法学家》，2017 年第 3 期，第 172 页。

[⑤] 庄加园：《合同法第 79 条（债权让与）评注》，载《法学家》，2017 年第 3 期，第 172 页。类似观点见杨明刚：《合同转让论》，中国人民大学出版社 2006 年版，第 115 页。

[⑥] 杨明刚：《合同转让论》，中国人民大学出版社 2006 年版，第 369 页。

陷入不利地位。在我国，虽有学者主张否定禁止让与特约的对外效力，但鲜有论及债务人利益的保护。这种极易导致债务人的利益保护被淡化的观点似乎忽视了上述立法例中有关债务人保护的规定，同时也反映了我国学者并没有深入探讨禁止让与特约与其他债务人保护规定之间的关系。为促进债权流动，美国统一商法典、国际保理公约、联合国国际贸易应收账款转让公约等立法例否定了禁止让与特约的对外效力，但并没有舍弃对债务人利益的保护。例如，联合国国际贸易应收款转让公约作为否定禁止让与特约对外效力的代价，扩大了债务人的抵销范围（第18条第1款）。即只要债务人对让与人享有的债权产生于原始合同或相同交易的其他合同，即得以该债权为主动债权与被让与债权进行抵销。债务人原本得以禁止让与特约保护的抵销利益，通过其他规定获得保护。

## 三、日本法上关于禁止债权让与特约的讨论

### （一）日本现行民法的理论状况

日本现行民法第466条规定："债权可以让与。但其性质不允许的，不在此限。前项规定，在当事人表示相反的意思时，不予适用。但该意思表示不得对抗善意第三人。"该条第2项是关于禁止让与特约的规定。日本学说与判例上，对于禁止让与特约的效力，存在诸多见解。

1. 学说动向

（1）物权效力说

日本学者为解释民法第466条第2项本文规定，在民法典制定后不久便导入了德国法上的物权效力说，并将日本民法第466条第2项但书与德国民法第405条等而视之。[1] 物权效力说认为，禁止让与特约使债权丧失可让与性，违反该特约的债权让与无效，但债务人不得以债权丧失可让与性，对抗善意第三人。[2] 关于禁止让与特约的对外效力，日本学者多从契约自由原则及禁止让与特约的利

---

[1] 关于日本民法第466条第2项的讨论，参见池田清治「民法理論の構造と展開に関する実証的研究」（科研費報告書）85頁。

[2] 我妻栄「譲渡禁止特約のある債権の差押」法学志林43巻7号（1932年）32－33頁。

用实态中寻找理论根据。即当事人可以自由决定债权的内容，作为债权内容的限制，当然也可以将债权固定在原债权人处，以防债权人处分其债权。[1] 此外，还有学者认为，毫无例外地承认债权具有可让与性的做法欠缺妥当性，应适当考虑当事人的特殊情况，并予以尊重。[2]

（2）债权效力说

债权效力说对禁止让与的特约的对外效力本身提出了质疑。如杉之原舜一认为，禁止让与特约仅在债务人及债权人间创设相对不得让与的债权，债权人违反该特约，与恶意受让人订立的作为债权让与原因的债权契约本身有效，债务人只不过是可以对恶意受让人主张恶意抗辩。[3] 所谓恶意抗辩究竟是指债务人可以对恶意受让人主张让与无效，还是债务人仅可以拒绝恶意受让人的履行请求，在解释上存在多种可能性。类似观点还见于近藤英吉和柚木馨。[4] 他们认为，禁止让与特约仅在当事人间创设债权人不得让与债权的不作为债务关系。但是，对于明知禁止让与特约之存在的第三人，却认为当事人得以恶意之抗辩，主张让与行为无效。此外，还有学者认为债务人可以对恶意受让人主张"让与无效"乃至"恶意抗辩"。[5]"让与无效"与"恶意抗辩"在法律效果上究竟存在何种区别，这一点是有疑问的。近年来，学者认为即使债务人提出恶意抗辩，但并不能改变恶意受让人取得债权的事实，债务人所能行使的权利只不过是拒绝恶意受让人的履行请求[6]。这一见解将禁止让与特约的主张权人限定在债务人，符合该特约的制度本质，诚值赞同。

---

[1]　石坂音四郎『日本民法第 3 編　債権総論（中巻）』（有斐閣、1924 年）1206 頁。

[2]　米倉明「債権譲渡の禁止」奥田昌道ほか編『民法学 4（債権総論の重要問題）』（有斐閣、1976 年）279 頁。

[3]　杉之原舜一『判例民事法大正 14 年度 34 事件』（有斐閣、1927 年）149 頁。

[4]　近藤英吉＝柚木馨『注釈日本民法（債権総則）中巻』（厳松堂書店、1934 年）346 頁。

[5]　西村信雄編集『注釈民法（11）債権（2）』（有斐閣、1965 年）365 頁。池田眞朗『債権譲渡法理の展開』（弘文堂、2001 年）319 頁。

[6]　池田清治「民法理論の構造と展開に関する実証的研究」（科研費報告書）15 頁。

（3）特约效力限制论

米仓明教授对禁止让与特约可以对抗恶意第三人的通说见解提出了质疑，他认为存在禁止让与特约不得对抗恶意第三人的情形，由此展开了特约效力限制论。[①] 米仓明教授主张，应在对债务人以禁止让与特约所追求的利益与恶意第三人的利益进行比较后，再确定该特约是否具有对外效力。他认为，仅在债务人的利益优先于恶意受让人的利益时，债务人才得以该特约对抗恶意第三人。除此之外，无民法第 466 条第 2 项适用之余地。其类型化的标准是：禁止让与特约保护何人的利益及保护何人的何种利益。[②]

对于债务人以禁止让与特约所追求的利益，米仓明教授总结如下：①避免事务手续的繁杂化；②防止错误给付的发生；③确保抵销期待利益；④维持债权人和债务人间的特殊关系；⑤避免在清偿期内履行债务。[③] 就其利益衡量的结果而言，利益①固然值得保护，但不足以否定债权让与的效力；利益②及③可以通过其他债务人保护规则获得保护，完全没有必要承认禁止让与特约的对外效力；[④] 利益⑤基本上不值得法律保护；总之，④以外的利益在对恶意受让人的关系上，并不值得保护，应扩大债权自由让与原则的适用范围，限制禁止让与特约的效力。

然而，依日本现行民法第 466 条第 2 项但书的反对解释，债务人得以禁止让与特约对抗恶意受让人。此外，特约效力限制论判定禁止让与特约是否具有对外效力的标准也不甚明确。特约效力限制论的基本立场难以继续坚持。米仓明教授在 2006 年的《禁止债权让与特约的再检讨》一文中放弃了特约效力限制论，进而主张应根据交易类型分别确定禁止让与特约的效力。他在论文中主要探讨了以下四种交易类型：交互计算类似型、矛盾型、非继续交易型和背信行为型[⑤]。

---

① 米倉明『債権譲渡——禁止特約の第三者効』（学陽書房、1976 年）39 頁。
② 米倉明『債権譲渡——禁止特約の第三者効』（学陽書房、1976 年）68 頁。
③ 米倉明『債権譲渡——禁止特約の第三者効』（学陽書房、1976 年）70—88 頁。
④ 关于正文中的利益①②③，米仓明教授设想的债权类型是存款债权，准确而言是存在权中的定期存款债权。米仓明教授之所以否定此等利益，主要是为了促进存款债权的让与。值得注意的是，日本新民法没有采纳这一观点，而是就存款债权的让与，特别规定了禁止让与特约的效力。
⑤ 米倉明『債権譲渡——禁止特約の第三者効』（学陽書房、1976 年）54—62 頁。

（4）特约废止论

池田真朗教授对禁止让与特约的对外效力提出了质疑，他在立法论上主张废除民法第 466 条第 2 项，在解释论上支持债权效力说的基本立场。[①] 删除民法第 466 条第 2 项后，禁止让与特约的效力遵从契约相对性原则。即禁止让与特约具有相对效力，仅对债务人及债权人有拘束力，债权人违反禁止让与特约所为的债权让与有效，即使受让人为恶意亦同。废除禁止让与特约后，债务人原本得以该特约确保的利益如何获得法律保护，是特约废止论者不得不面对的问题。此外，值得注意的是，日本在债权法修改过程中也曾提出了完全否定禁止让与特约的对外效力的提案[②]。但是，作为否定特约对外效力的代价，日本法进一步扩大了债务人的抵销范围[③]。即当债务人对让与人的反对债权产生于让与通知前时，其得以该债权为主动债权抵销被让与债权。另外，即便债务人的反对债权产生产生于让与通知后，当其发生原因存在于让与通知前或与被让与债权产生于同一交易时，仍得以该债权为主动债权与被让与债权进行抵销。禁止让与特约与债务人的抵销之抗辩存在相关关系，故在讨论禁止让与特约的对外效力时，不应忽略对债权让与中债务人抵销范围的研究。

近年来，关于禁止让与特约，司法实务中出现了新的利用状态，且在日本银行存款契约、承揽契约和买卖契约等契约中通常附有禁止让与特约。如不考察禁止让与特约的利用实态，即当事人基于何种理由订立禁止让与特约，则难以在一般论上否定特约的对外效力。池田真朗教授也对特约废止论呈现出谨慎的姿态。在日本债权法修改过程中，他就禁止让与特约提出了以下三个提案[④]：一是维持民法第 466 条第 1 项，删除第 2 项。值得注意的是，这一提案

---

① 池田眞朗『債権譲渡法理の展開』（弘文堂、2001 年）305－340 頁。

② 删除民法第 466 条第 2 项，同时增设有关禁止让与特约仅在债务人与让与人之间有效，不得对抗第三人的规定（甲案）。参见部会資料 37・1－6 頁。

③ 部会資料 37・50－53 頁。

④ 池田眞朗『債権譲渡と電子化・国際化』（弘文堂、2010 年）375－378 頁。池田眞朗「債権譲渡・債務引受・契約上の地位の移転（譲渡）——法制審議会部会の配布資料「検討事項」の概観を中心に」池田眞朗・平野裕之・西原慎治編著『民法（債権法）改正の論理』（新青出版、2010 年）4－8 頁。池田眞朗「民法改正法案債権譲渡部分逐条解説」慶応法学 36 巻（2016 年）50 頁。

并非绝对保护受让人。在受让人参与禁止让与特约的缔结的情形，肯定了禁止让与特约的对外效力。二是否定禁止让与特约的有效性，但对存款债权等债权类型特设规定，继续承认禁止让与特约的对外效力。三是否定禁止让与特约的效力，并列举适用的债权类型。日本在民法修改过程中也曾提出了类型化的提案。例如，禁止让与特约原则上可以对抗恶意或重大过失的受让人，但对于一定类型的债权，不得以该特约对抗受让人[①]。以债权的种类为类型化的标准分别赋予禁止让与特约不同效力的观点富有启示。

（5）相对无效论

相对无效说以物权效力说作为理论前提，但将让与无效的主张权人限定于债务人。债务人以外的第三人，如让与人的破产管理人、让与人的一般债权人和多重让与中的受让人等无从援用禁止让与特约，进而主张让与无效。相对无效说系德国法上的有力说，但尚未取得通说地位。石田刚教授论证了日本法导入德国法上的相对无效说的可能性。[②] 其主要论据是：①法国式对抗要件主义的导入，使日本法从正面承认了债权的相对归属；[③] ②以履行请求权作为债权本质的传统债权观对日本法的影响大不如德国；[④] 而契约利益的观点并没有将给付限定在履行请求权，而是将其看作一个膨胀性的概念。如将债权让与理解为附禁止让与特约等诸多限制的法律地位的移转，第三人受让附限制的债权并不足为奇；③相对无效说

---

① 部会資料 37・1 頁。如采该提案，债权具体类型的确定成为法律上的难题。有意见指出，对于金钱债权，应当否定禁止让与特约的对外效力。参见部会資料 37・5 頁。此外，还有意见认为，应当以债权让与的目的为类型化的标准分别赋予禁止让与特约不同的法律效力。参见部会第 45 回会議議事録・3 頁〔中井委員発言〕。

② 石田刚教授的论文发表之前，栗田隆和倉重八千代探讨了日本法导入相对无效说的可能性，不过两学者均持否定见解。至于其理由，参见倉重八千代「ドイツ法における債権讓渡禁止特約規定についての一考察（三・完）——ドイツ民法 BGB 第 399 条の規定からドイツ商法 HGB 第 354a 条の新設までを中心に」明治学院大学法学研究 86 号（2009 年）187−191 頁、栗田隆「債務者には主張し得ないが、第三者には主張することができる債権讓渡——讓渡禁止特約の効力の相対的制限は可能か?」関西大学法学論集 54 巻 2 号 153 頁以下。

③ 石田刚『債権讓渡禁止特約の研究』（商事法務、2013 年）220 頁。

④ 石田刚『債権讓渡禁止特約の研究』（商事法務、2013 年）237 頁。

在实质上强化了受让人的法律地位。①

此外，值得注意的是，日本新民法没有采纳相对无效说的基本观点，而是规定违反禁止让与特约的债权让与完全有效（新民法第466条第2项）。在日本新民法上，禁止让与特约的意义仅在于将清偿对象固定在原债权人，并不具有妨碍债权让与的效力。日本新民法的立场与相对无效说的立场并非完全对立，在法律效果上仍有相似之处，即债务人可以拒绝受让人的履行请求，继续向原债权人进行清偿。不同之处体现在，依相对无效说，违反禁止让与特约的债权让与对债务人而言无效，债务人可以无视让与人发出的让与通知，无管理债权让与之必要，而在新民法下债权让与对债务人也有效，债务人可能要承担管理债权让与的负担。

2. 判例演进

（1）债权让与的效力

对于违反禁止让与特约的债权让与的效力，昭和52年判决作出如下判断②："即便是在受让人受让附禁止让与特约的指名债权时知道该特约之存在的情形，债务人事后对该债权让与表示承认的，债权让与溯及至让与时发生效力。债权人让与其债权，并对债务人发出附确定日期的让与通知的，债务人于承认后，可以对扣押债权人、受转付命令的第三人主张让与有效。"依这一判决，债务人对违反禁止让与特约的债权让与表示承认时，债权让与溯及至让与时有效。这意味着该判决以物权效力说为前提，即违反禁止让与特约的债权让与无效。③ 因为如采债权效力说，债权让与自让与时即为有效，不存在债权让与溯及生效的问题。

（2）让与无效的主张权人

对于何人可以主张禁止让与特约的问题，平成9年判决做出了

---

① 在附禁止让与特约的债权以担保的形式被让与后，让与人破产的情形，受让人作为担保权人享有优于让与人的一般债权人的地位；债权让与后，让与人的扣押债权人对被让与债权申请强制执行时，受让人为保护自己的利益，可以提起第三人异议之诉；在债权多重让与的情形，债务人对在第三人对抗要件关系上处于劣势地位的第二受让人进行清偿时，第一受让人可以请求第二受让人返还不当得利。

② 最判昭和52年3月17日民集31卷2号308页。

③ 奥田昌道「譲渡禁止特約付債権が悪意の譲受人に譲渡されたのちに債務者が承諾を与えた場合の効力」『民法判例百選Ⅱ債権（第二版）』（有斐閣、1982年）74頁。

如下判断："对于附禁止让与特约的指名债权，受让人知道或因重大过失不知该特约之存在而受让该债权，债务人事后对债权让与表示承认时，债权让与溯及至让与时发生其效力。但依民法第116条之意旨，不得损害第三人的利益。在本案中，受让人知道或因重大过失不知禁止让与特约之存在，其不能因债权让与直接取得被让与债权。即便债权让与因债务人之承认溯及至让与时发生效力，其也不能对债务人承认前登场的扣押权人丁主张债权让与的效力。"①在判例评析上，日本学者通常认为该判决以扣押权人可以主张禁止让与特约为前提。②肯定扣押权人的请求意味着，禁止让与特约一定程度上起着保护债务人以外之人的作用。对于扣押权人的利益何以值得法律保护的问题，日本学界未做深入研究。有学者反对判例的基本立场，认为禁止让与特约的意义在于保护债务人，并不具有保护债务人以外之人的功能。③简言之，扣押权人只是偶然地因恶意受让人的出现而获得法律保护。相反，在受让人为善意的情形，具备第三人对抗要件的受让人可以对抗扣押权人，主张其为新的债权人。既然禁止让与特约不能排除善意受让人的登场，扣押权人的这一偶然利益也就不值得法律保护。

（3）无效主张权人的范围

对于让与人可否主张禁止让与特约的问题，平成12年判决做出如下判断："以否定债权的可让与性为意旨的禁止让与特约专为保护债务人利益而设。违反禁止让与特约处分债权的债权人，不具有以该特约存在为由主张让与无效的独自利益。除债务人有明确主张让与无效的意思等特殊情况外，债权人不得主张让与无效。"④该判决没有采纳绝对无效说的观点，而是否定了让与人的无效主张请求。对于让与人及债务人以外的人可否主张让与无效的问题，该判决并有表明立场。不过，按照调查官的解说，即便是债务人以外的人，当其具有以禁止让与特约存在为由主张让与无效的独自利益

---

① 最判平成9年6月5日民集51卷5号2053页。
② 石田剛『債権讓渡禁止特約の研究』（商事法務、2013年）255页。潮見佳男『新債権総論』（信山社、2017年）393页。
③ 赫高規「債権讓渡禁止特約と債権法改正」NBL987号（2012年）12-13页。
④ 最二判平成21年3月27日民集63卷3号449页。

时，也可以主张让与无效。[1] 此外，还有观点认为，即使采纳相对无效说，也不应将无效的主张权人限定在债务人，扣押权人等人也可以主张让与无效。[2] 按此逻辑，以禁止让与特约所保护的利益，除债务人外还包括债务人以外之人的利益。

（二）日本新民法规定的分析与检讨

1. 违反禁止让与特约的债权让与绝对有效

日本新民法在债权归属层面上否定了禁止让与特约的对外效力（新民法第 466 条第 2 项）。即违反禁止让与特约所为的债权让与完全有效，即使受让人为恶意或重大过失亦同。[3] 对违反禁止让与特约的债权让与的效力，采绝对有效说，有利于充分保护受让人的利益。受让人在其权利存续期间，可以免受让与人的一般债权人的干扰。

2. 债务人可以拒绝恶意或重大过失受让人的履行请求

日本新民法在债务人保护所必要的限度内承认了禁止让与特约的对外效力。[4] 在受让人为恶意或有重大过失的情形，债权人之变更对债务人而言构成了不可接受的事实时，债务人可以拒绝受让人的履行请求，继续向原债权人进行清偿，且得以债务消灭的效果对抗受让人（新民法第 466 条第 4 项）。在日本法上，禁止让与特约的意义在于赋予债务人一项履行拒绝权，使其可以拒绝受让人的履行请求。如此一来，债务人原本得以禁止让与特约保护的固定债权人的利益在新民法下仍然获得保护。另须说明，日本新民法不承认债务人选择债权人的利益[5]。在司法实务中，禁止让与特约可能以"未经债务人书面同意不得让与债权或出质"的形式出现，但在解释上应将该条款解释为"固定清偿对象"的特约，统一适用民法第

---

① 『最高裁判所判例解説民事編平成 21 年度（上）（1 月－6 月）』（高橋譲調査官）258 頁。

② 行廣浩太郎「讓渡禁止特約に反する債権讓渡と讓渡禁止債権の差押債権者などによる無効主張の可否」判例タイムズ 1142 号（2018 年）12 頁。

③ 潮見佳男『民法（債権関係）改正法の概要』（金融財政事情研究会、2017 年）149 頁。

④ 中間試案の補足説明・236 頁。

⑤ 部会第 3 分科会第 3 回会議議事録・53 頁〔内田委員発言〕。

466 条第 3 项。[①]

3. 禁止让与特约效力的限制

日本新民法原则上认为债务人得以禁止让与特约对抗恶意或重大过失的受让人，但在下列情形又限制了禁止让与特约的对外效力。

其一，在债务人不履行其债务的情形，受让人可以确定相当的期限催告债务人让受让人履行，债务人未在该期限内履行的，不得再以禁止让与特约对抗受让人（新民法第 466 条第 4 项）。其立法目的在于，解除受让人和让与人均不能请求债务人履行债务的胶着状态[②]。债权让与发生后，恶意或重大过失的受让人成为新的债权人，其可以请求债务人履行债务，但也有可能遭到债务人的拒绝。而让与人在债权让与发生后不再是被让与债权的债权人，也不能请求债务人履行债务。如此一来，可能出现受让人和让与人均不能请求债务人履行债务的局面。为避免这一现象的出现，日本新民法赋予了受让人一项催告权，使受让人可以催告债务人向让与人履行债务，受让人仅凭一己之力即可解除上述胶着状态。

其二，在让与人受破产程序开始之决定的情形，恶意或重大过失的受让人可以请求债务人将相当于被让与债权之全额的金钱提存至债务履行地的提存所（新民法第 466 条之 3）。该规定主要基于以下两方面的考虑：一是确保受让人可以在破产程序外回收被让与债权之全额[③]。二是解除破产管理人和让与人均不请求债务人履行债务的胶着状态[④]。破产管理人即使回收被让与债权，仍应将其作为不当得利返还于受让人，故难以期待破产管理人积极地回收被让与债权。而恶意或重大过失的受让人即便请求债务人履行，也可能遭到债务人的拒绝。这一现象类似与上述债务人不履行其债务的情形。

上述事由发生后，债务人不得以禁止让与特约对抗恶意或重大

---

[①] 石田刚教授认为，禁止让与特约的功能具有多样性，并不仅限于剥夺债权的可让与性及将清偿对象固定在原债权人，还具有保留债务人参与债权让与过程的功能。参见石田刚『債権讓渡禁止特約の研究』（商事法務、2013 年）174 頁。

[②] 中間的な論点整理の補足説明・110 頁。

[③] 部会資料 78B・10 頁。

[④] 部会資料 37・22 頁。

过失的受让人。但这并不意味着债务人原本得以禁止让与特约确保的抵销等利益完全得不到法律保护。日本新民法对债务人抗辩切断的基准时做了特别规定，即抗辩基准时由对抗要件具备时变更为特约对抗不能时（新民法第469条第3项）。依该规定，只要债务人在特约对抗不能时之前取得对让与人的债权，即得以该债权为主动债权与被让与债权进行抵销。另外，即便债务人在特约对抗不能时之后始取得对让与人的债权，在下列情形也得以该债权抵销被让与债权。一是债务人对让与人的债权的发生原因存在于特约对抗不能时之前；二是债务人对让与人的债权与被让与债权产生于同一契约。可见，日本法在限制禁止让与特约对外效力的同时，并没有舍弃对债务人抵销利益的保护。

4. 关于存款债权的禁止让与特约的效力

对于存款债权的让与，日本新民法维持了现行民法的基本立场（新民法第466条之5）。在受让人为恶意或重大过失的情形，作为债务人的金融机构得以禁止让与特约对抗受让人①。在日本，对有银行交易经验的人而言，存款债权附禁止让与特约是众所周知的事实，一般不会出现善意且无重大过失的受让人。② 这意味着债务人通常得以禁止让与特约对抗受让人。所谓"债务人得以特约对抗受让人"是指，债务人可以主张违反特约的债权无效，但对债务人以外的人而言债权让与有效。由此可见，日本新民法对存款债权，采取不同于第466第3项的立场。日本法之所以做此决定主要是基于以下的考虑。存款债权如因债权让与发生移转，金融机构可能负担债权让与的管理负担。③ 尤其是新民法第466条第4项和第466条之3规定的事由发生时，金融机构不得以禁止让与特约对抗受让人，须向受让人清偿或提存其债权。金融机构为有效清偿或提存须实时记录债权让与通知，并通知所有支行。此等负担对金融机构来说是无法接受的事实。更为重要的是存款人得以其存款作为担保从金融机构获得融资，完全没有必要处分其存款债权。日本法以债权之种类为类型化的标准分别赋予禁止让与特约不同效力的做法富有

① 部会资料83-1・31页。
② 参见最判昭和48年7月19日民集27卷7号823页。
③ 部会资料71-4・110-111页。

启示。

5. 将来债权让与后订立的禁止让与特约的效力

对于禁止让与特约的效力，日本新民法根据特约订立的时间，确立了不同的效力样态。在债务人于债务人对抗要件具备后订立禁止让与特约的情形，债务人不得以该特约对抗受让人，即使受让人为恶意或重大过失亦同，反之亦然。债务人不得以特约对抗受让人，并不意味着债务人原本得以禁止让与特约保护的利益完全得不到法律的保护。① 简言之，因债务人对抗要件之具备知悉将来债权被让与事实的债务人，如不能接受债权被让与的事实，其可以终止与让与人的交易。债务人继续与让与人进行交易时，在一定情形下得以其对让与人的债权为主动债权抵销被让与债权。例如，债务人对让与人的债权与被让与债权产生于同一契约的情形（新民法第469条）。如此一来，债务人原本得以禁止让与特约确保的抵销利益在一定程度上也能获得法律保护。日本新民法为促进将来债权的自由流动否定禁止让与特约对外效力的同时，并没有舍弃对债务人利益的保护。

（三）日本民法修改中关于禁止让与特约的提案及讨论

1. 民法修改程序启动前的学界提案

在日本民法修改程序正式启动之前，民法（债权法）改正研讨会于2009年5月提出了《债权法改正的基本方针》，民法改正研讨会于同年10月提出了《民法改正国民·法曹·学界有志案》。《民法改正国民·法曹·学界有志案》删除了现行民法第466条第2项。② 在结果上，完全否定了禁止让与特约的对外效力。此外，对于债务人的抵销抗辩等，该提案也采取了限制债务人抵销范围的立场（第413条第3项）。这一提案虽有利于债权的自由流动，却严格限制了债务人的抵销范围，没有获得日本学界的足够的支持③。《债权法改正的基本方针》关于禁止让与特约的效力采取了相对无效说的基本立场，即附特约债权的让与对让与当事人及第三人有

---

① 中間試案の補足説明・257頁。

② 民法改正研究会編『民法改正 国民·法曹·学界有志案』（日本評論社、2009年）167頁。

③ 大阪弁護士会編『民法（債権法）改正の論点と実務（上）』（商事法務、2011年）374頁。

效，但对债务人不发生效力，其可以无视该让与的存在，继续向让
与人清偿。此外，该提案又在让与人受破产程序开始之决定的情
形，否定了禁止让与特约的对外效力，即债务人不得以特约对抗恶
意或重大过失的受让人①。债务人可否以特约对抗不能时之后取得
的债权为主动债权与被让与债权进行抵销，成为问题。

2. 法制审议会的提案及讨论

2009 年 10 月，日本政府正式启动了民法修改程序。以下将分
三个阶段整理分析日本民法修改过程中的提案与审议。②

（1）第 1 阶段

关于禁止让与特约的效力，法制审议会提出了以下两个提
案③：一是绝对效力案。该案认为，违反禁止让与特约的债权让与
无效。在债务人保护所必要的范围内承认特约的效力足以，有无必
要在让与当事人及第三人间也否定让与的效力，这一点是有疑问
的④。二是相对效力案。该案认为，禁止让与特约原则上仅在特约
当事人间有效，违反该特约的债权让与有效，但同时也认为债务人
得以该特约对抗恶意受让人。所谓"债务人得以特约对抗受让人"
是指债务人可以向恶意受让人主张让与无效。两提案的区别源自对
禁止让与特约之目的或功能的不同理解⑤。相对效力案认为，禁止
让与特约专为保护债务人而设，并不具有保护第三人利益的功能。
与此相对，绝对效力案认为，禁止让与特约不仅保护债务人的利
益，同时也具有保护第三人的功能，作为其结果债务人的利益保护
减损也是不得已的事情。⑥

---

① 民法（債権法）改正検討委員会編『詳解・（債権法）改正の基本方針Ⅲ——
契約および債権一般（2）』（商事法務、2009 年）284 頁。

② 法制审议会的立法提案及会议记录公布于日本法务省官方网站〈http：//
www. moj. go. jp/shingi1/shingikai＿saiken. html〉（2018 日 4 月 3 日アクセス）。

③ 中間的な論点整理の補足説明・104 頁。

④ 部会第 7 回会議議録・14 頁〔沖野委員発言〕。

⑤ 部会資料 37・17 頁。

⑥ 在债权人将其附禁止让与特约的债权先后让与恶意的第一受让人与善意的第二
受让人的情形，债务人除第一受让人外，还有必要判断第二受让人的主观状态。对债务
人而言，如采绝对效力案其可能承担错误给付的风险。因为善意的第二受让人可以通过
援用禁止让与特约，进而主张第一次让与无效。即便债务人向原债权人清偿，也不发
生债务消灭的法律效果。法制审议会的设计事例以善意的第二受让人当然可以主张禁止
让与特约为前提。参见部会资料 37・15—17 頁。

法制审议会在采纳相对效力案的前提下，又在下列情形进一步限制了禁止债权让与的效力。[①] 一是让与人受破产程序开始之决定时。二是债务人不履行其债务时。法制审议会之所以在此等情形限制禁止让与特约的效力，主要是为了解决被让与债权无法回收的问题。[②] 因为在相对效力案下，恶意受让人不能直接请求债务人履行，而让与人或破产管理人有欠缺回收不属于自己责任财产的动力。对于前者，日本学者多持否定意见。其理由是：①债务人难以适时了解让与人受破产程序开始之决定的事实[③]；②以破产与否这一与债务人无关的事由决定债务人的利益状态的做法欠缺妥当性[④]。对于后者，有意见认为债务不履行债务是其丧失以禁止让与特约所保护之利益的根据[⑤]。此等事由发生时，恶意受让人可以直接请求债务人履行债务，而对债务人而言，清偿对象由让与人变更为受让人。此外，值得注意的是债之清偿对象为受让人与债务人得以对让与人的抗辩对抗受让人是两个层次的问题。遗憾的是日本法制审议会在第 1 阶段讨论禁止让与特约的效力时并没有分开讨论这两个问题，而是将两者混为一谈。债务人可否以特约对抗不能时之后对让与人取得的抵销等抗辩对抗受让人，成为第 2 阶段讨论的重点。

（2）第 2 阶段

关于禁止让与特约的效力，日本法制审议会在坚持相对效力案的前提下提出了以下两个提案[⑥]。一是债务人在受让人为恶意时可以视为该项让与不存在（A 案）。二是禁止让与特约不得妨碍债权归属的变更，只具有固定清偿对象的效力（B 案）。两案的区别主要体现在以下两个方面：①A 案赋予了债务人一项权限，使其可以对恶意受让人主张让与无效，而在 B 案下债务人不享有变更债

---

① 在债务人不履行债务的情形，让与人或受让人可以（确定相当的期限）催告债务人向让与行，债务人未履行时（但不履行不构成违反时不在此限），债务人不得以禁止让与特约对抗受让人。参见中間的な論点整理の補足説明・117 頁。值得注意的是，这一提案没有将催告权人限定在受让人，让与人也可以催告债务人向其履行。

② 中間的な論点整理の補足説明・115—117 頁

③ 中間的な論点整理の補足説明・108 頁。

④ 部会第 22 回会議議事録・3 頁〔中井委員発言〕。

⑤ 中間的な論点整理の補足説明・110 頁。

⑥ 部会第 3 分科会第 3 回会議議事録・42—43 頁〔松尾関係官発言〕。

权归属的权限，只能拒绝恶意受让人的履行请求。②A 案赋予了债务人在多个受让人中选择清偿对象的权限，而在 B 案下债务人只能选择向受让人或让与人清偿。① 从保护债务人抵销等利益的观点观之，B 案较之 A 案更具有魅力。法制审议会提出的中间试案采纳了 B 案的基本观点。② 即禁止让与特约不妨碍债权让与的效力，但债务人得以该特约对抗恶意或重大过失的受让人，在此情形禁止让与特约具有下列效力。一是债务人可以拒绝受让人的履行请求。二是债务人可以向让与人清偿或为其他债权消灭行为，且可以债权消灭之事由对抗受让人。这一提案一直延续到修改纲要，最终形成了日本新民法第 466 条第 3 项。

　　法制审议会在采纳 B 案观点的前提下，又进一步限制了禁止债权让与的效力。下列情形，债务人不得以特约对抗恶意或重大过失的受让人。①在债务人就债权之履行负迟延责任的情形，受让人催告债务人在相当期限内履行债务，债务人未在该期限内履行时；②在受让人具备第三人对抗要件的情形，让与人受破产程序开始、再生程序开始或更生程序开始之决定时，或让与人的债权人扣押被让与债权时；①和②的基本观点被日本新民法采纳，最终形成了新民法第 466 条第 4 项和第 466 条之 3。债务人不得以特约对抗受让人并不意味着，债务人原本得以特约确保的抵销抗辩等利益完全得不到法律保护。法制审议会为保护债务人的利益，又特别规定"债务人在特约不得对抗受让人的时间点之前取得对让与人的抗辩的，得以此事由对抗受让人"③。

　　关于将来债权让与后订立之禁止让与特约的效力，法制审议会曾提出了以下三个提案④：一是债务人不得以禁止让与特约对抗将来债权的受让人（甲案）；二是依照被让与债权的性质及该债权之原始契约的性质，交易习惯上通常附禁止让与特约的情形，视为受

---

　　① 法制审议会讨论两案的区别时，所设想的事例如下：A 将其对 B 享有的甲债权让与 C（就禁止让与特约之存在为恶意），C 具备了第三人对抗要件。此后，A 又将甲债权让与 D（就禁止让与特约之存在为善意），D 也具备了第三人对抗要件。依 A 案，B 可以选择向 C 或 D 清偿，当不能向原债权人 A 清偿。而依 B 案，B 只能向 C 或 A 清偿。详细参见部会分科会资料 2·1—2 页。

　　② 中間試案の補足説明·233 頁。

　　③ 中間試案の補足説明·233 頁。

　　④ 部会資料 37·11—13 頁。

让人为恶意或重大过失（乙案）；三是债务人得以禁止让与特约对抗将来债权的受让人（丙案）。甲案与丙案不是过于重视将来债权交易安全的保护，就是过度保护债务人的利益，均没有获得学界足够的支持。此外，乙案也面临着判断标准不明确的问题。中间试案在丙案的基础上提出了下列提案：在将来债权被让与，权利行使要件具备的情形，即便在权利行使要件具备后订立禁止让与特约，债务人也不得以该特约对抗受让人①。依该提案，只要债务人在权利对抗要件具备前订立禁止让与特约，即得以该特约对抗受让人，不问受让人的主观状态如何。这一提案一直延续到修改纲要，最终形成了日本新民法第 466 条之 6 第 3 项。

（3）第 3 阶段

法制审议会在第 3 阶段主要讨论了以下三个问题：一是让与人可否请求债务人履行债务的问题（问题①）；二是债务人难以判断受让人的主观状态时可否进行提存的问题（问题②）；三是有无必要对存款债权做出特别规定的问题（问题③）。关于问题①，法制审议会曾提出如下提案：债权人将附禁止让与特约的债权让与恶意或重大过失的受让人时，让与人可以请求债务人履行②。这一提案所设想的债权让与类型是，未定履行期限的附禁止让与特约的债权被让与恶意或重大过失受让人的情形③。在此情形，让与人和受让人均不能请求债务人履行并使其承担迟延责任，"债务人不履行其债务"的要件难以具备。如此一来，可能会出现被让与债权无法回收的胶着状态。如果法律赋予让与人一项债权收取权限，让与人一旦请求债务人履行，债务人即陷入履行迟延，上述胶着状态得以解除。在部会审议中，日本学者多对这一提案持否定态度。因为该提案一方面认为附禁止让与特约的债权让与有效，该债权从让与人的责任财产中分离出来，另一方面却又主张让与人享有收取权限，在理论上难以自圆其说④。至于上述胶着状态，可以通过其他途径解除。即便法律不承认让与人对被让与债权享有收取权限，但这并不

① 中间试案の補足説明・257 頁。

② 部会資料 78B・5—9 頁。

③ 部会資料 78B・8 頁。

④ 部会第 89 回会議議事録・24 頁〔潮見幹事発言〕。

妨碍受让人以委托的形式赋予让与人一项收取权限①。日本新民法采纳了反对者的意见，没有在法律上赋予让与人收取权限。在日本法上，因债权让与被让与债权完全移转至受让人，让与人除可以受领债务人的清偿外，并不对被让与债权享有任何积极权能。

关于问题②，法制审议会为减轻债务人错误给付的风险，特别提出有关债务人提存权的提案。即在附禁止让与特约的金钱债权被让与的情形，债务人可以将相当于被让与债权之全额的金钱提存至债务履行地的提存机构②。对于禁止让与特约的效力，如采中间试案的基本观点，债权让与发生后被让与债权完全移转至受让人，受让人成为新的债权人，债务人不能依现行民法第 494 条规定（以债权人不确知为由），进行提存。但在中间试案下，债务人同样面对着难以确定债之清偿对象的问题，因为在受让人为善意且无重大过失时，债务人不得拒绝该受让人的履行请求③。赋予债务人特别提存权的做法有利于充分保护债务人的利益，诚值赞同。这一提案被日本新民法采纳，形成了新民法第 466 条之 2。

关于问题③，法制审议会在坚持中间试案的基本观点的前提下，就附禁止让与特约的存款债权的让与做出特别规定。即在存款债权附禁止让与特约的情形，恶意或重大过失的受让人受让该债权时，该债权让与不发生其效力④。值得注意的是，该提案虽规定违反禁止让与特约的债权让与无效，但并没有将让与无效的主张权人限定在债务人。债务人以外的人，如让与人的破产管理人、扣押债权人及多重让与中的后位让与人等人可否主张让与无效的问题处于不确定的状态。法制审议会在此后的提案中限定了禁止让与特约的主张权人，即债务人得以禁止让与特约对抗恶意或重大过失的受让人⑤。所谓"债务人得以特约对抗受让人"是指，债务人可以对恶意或重大过失的受让人主张让与无效。这一提案的基本观点被日本新民法采纳，最终形成了新民法第 466 条之 5。日本法就禁止让与特约的效力采纳了两种不同的效力构成。一是新民法第 466 条第 3

---

① 部会資料 81−1・1 頁。
② 部会資料 78B・6 頁。
③ 部会資料 78B・9 頁。
④ 部会資料 82−1・31 頁。
⑤ 部会資料 83−1・31 頁。

项的"履行拒绝构成"。二是新民法第 466 条之 5 的"相对无效构成"。两者均认为禁止让与特约的功能在于保护债务人的利益。但在债务人可对恶意或重大过失的受让人主张何种抗辩的问题上存有不同之处。依新民法第 466 条第 3 项，债务人只能拒绝受让人的履行请求，不能妨碍债权让与的效力。而依新民法第 466 条之 5，债务人可以主张违反禁止让与特约的债权人让与无效，无须管理债权让与乃至整个债权让与的过程。

## 四、我国禁止债权让与特约效力论的再构成

### （一）禁止让与特约的生成与发展过程

禁止让与特约是对债权人处分自由的限制，其以债权自由让与原则的确立为前提。在我国，债权让与经历了"债权让与之禁止"到"债权让与之承认"，再到"债权让与之自由"的发展过程。本文将从这一发展过程中，考察禁止让与特约在我国的生成与发展过程。

1. 债权让与之禁止

计划经济体制下制定的经济合同法没有对债权让与做出规定。只有在企业合并、分立时，债之主体才可能发生变更。[①] 这种状况直到涉外经济合同法颁布后才有所改观。在未确立债权让与制度的立法中，自然谈不上对债权让与的限制。

2. 债权让与之承认

涉外经济合同法和技术合同法均承认一方当事人将合同权利全部或部分转让给第三人，但同时又对合同权利的转让进行了限制，即转让应取得债务人的同意。这一立法模式一直延续到了民法通则。客观地讲，我国 20 世纪 80 年代的民事立法就债权让与采用了早已被多数国家所摒弃的"债务人同意主义"。[②] 在采"债务人同意主义"的立法中，讨论禁止让与特约的效力并无实益。因为这一立法例赋予了债务人任意不同意债权让与的权利，债务人因债权让

---

① 相关司法解释将"倒卖经济合同""买空卖空""转包渔利"等规定为无效，合同转让行为也多被视为违法行为。裴丽萍：《债权让与的若干基本问题》，载《中国法学》1995 年第 6 期，第 72 页；杨明刚：《合同转让论》，中国人民大学出版社 2006 年版，第 7 页。

② 王旭光：《论合同权利让与的若凡基本问题》，载《河北法学》1995 年第 2 期，第 19 页。

与陷入不利地位时，其可以不同意债权让与，完全没有必要通过禁止让与特约保护债务人的利益。事实上，我国 20 世纪 80 年代的民事立法也没有就当事人约定不得让与的债权作出规定。民法学界对债权让与制度的研究多停留在债务人同意规则上，鲜有学者关注禁止让与特约的效力问题。[①]

3. 债权让与之自由

《合同法（试拟稿）》（1995 年 1 月）列举了不得让与的债权类型（第 76 条第 1 款）。采债权让与自由原则的立法例通常从消极层面列举不得让与的债权类型，从这个意义上可以说《合同法（试拟稿）》采纳了债权让与自由原则。其中，第 1 款第 1 项规定"当事人约定不得让与的债权"。为保护善意受让人的利益，第 2 款又规定"第 1 项的约定不得对抗善意受让人"。关于禁止让与特约之规定，首次在我国《合同法》立法过程中出现。为保护债务人的利益，又特别规定了债务人抗辩权及抵销权（第 82 条）等。此等规定形成了一套债务人保护体系。[②]

《合同法（征求意见稿）》（1997 年 5 月）重申了债权让与自由原则（第 55 条第 1 款），但同时又规定"债权人转让权利的，不得增加债务人的负担。增加债务人负担的，应当经债务人同意"（同条第 2 款）。第 2 款是对债权让与的限制，其目的在于保护债务人的利益。依该款规定，债务人如因债权让与陷入不利地位是，其可以拒绝承认债权让与。"债务人同意规则"起到保护债务人的作用，债务人无订立禁止让与特约之必要。事实上，立法者也舍弃了有关禁止让与特约的规定。[③]

---

① 参见王利明：《统一合同法制订中的若干疑难问题探讨》，载《政法论坛》1996年第 4 期，第 56 页；张元再、孙卫华：《合同权利转让若干争议问题研究》，载《河南省政法管理干部学院学报》1998 年第 3 期，第 33 页；王旭光：《论合同权利让与的若凡基本问题》，载《河北法学》1995 年第 2 期，第 18 页；申卫星：《试论合同权利转让的条件》，载《法律科学》1999 年第 5 期，第 100 页。

② 《合同法（试拟稿）》关于债权让与的规定，参见王胜明、梁慧星、杨明仑、杜涛编著：《中华人民共和国合同法及其重要草稿介绍》，法律出版社 2000 年版，第 30—32 页。

③ 《合同法（征求意见稿）》关于债权让与的规定，参见王胜明、梁慧星、杨明仑、杜涛编著：《中华人民共和国合同法及其主要草稿介绍》，法律出版社 2000 年版，第 120—122 页。

《合同法（草案）》（1998 年 8 月）摒弃了上述"债务人同意规则"。[①] 为保护债务人，又特设关于债务人抗辩权及抵销权的规定（第 84 条和第 85 条）。值得注意的是，此等规定只能给债务人提供最低限度的保护，因为债务人不能以让与通知取得的抵销等抗辩对抗受让人。为充分保护债务人的利益，使其不因债权让与陷入不利地位，有特别规定"按照当事人特别约定不得转让的"（第 81 条第 2 项）。依该项规定，债务人可以与其债权人订立禁止让与特约，以确保其抵销等抗辩。此外，值得注意的是，《合同法（草案）》删除了《合同法（征求意见稿）》关于"禁止让与特约不得对抗善意第三人"的规定。对此，有意见指出同条第 2 项之规定不够完备，建议在同条后"前款第 2 项的规定不能对抗善意第三人"的规定。[②] 现行《合同法》在内容上基本维持了《合同法（草案）》的相关规定。在我国《合同法》上，禁止让与特约仅为债务人的一种自我保护措施，当其他债务人保护规定足以保护债务人的利益时，该特约的存在意义大大缩减，至少没有必要承认其对外效力。反之，如其他债务人保护规定不足以保护债务人的利益，禁止让与特约则具有独立存在的价值。另须说明，在我国合同法上，禁止让与特约的目的仅在于保护债务人，并不具有保护债务人以外之人的功能。禁止让与特约也理应仅由债务人主张，故在解释特约的效力时，应以之作为基本方针。

（二）禁止让与特约的功能及存在意义

通过对禁止让与特约的生成与发展过程的考察，发现该特约的功能仅在于保护债务人。债务人以禁止让与特约所追求的利益主要包括以下两种类型。

1. 固定清偿对象的利益

其一，避免事务程序的复杂化。债权让与后，一经通知债务人债权让与即对债务人发生效力。债务人面对受让人的履行请求时，不得不确认让与事实关系，并办理支付变更等手续。尤其是在债权部分让与的情形，债务人的履行负担势必增加，当受让人对债务人

---

[①] 《合同法（草案）》关于债权让与的规定，参见王胜明、梁慧星、杨明仑、杜涛编著：《中华人民共和国合同法及其主要草稿介绍》，法律出版社 2000 年版，第 181—182 页。

[②] 北京大学法律系民法教研室：《关于统一合同法草案的修改建议》，载《中外法学》1999 年第 1 期，第 97 页。

提起诉讼时，债务人可能要面对多个受让人。[①] 域外立法例为减轻债务人的履行负担多特别规定债权让与中债务人的提存权。如日本新民法第 466 条之 2 规定，附禁止让与特约的金钱债权被让与后，债务人可以将债之标的提存。我国《合同法》无类似规定，禁止让与特约可能要发挥更多的减轻债务人履行负担的作用。

其二，防止错误给付的发生。我国理论和实务上倾向于以受让人的主观状态确定禁止让与特约的对外效力，即当受让人为善意时债务人须向该受让人清偿。债务人难免会陷入无法准确判断受让人之主观状态的局面，这意味着债务人可能会承担错误给付的风险。此外，债务人也有可能忽略让与通知而向让与人进行清偿。当然债务人可以请求让与人返还不当得利，但当让与人资不抵债时，债务人可能会承担债权无法回收的风险。为减小债务人错误给付的风险，法律可以规定债务人在附禁止让与特约的债权被让与后提存债之标的，以防止错误给付的发生。遗憾的是，我国《合同法》并无类似规定。债务人为避免这一风险的发生，与债权人订立禁止让与特约时，法律有必要承认该特约的对外效力。

其三，确保抵销权及抗辩权的行使。以依国《合同法》第 83 条之反对解释，债务人在受让与通知后取得对让与人的债权，或债务人在受让与通知前取得对让与人的债权，但其清偿期晚于被让与债权时，债务人不得以该债权为主动债权与被让与债权进行抵销。[②] 关于债权让与中债务人的抵销权，国际趋势越来越趋向一个共同的方向，那就是扩大债务人的抵销范围。如日本新民法不要求债务人对让与人的债权现实产生于让与通知之前，只有该债权的发生原因存在于让与通知前，债务人即得以抵销之抗辩对抗受让人，同时也舍弃了主被动债权清偿之先后的限制（日本新民法第 469 条第 1 项、第 2 项第 1 号）。另外，债务人对让与人的债权与被让与

---

① 白石大「債権譲渡制限特約に関する法改正の日仏比較」瀬川信久先生・吉田克己先生古稀記念論文集『社会の変容と民法の課題（上巻）』（成文堂、2018 年）542 頁。

② 史尚宽先生认为，"反对债权只须于受通知时已有法律基础之存在，纵其清偿期于通知后始届至或条件成就，甚至其债权始成立，亦无妨碍。" 参见史尚宽，同前注 1，第 730 页。在中国大陆，一般人为债务人受通知时对让与人享有债权是债务人主张抵销权的基本前提，参见韩世远：《合同法总论》（第 3 版），法律出版社 2011 年版，第 480 页。

债权产生与同一契约时，债务人也得对受让人主动抵销之抗辩（同法第 469 条第 2 项第 2 号）。采类似立场的立法例还有欧洲合同法原则、欧洲示范民法典草案等。另须说明，这两则立法例并没有要求债务人对让与的债权与被让与债权必须产生与同一契约，只要两债权具有密切的联系，即得相互抵销。在我国，债务人为确保其抵销利益而订立禁止让与特约时，法律有必要承认禁止让与特约的对外效力。即便债务人不得以该特约对抗善意受让人，也能在一定程度上保护债务人的利益。此外，债务人也得以禁止让与特约确保其抗辩权的行使，因为我国《合同法》第 82 条严格限定了债务人抗辩的取得时间，即债务人须在让与通知前取得对让与人的抗辩。[①]

其四，确保修订原始合同内容的机会。即便是在债权让与发生后，也应承认债务人与让与人修改原始合同的权利，以应对不断变化的商业形势。[②] 域外立法例为保护合同当事人修改合同的自由，多特别规定原始合同的修改及其对外效力。如联合国应收款转让公约第 20 条和美国统一商法典第 9－318（2）条等。我国《合同法》无类似规定。原始合同之变更发生于让与通知后，其效力范围如何，债务人可否向受让人主张。这是《合同法》第 82 条的解释问题。如债务人得以该事由对抗受让人，禁止让与特约没有独立存在的意义，至少没有必要承认其对外效力。反之，如债务人不能以该事由对抗受让人，禁止让与特约则有其存在的价值。债务人为确保其变更原原始合同内容的机会而与让与人订立禁止让与特约时，法律有必要承认该特约的对外效力。

2. 选择清偿对象的利益

在司法实务中，禁止让与特约多以"未经债务人同意不得让与"的形式出现。这是否意味着债务人得以禁止让与特约确保其参与债权让与过程的权利，诚有疑问。试举例分析债务人选择清偿对

---

① 对于抗辩事由是否必须于受通知业已存在，解释上一般认为，只要该抗辩事由的发生基础在受让与通知前已经存在，就可以对抗受让人。参见韩海光、崔建远：《论债权让与的对抗要件》，载《政治与法律》2003 年第 6 期，第 55—79 页。然而，对于何谓"抗辩事由的发生基础"，学界并没有进入讨论。债务人可否对受让人主张抗辩处于不确定的状态。

② 池田清治「民法理論の構造と展開に関する実証的研究」（科研費報告書）21—22 頁。

象的利益。债权人甲先后将其对债务人乙享有的附禁止让与特约的债权让与恶意受让人丙和恶意受让人丁，且都通知了债务人乙。我国以往的学说多认为：①禁止让与特约本身有效，②债务人可以拒绝恶意受让人的履行请求、③债务人享有同意债权处分与否的自由。在此理论状况下，债务人可以选择向丙或丁清偿。这意味着债务人享有决定丙丁优劣关系的权利。债务人的此种权利在一定情形下可能成为其获利的手段。当甲资不抵债，丙和丁均希望从乙处取得债权时，乙可以选择向对其提出较为有利条件（如减少清偿额）的受让人清偿。[1] 关于禁止让与特约的规定，相对于债权自由让与原则，仅是例外规定，其目的在于保护债务人，使其不因债权让与而陷入不利地位。而赋予债务人自由选择清偿对象之权利的做法，显然逾越了禁止让与特约的目的范围。故在解释禁止让与特约的效力时，应避免上述结果的发生。

（三）禁止让与特约的效力

1. 禁止让与特约具有对外效力

债务人因债权让与陷入不利地位是法律承认债权让与的必然结果，而如何保护债务人的利益，则是一个十分重要的问题。我国《合同法》为保护债务人的利益，特别规定了债务人的抵销权及抗辩权等。但债务人依此等规定只能获得最低限度的保护。如有其他利益诉求，债务人可以与债权人订立禁止让与特约。当债务人订立该特约时，债务人固定清偿对象的利益与债权人自由处分财产的利益的冲突便立即显现出来。比较法上多以受让人的主观状态平衡这两面的利益，即债务人得以禁止让与特约对抗恶意受让人。我国《合同法》上无类似规定，但在解释上通常认为债务人不得禁止让与特约对抗善意受让人。而且在我国司法实务上，也普遍接受了这

---

[1] 日本法上关于类似问题的讨论，参见池田清治「民法学における『意図せざる結果』」みんけん（民事研修）517 号（2000 年）12 頁以下。

一规则①。在立法论上，有必要增设"禁止让与特约不得对抗善意第三人"的规定，解释论上也有必要继续坚持这一规则。

我国学界关于禁止让与特约的讨论多是围绕已发生债权展开的，对于将来债权让与后订立的禁止让与特约的效力，还没有专门的论述。比较法上大致有以下三种立法例：一是否定禁止让与特约的效力。欧洲合同法原则采此立法模式。即债权人在原始合同尚未订立的情形下让其将来债权的，债务人不得以债权让与后订立的禁止让与特约对抗受让人（第 11 章第 301 条第 2 项第 3 号）。② 债务人原本得以禁止让与特约保护的利益，可以通过抗辩及抵销等规定获得保护（同法第 11 章第 307 条）。二是以对抗要件具备的时间点为标准决定禁止让与特约的效力。日本新民法采此立法例。即债务人在对抗要件具备后订立禁止让与特约的，不得以该特约对抗受让人。债权人原本得以禁止让与特约确保的抵销利益，可以通过新民法第 469 条获得保护。三是肯定禁止让与特约的效力。德国判例与通说采此见解。德国法倾向于将禁止让与特约理解为形成债权内容的特约，并认为该特约的效力及于特约订立前受让将来债权的受让人。③ 债务人得以将来债权让与后订立的禁止让与特约对抗先前的受让人。

为提高将来债权让与的安定性，有必要讨论禁止让与特约的效力与将来债权让与的关系。欧洲合同法原则和日本新民法作为否定禁止让与特约对外效力的代价，扩大了债务人抵销及抗辩的范围。我国《合同法》上也有关于抗辩权及抵销权的规定，但严格限制了

---

① "姜小兰与中石化泉州石化有限公司债权转让合同纠纷二审民事判决书"，(2017) 湘 06 民终 54 号；"徐嫩民、徐爱民债权转让合同纠纷再审民事判决书"，(2017) 浙 01 民再 2 号；"王宏江与冷水江钢铁有限责任公司债权转让合同纠纷一审民事判决书"，(2015) 冷民二初字第 1340 号；"石家庄工大化工设备有限公司与山东新时代药业有限公司合同纠纷一审民事判决书"，(2014) 费商字初字第 604 号；"韩国中小企业银行龟尾分行与北京乐金飞利浦电子有限公司债权转让合同纠纷一审民事判决书"，(2013) 顺民初字第 10378 号。

② 债务人得以对抗让与人的事由对抗受让人，纵使抗辩的基础产生于让与通知后亦同。债务人的反对债权与被让与债权具有牵连性时，不问反对债权的取得时间，债务人均得以之为主动债权与被让与债权进行抵销。オーレ・ランドー，エリック・クライフ、アンドレ・プリュム、ラインハルト・ツインマーマン編，潮見佳男・中田邦博・松岡久和監訳『ヨーロッパ契約法原則 III』（法律文化社、2008 年）86—89 頁。

③ 石田剛『債権譲渡禁止特約の研究』（商事法務、2013 年）282—290 頁。

债务人抵销及抗辩的范围。对于将来债权让与，如站在保护债务人的立场上，不宜在解释上完全否定禁止让与特约的效力。此外，德国法赋予禁止让与特约绝对效力的做法，为债务人提供了无限制的保护，没有适当考虑将来债权受让人的利益。在解释论上也不宜借鉴德国法。对于将来债权让与后订立的禁止让与特约的效力，可以借鉴我国学者围绕已发生债权的让与展开的解释论。即根据受让人的主观状态，分别赋予禁止让与特约不同的效力。另须说明，受让人主观状态的判断时间为债权让与发生时，而非禁止让与特约订立时。在禁止让与特约订立于将来债权让与后的情形，难以认为受让人知道或不知道禁止让与特约之存在。但是，依照被让与债权的性质及该债权之原始契约的性质，交易习惯上通常附禁止让与特约的情形，可以将受让人拟制为恶意。如此一来，债务人得以禁止让与特约对抗恶意受让人。

2. 禁止让与特约的效力模式

在解决了禁止让与特约是否具有对外效力的问题后，就要探究该特约的具体效力模式。对于禁止让与特约的效力，宜形成如下规则：违反禁止让与特约的债权让与完全有效，即使受让人为恶意亦同。对于恶意受让人，债务人可以拒绝其履行请求，继续向原债权人清偿或为其他消灭债务的行为，并得以债务消灭的法律效果对抗受让人。本文将这一规则称为"履行拒绝构成"。之所以对禁止让与特约的效力作出上述解释，主要是基于以下几方面的考虑：

其一，禁止让与特约只保护债务人的利益，债务人以外的人无权援用该特约。试举例说明：在债权人附禁止让与特约的债权先后让与恶意的第一受让人和善意的第二受让人，并均通知了债务人的情形，债务人可以对第一次让与表示承认进而向恶意受让人清偿，也可以直接向原债权人清偿（但不得向恶意的第二受让人清偿）。善意的第二受让人不能通过援用禁止让与特约主张第一次让与无效。债务人以外的人因债权让与受到不利影响时，可以通过债权人撤销权等制度寻求法律救济。其二，禁止让与特约只保护债务人固定清偿对象的利益，并不具有保护债务人选择清偿对象的功能。我国《合同法》第 79 条第 2 项的规范目的在于保护债务人，使其不因债权让与陷入不利地位。而赋予债务人自由选择清偿对象的权利的做法，显然逾越了该项规定的目的范围。其三，禁止让与特约的目的在于赋予债务人一项履行拒绝权，并不具有妨碍债权归属的功能。只要债务人可以拒绝恶意受让人的履行请求，继续向原债权人进行清偿或抵销等，债务人以该特约所确保的固定清偿对象的利益即可获得法律保护。完全没有必要在债权归属层面上承认禁止让与特约的对外效力。

此外，从受让人的立场观之，对于禁止让与特约的效力模式，采取履行拒绝构成的一个实践价值是，受让人受让债权后即成为新的债权人，即使受让人为恶意亦同；受让人在其权利存续期间可以免受让与人的一般债权人、多重让与中的第二受让人及破产管理人等的干扰。附禁止让与特约的债权也可以作为担保对象予以处分，有利于促进债权的自由流动。

## 五、结语

本文通过对我国禁止让与特约生成与发展过程的考察发现，在中国法上禁止让与特约仅具有保护债务人的功能。即仅债务人可以主张禁止让与特约，债务人以外的人并无主张该特约的权利。为保护债务人固定清偿对象的利益，法律有必要承认禁止让与特约的对外效力。但保护债务人的利益，并不意味着一定要在债权归属层面上承认禁止让与特约的对外效力。本文主张禁止让与特约的目的在于，赋予债务人一项履行拒绝权，使其可以拒绝恶意受让人的履行请求，继续向原债权人进行清偿或抵销等。在某种意义上，也可以说禁止让与特约是一项抗辩接续条款，因为它扩大了债务人的抵销及抗辩范围。

对于禁止让与特约的效力做出上述解释，可能会出现让与人和恶意受让人均不能请求债务人履行债务的局面。因为让与人在让与后不再是被让与债权的债权人，不能请求债务人履行，而恶意受让人即使请求也可能遭到债务人的拒绝。为解除这一胶着状态，在立法论上可以采纳日本新民法第 466 条 4 条的基本观点，即赋予恶意受让人一项催告权，使其可以确定相当期限催告债务人向受让人履行，债务人未在该期限内履行时，不得以禁止让与特约对抗受让人。但同时应对债务人抗辩切断基准时做出特别规定，以便债务人得以特约对抗不能时之后取得的抗辩对抗受让人。另外，受让人也可以委托的形式赋予让与人一项债权收取权限，使其可以请求债务人履行。让与人请求债务人履行时，债务人不得拒绝，因为其固定清偿对象的利益并未因债权让与受到不利影响。法律可以承认禁止让与特约的对外效力，但并不能排除债务人滥用禁止让与特约的可能性。在债务人并未因债权让与受到不利影响，或丧失以禁止让与特约所追求的利益的情形，有必要对禁止让与特约的效力进行适当的限制。何种情形限制禁止让与特约的效力，是一个值得进一步深入探讨的问题。

# 核设施营运者的损害赔偿责任与费用负担
## ——以福岛核电站事故之相关讨论为中心

郭娜娜[*]

## 一、序言

### （一）背景

2011 年 3 月 11 日，日本福岛第一核电站发生核泄漏事故（以下简称"福岛核电站事故"），该事故给当地带来了毁灭性的灾难。在核泄漏事故发生后的近八年时间里，东京电力公司（以下简称"东电"）共计支付了约 8 兆 7181 亿日元的赔偿金，而且这个数额还在持续增加。[①] 由此可见，福岛核电站事故所导致的核损害赔偿问题的彻底解决，依然是任重而道远。

在福岛核电站事故发生之后，随着损害赔偿工作的推进，旧有的核损害赔偿法体系逐渐暴露出诸多问题。如，损害赔偿额度过低不足以满足巨额赔偿需求，东电与政府责任划分不科学导致赔偿工作难以有效开展等等。基于此

* 郭娜娜，大阪大学法学研究科博士研究生。本文的写作是在松本和彦教授（大阪大学）的悉心指导下完成，并得到张荣红副教授（中京大学）、曹原律师的宝贵建议和资料以及国家留学基金委"建设高水平大学公派研究生项目"资助，在此一并表达衷心的感谢！

① 参见東京電力株式会社「原子力損害賠償のご請求・お支払い等実績」〈http://www.tepco.co.jp/fukushima_hq/compensation/images/jisseki01－j.pdf〉2019 年 2 月 14 日アクセス。

类问题，日本政府紧急制定了《原子能损害赔偿、废炉等支援机构法》（以下简称"支援机构法"），同时亦着手修改《原子能损害赔偿相关的法律》（以下简称"原赔法"）。2015 年 5 月 13 日，原子能委员会新设了"核损害赔偿专门委员会"，其主要职能是：讨论并解决在核损害赔偿制度的基本架构、核损害赔偿的相关制度安排以及受害人救济程序的设计等方面存在的问题。① 其中，最核心也最具有争议的为核设施营运者的责任和费用负担问题。该问题亦引发了社会各界的激烈讨论，讨论的重点主要集中于现行法所确立的"无限责任与国家援助相结合的责任形式"与"由政府进行资金援助的支援机构机制"两方面。是继续维持无限责任制还是转为采用有限责任制？核损害赔偿的责任与费用应由谁基于何种理由承担？对于这些关乎核能损害赔偿制度根基的重要课题，② 当前阶段无论是在理论层面还是在政策层面都尚未达成一致意见。③

此外，我国于 2017 年 9 月 1 日公布了《中华人民共和国核安全法》（以下简称"核安全法"），其第 90 条规定了核设施营运者的无过失责任与免责事由、责任集中原则与求偿权以及责任履行的担保措施等核损害赔偿的基本原则④，并未对核损害赔偿制度进行具

---

① 参见原子力委员会「原子力損害賠償制度の見直しの方向性・論点の整理（案）」〈http://www.aec.go.jp/jicst/NC/senmon/songai/siryo12/siryo12 - 1.pdf〉2017 年 12 月 15 日アクセス。

② 参见淡路剛久・吉村良一・除本理史『福島原発事故賠償の研究』（日本評論社、2015 年）5 頁。

③ 核损害赔偿专门委员会在其论点整理中也只能"两论并记"，参见高橋滋「原子力損害賠償制度＿その現況と改革課題」高橋滋編『原発事故からの復興と住民参加＿福島原発事故後の法政策＿』（第一法規、2017 年）22 頁。

④ 第 90 条的规定主要吸收了《国务院关于核事故损害赔偿责任问题的批复》的部分内容。除该答复之外，国务院还于 1986 年发布了《国务院关于处理第三方核责任问题的批复》。国务院的两个批复规定营运者应当对核事故造成的损害（人身伤亡、财产损失或者环境受到的损害）承担赔偿责任，同时还规定了营运者责任集中（营运者以外的其他人不承担赔偿责任）和责任期间限制。此外，依据 2007 年的国务院批复，核电站的营运者和乏燃料贮存、运输、后处理的营运者对一次核事故所造成的核事故损害的最高赔偿额为 3 亿元人民币；其他营运者对一次核事故所造成的核事故损害的最高赔偿额为 1 亿元人民币；核事故损害的应赔总额超过规定的最高赔偿额的，国家提供最高限额为 8 亿元人民币的财政补偿。但是，并没有要求核设施营运者的资金维持措施相关的规定。由此可见，除资金保障义务之外，我国的相关规定几乎吸收了《核损害民事责任维也纳公约》的全部基本原则。但是国务院的批复仅仅是国务院的规范性文件，在法律效力上还存在疑问。

体规定，此后亦没有针对核损害赔偿进行专门性立法。故可以说我国的核损害赔偿制度仍亟待完善。与此同时，中国学术界也逐渐认识到核损害赔偿制度相关研究的重要性，开始有学者着手对中国现行核损害赔偿制度进行梳理，并分析和探讨其存在的问题以及未来中国核损害赔偿制度的立法必要性等。① 此外，亦有研究者专门对日本的核损害赔偿制度进行了系统介绍，并结合福岛核事故之后日本学界的相关讨论提出了其对我国核损害赔偿制度的启示意义。② 然而，同时我们也应看到，我国对于核损害赔偿责任与费用负担这一核损害赔偿制度的核心问题的研究仍存在明显不足。

（二）问题意识

鉴于上述情况，本文将首先对现行核损害赔偿制度中关于核设施营运者责任的相关规定进行总结和梳理，并分析其在福岛核电站事故中凸显的各类问题。其次，对福岛核电站事故之后日本各界对于现行核损害赔偿的责任原理与费用负担原理的相关讨论进行概览和分析。最后，在此基础上，结合损害赔偿责任中的责任与费用负担原理，从负担公平性的立场出发依次分析东电、国家、东电之外的核设施营运者、东电的利害关系人以及核电设备的供应商等与核电站密切关联的产业主体在责任与费用负担方面存在的问题。

本文旨在通过上述分析，为探求兼顾负担公平性与效率性的责任与费用负担模式提供一定的参考，以期能够为日本核损害赔偿法制度的修改和完善提供一定思路的同时，亦为中国核损害赔偿制度的完善以及核损害赔偿法的制定提供借鉴。

---

① 相关论文可参考刘久：《〈核安全法〉背景下我国核损害赔偿制度立法研究》法学杂志 2018 年第 4 期，蔡先凤：《我国核损害赔偿立法的完善》中国地质大学学报（社会科学版）2017 年第 2 期；落志筠：《中国大陆核损害赔偿法律制度的完善》重庆大学学报（社会科学版）2012 年第 2 期等。

② 相关论文可参考曹原：《日本核损害赔偿制度研究》，载《日本法研究》2016 年第 2 卷、曹原《日本核损害赔偿制度及其与我国的比较》，载《黑龙江省政法管理干部学院学报》2014 年第 4 期、曹原《日本核损害赔偿制度研究》山东大学硕士毕业论文 2016 年等。此外，亦有论文陈嘉：《日本核损害赔偿责任制度研究——以福岛核事故为例》，载《华北电力大学学报（社会科学版）》2014 年第 5 期；王春民：《日本核事故损害赔偿原则及指针》，载《人民法院报》2011 年 8 月 5 日版；张博：《关于日本核事故的损害赔偿责任问题——以东海村 JCO 临界事故和福岛核泄漏事故为例》，载《中外企业家》2014 年第 34 期等论文也从核损害赔偿的范围、责任主体等方面对日本的核损害赔偿制度进行了介绍。

## 二、日本核设施营运者的责任与费用负担现状

（一）现行法中核设施营运者的责任与费用负担

日本的核损害赔偿体系主要由原赔法与支援机构法两部法律构成。

1. 原赔法

以保护受害人、促进核电事业的健康发展为目的，规定了无过失责任原则、责任集中原则以及无限责任原则①。为确保核设施营运者的资金赔偿能力，该法不仅规定核设施营运者负有与民营保险公司签订责任保险合同的义务，还规定其必须事先与政府签订补偿合同。此外，其还规定当损害赔偿费用超出原赔法所规定的损害赔偿措施额度时，国家须"在国会的议决范围内对核设施营运者进行必要的援助"②，但是援助与否、援助的方法以及范围等均由政府裁量决定。由此，原赔法采用的核损害赔偿机制可以简单概括为"核设施营运者的无限责任与国家援助相结合"③ 的模式。

---

① 无限责任指，原赔法未规定核设施营运者应向受害人制度的赔偿额的上限。

② 该规定的主要依据是"保护受害人、促进核电事业的健康发展"的原赔法的目的，以及"国家因推动核电政策而应该承担的社会责任"，参见原子力委员会·前揭注（2）。

③ 遠藤典子『原子力損害賠償制度の研究 _ 東京電力福島原発事故からの考察』（岩波書店、2013 年）40 頁。

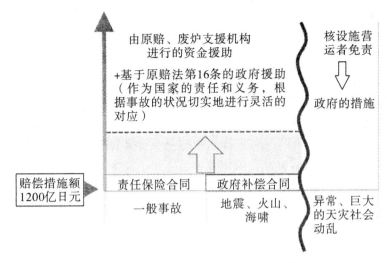

**图 1　现行原赔法所规定的赔偿机制①**

2. 支援机构法

此外，支援机构法以"促进核损害赔偿的迅速恰当实施"、"保证电力的稳定供给与其他核反应堆的稳定运转"、"确保核事业的平稳运营"为目的，将原赔法第 16 条规定的"国家援助"予以具体化，并在责任和费用负担问题上努力贯彻原因者负担原则。根据此法新设了核损害赔偿支援机构。②

核损害赔偿支援机构以核设施营运者的无限责任为前提，以"社会责任"和"国民负担最小化"为原则，构建了国家资金援助机制。该法的初衷是构筑一个由支援机构对东电实施援助的资金援助机制，但国家却借由支援机构对核泄漏事故原因者东电进行间接援助，实际上形成了由全体核设施营运者共同负担的援助费用互助机制。①

    此外，为降低上述援助对于政府财政健全性的影响，同时也为将来可能发生的核损害赔偿做准备，实现国民负担的最小化，该法还设计了"偿还机制"。即福岛核电站事故原因者东电要向支援机构缴纳"特别负担金"，东电以外的其他的核设施营运者也必须向支援机构缴纳"一般负担金"，国家为福岛核电站事故所支付的交付国债等支出，都要通过向国库缴纳一般负担金和特别负担金的形式予以返还。不仅如此，为保障核设施营运者具备必要的资金和赔偿能力，还规定其必须进行特别事业计划的制定和认定程序。然而，根据支援机构法第 51 条和第 61 条，若"国债交付之后仍然存在资金不足的风险"，或"被认定为会对电力的稳定供给或其他反应堆的平稳运营等产生妨碍"时，或"可能对国民生活或国民经济产生重大妨碍"时，政府可以"在预算规定的额度范围内对支援机构进行必要的资金交付"。换言之，即政府向支援机构进行的资金交付也可能是不要求核设施营运者予以返还的"纯粹性资金交付"。②

---

    ① 在日本，核电事业的运营形式为"国策民营"，即由国家制定核能推进政策，由东电等九家电力公司来负责落实相关政策以及实际运营核能事业。而国家因"推进核电政策"而负有相应的社会责任，故借由支援机构对核泄漏事故原因者东电进行间接的援助，援助的形式主要有资金交付、股票认购、资金借贷、公司债券和期票的买入以及债务保证等。参见除本理史「戦後日本の公害問題と福島原発事故」経済学研究 63 卷 2 号（2014 年）87 頁；遠藤典子『原子力損害賠償制度の研究－東京電力福島原発事故からの考察』（岩波書店、2013 年）202 頁。

    ② 遠藤典子『原子力損害賠償制度の研究－東京電力福島原発事故からの考察』（岩波書店、2013 年）210 頁。

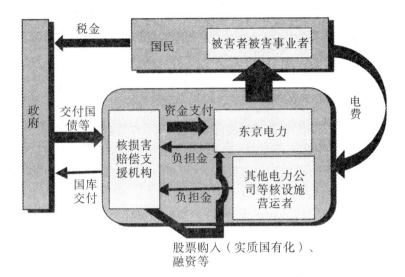

**图 2　核损害赔偿支援机构法的架构①**

如图 2 所示，损害赔偿的费用主要由东电、东电之外的核设施营运者以及国家三方主体承担，赔偿费用的资金来源则主要由以下几部分构成：①由核设施营运者支付的特别负担金；②由东电之外的核设施营运者支付的一般负担金；③交付国债、出资以及政府保证等公共资金的投入。其中，一般负担金主要是基于"受益者负担原则"，② 并允许将其转化为电费的一部分，而特别负担金的性质是事故原因者对核损害事故的补充性责任负担，不允许被转嫁至电费。③ 此外，上述由政府负担的部分，一般是通过税收等形式由普通国民来最终承担。由此可知，虽然形式上核损害赔偿责任由东电承担，但追根溯源还是被转嫁给了电力用户与一般国民。④

（二）福岛核电站事故中凸显的问题

上述无限责任与国家援助相结合的责任形式，在原赔法的起草

---

① 除本理史『原発賠償を問う_曖昧な責任、翻弄される避難者』（岩波ブックレット、2013 年）10 頁。

② 遠藤典子『原子力損害賠償制度の研究－東京電力福島原発事故からの考察』（岩波書店、2013 年）219 頁。

③ 遠藤典子『原子力損害賠償制度の研究－東京電力福島原発事故からの考察』（岩波書店、2013 年）209 頁。

④ 除本理史『原発賠償を問う_曖昧な責任、翻弄される避難者』（岩波ブックレット、2013 年）87 頁。

过程中就曾遭到过强烈反对。例如，日本著名法学家竹内昭夫就认为，在无限责任与国家援助相结合的责任形式之下，核设施营运者无法预估赔偿的范围，这可能会导致其经营稳定性的丧失，从而不利于核电事业的健康稳定发展。[①] 再如，民法学者星野英一主张，核设施营运者的资金能力有限，很可能因无力承担无限责任而破产，此种情况下无限责任制实际上就等同于有限责任制，所以无法断言无限责任制就一定有利于受害人的保护。[②] 他还主张，是否对核损害赔偿开展援助以及援助的方法、援助的范围等要由政府裁量决定，所以无限责任其实并不能消解受害人的不安。[③]

在福岛核电站事故发生之后，上述由原赔法和支援机构法共同构建的"核设施营运者无限责任＋国家援助"的核损害赔偿模式逐渐暴露出了许多问题，因此重新被社会各界的所关注和讨论，首当其冲的就是核设施营运者赔偿资金能力的局限性问题。[④]

事实上，东电在本次事故中的赔偿费用早已远远超出了其所能够承受的能力范围。那么，当原赔法所规定的损害赔偿额度无法全面覆盖赔偿费用时，赔偿费用应由谁来承担？承担比例应如何确定（负担的分配）？这些问题作为核损害赔偿制度的核心问题，同时也是解决其他相关问题的前提。

如同二、（一）中所提到的那样，虽然核损害赔偿责任在形式上由东电承担，但赔偿资金的最终承担者却是广义上的国民（包括电力使用者）。[⑤] 由此，就出现了下列问题：

1. 东电作为福岛核电站事故的原因者，同时也是核设施营运者，理应以公司身份来承担损害赔偿责任。既然东电并未破产，[⑥]

---

① 参见竹内昭夫「原子力損害二法の概要」ジュリスト 236 号（1961 年）29 頁以下。

② 参见星野英一『民法論集 3 卷』（有斐閣、1972 年）395-440 頁。

③ 参见星野英一「原子力損害賠償に関する二つの条約案（一）」法学協会雑誌 79 卷 1 号（1962 年）84 頁。

④ 浦川道太郎「原賠法の無過失損害賠償制度と原発被害者救済の在り方」21 世紀政策研究所『新たな原子力損害賠償制度の構築に向けて＿2013～2014 年度 原子力損害賠償に関する国内外の法制検討班報告書一』（21 世紀政策研究所、2013 年）159 頁。

⑤ 参见除本理史『原発賠償を問う＿曖昧な責任、翻弄される避難者』（岩波ブックレット、2013 年）87 頁。

⑥ 支援機構法的主要目的之一即为防止东电破产。

那么东电的股东、金融机关等利害关系人为何无须承担责任呢?

2. 国家作为核电振兴政策的推行者,对核电站具有规制权限的同时也负有安全保障义务,[1] 然而核损害赔偿问题在本质上属于私人间损害赔偿义务的范畴,由国家承担赔偿义务并将赔偿费用通过税的收等形式转嫁给国民的理由和依据应做何解释呢?

3. 如果说可以用"受益者负担原则"来解释为什么要求东电的电力用户(包括家庭和企业等)来承担损害赔偿费用,那么要求东电之外的核设施营运者的电力用户亦要分担核损害赔偿的费用的依据应如何解释呢? 此外,面对电力事业的自由化(包括电力零售自由化)[2] 等电力行业环境的变化,支援机构法所确立的由全体核设施营运者共同负担的援助费用互助机制今后又应作出何种调整呢?

4. 除上述主体外,核电设备的供应商等与核电站密切关联的产业主体完全被排除在核损害赔偿责任主体的范围之外是否合理呢?

## 三、福岛核电站事故后相关主体的责任与费用分担

### (一)无限责任 or 有限责任?

福岛核电站事故之后,现行法关于核设施营运者无限责任的规定重新受到各界的质疑。如佐藤一明认为,无限责任虽然在"形式上更有利于受害人的保护,但如果导致事故发生的公司破产的话,反而不利于受害人的保护"[3]。原东电职员竹内纯子指出,要求本来应该承担间接有限责任的股份公司"[4] 承担无限责任,使损害赔偿费用无法预估,不仅不利于促进核能事业健康发展,还可能导致"电费上调,增加国民负担,影响电力稳定供给,甚至影响其他电

---

① 淡路剛久・吉村良一. 除本理史『福島原発事故賠償の研究』(日本評論社、2015 年)5 頁。

② 电力事业的自由化,主要是指包含家庭、商店在内的所有消费者,都可以自由选择电力公司和费用套餐。

③ 佐藤一明「原子力損害賠償改正について」日本経大論集 43 巻 1 号(2013 年)91 頁。

④ 除本理史『原発賠償を問う―曖昧な責任、翻弄される避難者』(岩波ブックレット、2013 年)28 頁。

力公司的资金融通"①。此外，"有限责任＋国家补偿的核损害赔偿模式，更有利于核电事业的健康发展以及对受害人的救济，这一点已经成为大多数政府以及民法学者的共识"。② 鉴于上述批判性意见，诸多学者都主张将核设施营运者的责任有限化，即将核设施营运者承担的核损害赔偿责任限制在一定的额度内，对于超出此限额的部分免责。③

与此同时，一部分学者对上述批判性观点提出了质疑。例如，高桥滋认为，自由主义与自己责任为环境政策的基本原则，在此原则之下应该避免采用此种带有减轻核设施营运者责任色彩的有限责任制，④ 此外，高桥滋还认为，如果核设施营运者仅需要承担有限责任，可能会导致其减少安全保障方面的投资，还可能限制受害人基于损害赔偿产生的债权，进而导致被害人的财产权受到侵害，故必须极其慎重地对待有限责任制的转化这一问题，⑤ 此外，"在事故发生之后立刻强行进行有限责任化的政策转换，可能会降低国民对于核设施营运者的信赖度"，⑥ 因此"只须保证国家对核设施营运者进行充分援助即可，没必要进行基本政策的修改"⑦。而日本律师联合会则认为，有限责任化"不利于被害人的救济"，甚至会转化为对核设施营运者的优待之举，故"强烈反对导入核设施营运

---

① 竹内純子「現行の原子力損害賠償制度の問題点と改正に向けた視座」21世紀政策研究所『原子力損害賠償制度の在り方と今後の原子力事業の課題』（21世紀政策研究所・2014年）28頁。

② 而且在世界范围内，目前有且仅有德国、瑞士、瑞典和日本四国采用了无限责任制，遠藤典子『原子力損害賠償制度の研究－東京電力福島原発事故からの考察』（岩波書店、2013年）43頁。

③ 参见寺倉憲一「東日本大震災後の原子力損害賠償制度をめぐる経緯と課題」東日本大震災への政策対応と諸課題（2012年）107頁。

④ 参见高橋滋「原子力損害賠償制度－その現況と改革課題」高橋滋編『原発事故からの復興と住民参加－福島原発事故後の法政策－』（第一法規、2017年）21頁。

⑤ 参见高橋滋「原子力損害賠償制度の見直しの方向性・論点の整理（1）」桐蔭横浜大学法科大学院原子力損害と公共政策研究センター『原子力損害賠償法改正の動向と課題（大成出版社、2017年）43−44頁。

⑥ 参见高橋滋「原子力損害賠償制度－その現況と改革課題」高橋滋編『原発事故からの復興と住民参加－福島原発事故後の法政策－』（第一法規、2017年）3頁。

⑦ 参见高橋滋「原子力損害賠償制度－その現況と改革課題」高橋滋編『原発事故からの復興と住民参加－福島原発事故後の法政策－』（第一法規、2017年）23頁。

者的有限责任制"①。

除上述对立意见外，还有学者对核设施营运者赔偿责任的有限责任化持保守态度。例如，大塚直提出了"无限责任＋国家补偿的形式"②，即将现行的国家援助义务化，"通过政府补偿让核设施营运者承担的无限责任具备预测可能性"③。

（二）损害赔偿费用的负担原理与模式

作为核损害赔偿责任与费用负担的前提和重要依据，费用负担原理在决定费用负担的主体以及分担比率时发挥着重要的作用。

1. 费用负担原理大致可以分为三种类型：一种是由造成事故的原因者承担损害赔偿的责任和费用的"应因原理"（応因原理），亦被称为"原因者负担原则"；一种是根据各主体从原因事件中所获得的利益决定其责任和费用分担的"应益原理"（応益原理），有时也被称为"受益者负担原则"；三是根据资金等的负担能力决定各主体之间责任和费用的分担，即"应能原理"（応能原理）。④ 除此之外，当上述"三种原理无法充分应对时"，作为补充之策而提出的"应关原理"（応関原理）近年也逐渐受到重视，即根据各主体对于原因事件的关联度或者参与度的大小决定最终责任的分担。⑤

一般而言，在决定损害赔偿责任和费用的分担时，"应首先适用应因原理，即原因者负担原则"⑥，若单独适用该原则不足以解决问题，也可补充采用受益者负担原则或公共负担原则。⑦ 就原因者负担原则而言，吉村良一认为应将间接原因者等广义上的原因者

① 日本弁護士連合会「原子力発電所事故による損害賠償制度の見直しに関する意見書」〈https://www. nichibenren. or. jp/library/ja/opinion/report/data/2015/opinion_150717. pdf〉2017 年 12 月 19 日アクセス。

② 参见大塚直「福島第一原発事故による損害賠償と賠償支援機構法—不法行為法学の観点から—」ジュリスト 1433 号（2011 年）43 頁。

③ 森田章「原子力損害賠償法上の無限責任」NBL956 号（2011）25 頁。

④ 参见島村健「国家作用と原因者による費用負担」法律時報 88 巻 2 号（2016 年）16 頁。

⑤ 参见寺西俊一「〈環境コスト〉と費用分担問題」環境と公害 26 巻 4 号（1997 年）7 頁。

⑥ 大塚直『環境法（第 3 版）』（有斐閣、2010 年）641 頁。

⑦ 参见大塚直『環境法（第 3 版）』（有斐閣、2010 年）641 頁。。

也纳入原因者的范畴，以为此类主体承担损害赔偿费用提供根据。[①] 然而，虽然原赔法和支援机构法都尽可能地贯彻原因者负担原则（至少在形式上），但仅依靠原因者负担无法解决所有问题，故支援机构法最终采用了一种既非典型原因者负担原则亦非典型受益者负担原则的费用负担模式。[②]

2. 如二、（一）2. 所述，现行核损害赔偿制度下，核损害赔偿的责任与费用主要由东电、东电之外的核设施营运者、国家三方主体承担，赔偿费用的资金则主要通过税收或者电费等形式最终由一般国民和电力用户负担，对此出现了众多批判的声音。

首先，东电作为福岛核电站事故的原因者，无论如何都应被追究损害赔偿责任。然而，政府为了避免东电破产，通过支援机构对其进行了巨额的资金援助，成为损害赔偿责任的实际承担者。[③] 淡路刚久认为，支援机构法的主要目的之一为避免东电破产，[④] 但却不要求东电的股东、金融机关等债权人、经营者等利害关系人承担损害赔偿责任，这明显违背市场经济的基本规则。[⑤]

其次，国家作为"核电政策的推动者，对核电站的安全性确保拥有巨大权限的同时也负有相应的责任"[⑥]。但国家投入的公共资金通常都来源于税收，故浜田宏一等学者认为，如果政府所支出的公共资金仅仅是为了"福岛核电站事故的受害人这一特定群体的利益"[⑦]，不符合财政民主主义原则的要求。[⑧] 此外，若为保证巨额公

① 参见吉村良一「環境被害の救済における「責任」と費用負担原則」環境と公害 36 巻 3 号 (2007 年) 10—11 頁。

② 佐藤一明「原子力損害賠償改正について」日本経大論集 43 巻 1 号 (2013 年) 85—86 頁。

③ 中島徹「国家がなすべきこと、民間がなすべきこと」法学セミナー 56 巻 12 号 (2011 年) 3 頁。

④ 虽然并没有以条文形式写明，但从本文第一部分所介绍的支援机构法规定的支援模式以及其他各种具体规定均可以看出，其目的之一即为防止东电破产。

⑤ 淡路剛久・吉村良一. 除本理史『福島原発事故賠償の研究』（日本評論社、2015 年) 5 頁。

⑥ 淡路剛久・吉村良一. 除本理史『福島原発事故賠償の研究』（日本評論社、2015 年) 5 頁。

⑦ 参见遠藤典子『原子力損害賠償制度の研究－東京電力福島原発事故からの考察』（岩波書店、2013 年) 134—135 頁。

⑧ 参见浜田宏一『損害賠償の経済分析』（東京大学出版会、1977 年) 90 頁；遠藤典子・前掲注 (10) 134—135 頁。

共资金的财政来源而增加税收，则会增加国民的负担，即便不采取加税措施，也可能导致国民本来应该享受的公共服务等利益的丧失。因此，由国家承担核损害赔偿责任和费用必须有充分的理由和依据，同时还应进行充分说明以获得国民的理解与认可。[1]

最后，支援机构法以互助义务为由，规定东电之外的核设施营运者必须向支援机构支付一般负担金，遭到了强烈的反对。例如，东电之外的核设施营运者认为，"东电是该次事故的原因者，理应承担全部损害赔偿责任和费用，要求自己分担赔偿责任缺乏合理性，难以获得股东的理解"[2]。田边朋行认为，通过事后立法将损害赔偿责任和费用等负担强加于东电之外的核设施营运者的做法在法律上欠妥。[3] 森田章则批判称，"将本来应该由政府承担的福岛核电站事故的损害赔偿责任通过法律强加于东电之外的核设施营运者，有侵害其财产权的危险"[4]。此外，各核设施营运者所承担的一般负担金，基本都被以电费的形式被转嫁给了电力消费者（包括不使用核电的电力用户在内），而电费的上调会对低收入群体和中小企业产生很大影响，甚至影响国民生活与国民经济。[5]

此外，根据民法一般原则，核电设施的供应商、施工者等相关主体，对于因其自身过失或其制造的设备存在缺陷而导致的损害，应承担损害赔偿责任。然而，原赔法却将上述主体一律排除在核损害赔偿的主体范围之外。对此，日本律师联合会以及诸多学者均持

---

① 参见遠藤典子『原子力損害賠償制度の研究－東京電力福島原発事故からの考察』（岩波書店、2013 年）137 頁。

② 遠藤典子『原子力損害賠償制度の研究－東京電力福島原発事故からの考察』（岩波書店、2013 年）193 頁。

③ 参见田邊朋行「福島第一原子力発電所が提起した我が国原子力損害賠償制度の課題とその克服に向けた制度改革の方向性」電力研究所報告 1335 号（2012 年）17 頁。

④ 森田章「政府の援助の義務と電力会社のガバナンス」ジュリスト 1433 号（2011 年）45 頁以下。

⑤ 参见原子力委員会「原子力損害賠償制度の見直しに係る個別の論点について（3）」〈http：//www.aec.go.jp/jicst/NC/senmon/songai/siryo15/siryo15－1.pdf〉2017 年 12 月 23 日アクセス。

批判态度。[1]

## 四、核损害赔偿的责任原理与费用分担的探讨

责任或者风险分配问题作为公共政策的核心问题，其决定必须有充分的依据和合理的理由，核损害赔偿的责任和风险分配问题也不例外。现行的原赔法与支援机构法所确立的责任和风险分配模式，虽然在经济性和效率性方面值得肯定，但就其合理性与公平性而言，却存在不少问题。故本部分将从责任原理选择的合理性、费用负担的公平性出发，对日本现行核损害赔偿制度中的责任原理与费用负担进行重新分析和探讨。

### （一）责任原理的选择

对于核损害赔偿责任原理的选择，有必要以原赔法与支援机构法的重构为前提进行慎重探讨。[2] 核损害赔偿专门委员会第15次会议特别强调，如果采用有限责任制，将会出现很多法律和制度上短期无法解决的问题，如损害赔偿的限额、超出赔偿限额时的赔偿程序以及赔偿费用的分担等问题。[3] 此外，如果原赔法导入"有限责任与国家补偿"相结合的责任形式，则必须对原赔法第16条进行扩大解释，并对支援机构法进行相应修改以实际落实该扩大解释。进而，就会出现诸如损害赔偿限额与损害赔偿措施额之间关系的确定、政府补偿等干预方法、损害赔偿费用额的分担以及与支援机构法的整合等新的课题。[4] 因此，对于是否要转换为有限责任制这一问题，当前主流意见的回答是否定的。

---

① 参见日本弁護連合会「原子力発電所事故による損害賠償制度の見直しに関する意見書」〈http://www. nichibenren. or. jp/library/ja/opinion/report/data/2015/opinion_150717. pdf〉2017 年 12 月 19 日アクセス。；豊永晋輔『原子力損害賠償法』（信山社・2014）41 頁。

② 参见高橋滋「原子力損害賠償制度の見直しの方向性・論点の整理（1）」桐蔭横浜大学法科大学院原子力損害と公共政策研究センター『原子力損害賠償法改正の動向と課題』（大成出版社、2017 年）45 頁。

③ 参见原子力委員会「原子力損害賠償制度の見直しに係る個別の論点について（3）」〈http://www. aec. go. jp/jicst/NC/senmon/songai/siryo15/siryo15－1. pdf〉2017 年 12 月 23 日アクセス。

④ 遠藤典子『原子力損害賠償制度の研究－東京電力福島原発事故からの考察』（岩波書店、2013 年）219 頁。

然而，笔者认为，支援机构法虽然在形式上维持了无限责任制，却将部分损害赔偿费用间接转嫁给了国家等主体，即东电实际上只承担了损害赔偿措施额度内的损害赔偿责任，因此可以说该法当前所采用的责任制度实质为一种"事后的有限责任制"。

（二）赔偿费用的分担

要探讨核损害赔偿中的责任与费用的负担问题，除了要考察责任原理的合理性，还需具体分析现行法下核设施营运者与其他主体之间的责任和费用分担是否合理、是否符合公平与正义原则。

1. 东电与国家的费用负担

按照资本主义经济的基本原则，东电作为事故的原因者，如果以其自身财力无法填补事故所造成的损失，就应退出市场。然而政府却通过各种途径和方式对东电实施援助以避免其破产，不过其出发点并非是对东电的救济举措，而是为了避免东电"通过破产来轻易规避其社会责任"①，强迫其对事故负责到底的一种强制性手段。② 因此，国家虽然暂时代替东电向受害者先行"垫付"了损害赔偿的费用，但东电必须通过向国库返还等方式偿还由国家垫付的资金。但是偿还的金额是根据每一年度核设施营运者的财务状况等因素来决定的，且截至目前偿还的金额"远远低于国家为东电垫付的金额"，全额偿还更是遥遥无期"③。因此，虽然支援机构法形式上规定由东电承担核损害赔偿责任，但实际上国家却最终成为主要的承担者。

那么，国家以公共资金承担核损害赔偿的费用是基于何种理由和依据呢？如前文所述，国家因与核设施营运者共同"推进核能政策而负有相应的社会责任"，④ 受益于核能推进政策，国民可以享

① 遠藤典子『原子力損害賠償制度の研究－東京電力福島原発事故からの考察』（岩波書店、2013 年）130－131 頁。

② 该举措被视为日本型原因者负担原则（即"PPP"原则）的具体化，参见遠藤典子『原子力損害賠償制度の研究－東京電力福島原発事故からの考察』（岩波書店、2013 年）131 頁。

③ 大島堅一・除本理史「福島原発事故のコストを誰が負担するのか＿再稼働の動きのもとで進行する責任の曖昧化と東電救済＿」環境と公害44 巻 1 号（2014 年）7 頁。

④ 参见遠藤典子『原子力損害賠償制度の研究－東京電力福島原発事故からの考察』（岩波書店、2013 年）108－110 頁。

受到廉价的电力，故核能事业也可被划归公共事业的范畴，因此可以依据"行政法上的损失补偿制度，给予公共利益的特别牺牲者损失补偿"。但是，很难说福岛核电站事故所造成的损害后果与国家的核能推进政策之间存在相当因果关系，因此对于是否应将福岛核电站事故的受害人视为"公共利益的特别牺牲者"并由国家向其支付损害赔偿金这一问题，还需从行政法等多个角度进行更加慎重的探讨。①

此外，国家为了填补因福岛核电站事故造成的损害而投入的公共资金，一般都来源于新增税收或者削减公共服务，但无论采取何种形式都会导致国民负担的增加或应得利益的减少甚至丧失。根据财政民主主义原则，包含公共资金在内的所有财政来源都必须是"为国民全体的利益，且经国会决议，公平、公正、平等地使用"②，国家为了对福岛核电站事故的受害人这一特定群体进行援助和补偿而动用公共资金，很难说符合财政民主主义的要求。

2. 东电之外的核设施营运者

从应因原理的观点来看，损害赔偿费用的负担者，应为"从事或者被认定为从事造成事故的活动"的主体③。依据支援机构法，由东电之外的核设施营运者负担的一般负担金具备两方面功能，一方面是对东电的支援，另一方面是将来可能发生的事故的预备。然而，从支援机构法的制定背景以及实施情况来看，一般负担金制度是为支付福岛核电站事故的损害赔偿金而创设，故其出发点更倾向于前者。不过，就支援机构法的公法性质而言，一般负担金也可被解释为"公法上的特别负担"，即将核电事业视为一个整体，只要各核设施营运者的某项活动与事故的发生有某种程度的关联（集团性因果关系），该事业活动者就要承担相应的责任。但在一般负担金的问题上，此种思路存在不妥之处。首先，很难说东电之外的核设施营运者的活动与福岛核电站事故的发生以及核损害之间具备此种集团性因果关系。其次，如果遵循原因者负担原则，特别负担金

---

① 参见卯辰昇『原子力損害賠償の法律問題』（金融財政事情研究会、2012 年）207−208 頁；参见遠藤典子『原子力損害賠償制度の研究－東京電力福島原発事故からの考察』（岩波書店、2013 年）135 頁。
② 浜田宏一『損害賠償の経済分析』（東京大学出版社、1977 年）90 頁。
③ 大塚直『環境法（第 3 版）』（有斐閣、2010 年）657 頁。

的比率应远高于一般负担金，但从下表的数据来看，情况却恰恰相反，虽然特别负担金的金额在逐年增加，但仍无法与其应承担的责任相匹配。

表1　支援机构的负担金额以及国库返还金的变化情况[①]

（单位：百万日元）

|  | 2011 年 | 2012 年 | 2013 年 | 2014 年 | 2015 年 | 2016 年 |
|---|---|---|---|---|---|---|
| 一般负担金总额 | 81500 | 100805 | 163000 | 163000 | 163000 | 163000 |
| 特别负担金 | 0 | 0 | 50000 | 60000 | 70000 | 111000 |
| 机构当期纯利益 | 79993 | 97322 | 209789 | 254019 | 263926 |  |

从应益原理的观点来看，各核设施营运者在国家的核能推进政策之下，长期垄断各地的电力供应，并因此获得了巨额利润，故亦应承担相应的责任。此外，支援机构法所构建的"核设施营运者互助机制"具有担保未来可能发生的核损害赔偿的作用，在一定程度上能够提升国民对核电业的信赖度，从而使全体核设施营运者均从中获益。[②] 此外，其使东电得以存续，免于因资不抵债而破产，确保了包括东电在内的所有电力公司发行的公司债券的信用度，对于维持电力公司经营的稳定、债券市场的稳定甚至是金融机构的信用都发挥了重要的作用。[③] 因此，可以说存在一定的合理性。但随着电力改革的推进，今后国民对于核电的依存度很可能会持续降低，且东电之外的核设施营运者并未因福岛核电站以及该互助机制获得任何具体利益，故上述两个理由并不充分。不仅如此，即便假设由东电之外的核设施营运者分担赔偿费用的做法妥当，各核设施营运者之间费用分担金额的确定方式也存在不妥之处。支援机构法规定一般负担金的年度总额为815亿日元，各核设施营运者的负担比率则依据其保有核反应堆的热量输出来决定，从公平的角度而言，该

---

① 参见原子力委员会「原子力損害賠償制度の見直しに係る個別の論点について(7)」〈http：//www. aec. go. jp/jicst/NC/senmon/songai/siryo17/siryo17‐2. pdf〉2017年12月23日アクセス。

② 参见遠藤典子『原子力損害賠償制度の研究‐東京電力福島原発事故からの考察』（岩波書店、2013年）200頁。

③ 参见遠藤典子『原子力損害賠償制度の研究‐東京電力福島原発事故からの考察』（岩波書店、2013年）193‐194頁。

标准存在过于简单化的倾向和不公平之处。笔者认为，费用分担比例的决定应综合考虑各核设施营运者所拥有的核反应堆的数量、运行状况、收支情况以及对事故发生的概率、规模的预估等要素。[1]

此外，假设通过事后立法规定一般负担金在法律上是妥当的，将一般负担金通过抬高电费的方式转嫁于电力用户也存在不妥之处。虽然可以通过受益者原则进行解释，但随着电力产业自由化以及核电依存度降低等产业环境的变化，一部分的电力用户可能会放弃核电转而使用其他新电力，这种情况下是否应该要求其为因福岛核电站事故而产生的"过去式"的损害赔偿费用买单呢？福岛核电站事故的损害赔偿费用是应仅由事故发生时的核电用户承担，还是应由广义上的所有电力用户来共同承担，对于该问题的不同选择可能会造成不同电力用户之间负担的差距，故仍有必要从受益者之间的负担公平性角度出发进行重新探讨。

3. 其他利害关系人

一是以股东、经营者以及以金融机关为代表的债权人等利害关系人。从应因原理的观点来看，东电的经营者存在经营或者监督上的过失，所以不能说与事故的发生之间完全不存在因果关系。而从应益原理的角度来看，以股东和以金融机关为代表的债权人因福岛核电站获取了巨额利益，故亦应承担相应的责任。此外，若从应能性的观点来看，因为东电并未破产，所以其股东和金融机关尚具备相应的赔偿能力，没有理由不承担损害赔偿责任。综上，不论依据何种责任原理，股东、经营者以及以金融机关为代表的债权人都应为福岛核电站事故所造成的核损害承担相应的赔偿责任。然而，支援机构法并未对上述主体的核损害赔偿费用的责任和义务进行规定，仅仅规定其在特别事业计划中负有协助记载的义务，且此协助记载的义务并非强制，亦非特别事业计划制定的前提条件。[2] 故笔者认为，支援机构法不要求上述主体承担核损害赔偿责任没有合理的理由和依据，亦不符合公平性的要求。

二是核电设备制造商、工程承包商、核设备和材料运输者等相

---

[1]　参见遠藤典子『原子力損害賠償制度の研究－東京電力福島原発事故からの考察』（岩波書店、2013年）202頁。

[2]　参见大島堅一「原子力損害賠償の論点と課題＿原子力損害賠償支援法による本格的損害賠償を前にして＿」環境と公害41巻2号（2011年）46頁。

关主体。如三、（二）所述，根据民法一般原则，上述相关主体因自身过失或产品瑕疵等引发事故时，不仅要承担合同中的违约责任，还要承担对第三人的侵权责任。原赔法作为民法的特别法，例外地采用了核设施营运者责任集中原则，根据该规定，核设施营运者"必须承担所有本来应被全部或部分免除的责任"[①]。而其理由和依据主要有以下三点：一是通过保障供应商谋求核事业经营的稳定化；二是避免重复保险；三是方便受害人确定损害赔偿义务人。[②] 还有部分学者以及律师联合会认为，最初原赔法规定核电设备制造商无须承担核损害赔偿，无非是因为美国提出的输出核电设备的条件。[③] 因此，笔者认为，从费用的公平负担出发，该规定存在被不合理加重责任的问题，理应借本次原赔法修正之机予以完善。

## 五、结语

本文梳理了日本各界对于现行核损害赔偿制度之下核设施营运者的责任与费用负担问题的不同声音，并从公平性的观点出发对现行核损害赔偿制度所采用的责任原理、核设施营运者等主体的具体费用负担及其依据进行了详细分析。日本对于核设施营运者的责任和费用负担问题的相关讨论，对中国核损害赔偿制度也具有重要的参考意义，主要体现在以下几个方面：一是我国在确定核损害赔偿责任和费用负担时，可以参考和借鉴本文讨论中所着眼的公平性原则，依据该原则来评价和衡量核损害赔偿责任与费用分担机制的合理性。如由国家进行财政补偿、原因者以外的其他营运者承担补充赔偿是否具有合理依据？采用责任集中原则，核设施营运者以外的其他利害关系人免于承担赔偿责任是否公平？二是日本所采用的应能原理、应益原理、应因原理与应责原理等费用负担的原理，亦可为我国核损害赔偿费用负担的安排提供理论上的参考。中国环境法

---

① 豊永晋輔『原子力損害賠償法』（信山社、2014 年）41 頁。
② 遠藤典子『原子力損害賠償制度の研究－東京電力福島原発事故からの考察』（岩波書店、2013 年）37－39 頁。
③ 遠藤典子『原子力損害賠償制度の研究－東京電力福島原発事故からの考察』（岩波書店、2013 年）38 頁。

在处理环境损害赔偿问题时采用的是"损害者负担受益者补偿"原则，那么在核损害赔偿制度中是否仍应贯彻此种负担原则？核设施营运者与国家等主体承担赔偿责任时要依据何种原理？根据该原理各主体之间费用负担的分配和限度又应如何安排？选择合适的费用负担原理，是解决此类关键性问题的前提条件和重要的决定性要素。三是日本核损害赔偿费用的具体负担安排和实践中遇到的问题，也可以引发我们对中国核损害赔偿制度现状的反思。中国规定核设施营运者的赔偿限额为 3 亿人民币（日本为 1200 亿日元，约合人民币 73 亿），国家对核损害赔偿进行财政补偿的额度为最高 8亿元人民币，该额度是否过低？是否应该规定核设施营运者的资金维持措施以保障核损害赔偿资金？此外，中国的核能企业基本均属于中央管理企业，[①] 其资金来源和管理模式等都与日本的核设施营运者存在本质区别，这会对核损害赔偿责任和费用分担带来何种影响？这些问题都是中国在构建核损害赔偿制度之时应该首先考虑和解决的关键性问题。

虽然本文尚停留在对核设施营运者的责任与费用负担问题的尝试性探讨，但笔者希望可以抛砖引玉，让学界能够逐步认识到核损害赔偿制度相关研究的必要性和迫切性，进而能够从核损害赔偿制度的基本原理、具体制度设计以及实施等不同角度出发，对核损害赔偿制度进行更加深入和全面的探讨。

---

[①] 中央管理企业，即一般所称的央企，指由中华人民共和国国务院或其授权的财政部、国务院国有资产监督管理委员会等机构代表国务院履行出资人职责的全民所有制的中华人民共和国国有独资企业（或国有独资公司）和混合所有制的国有控股企业。

# 国家赔偿法上行政赔偿"违法性"的模型

## ——日本法上的"违法性同一说"与"违法性相对说"之再检讨

杨远舟*

## 一、引言

国家赔偿法作为公法、私法两者交织的法律，兼具监督公权力行使和救济公民权利的功能。作为一种横跨公私法界限的法律，由于公法、私法在视角以及理论基础上的差异，"鱼和熊掌不可兼得"的现象时有发生。如何取舍，则需要对国家赔偿法制度中的各个概念作出准确的定性和定位。特别是国家赔偿制度中最为重要的"违法（性）"。以下主要通过与近邻日本法的比较，对"违法（性）"问题展开论述。

## 二、日本不法行为法以及国家赔偿法中"违法"的内涵

### （一）不法行为法中的"违法"和"不法"

日本国家赔偿法作为不法行为法的特别法，关于违法性的理论，实则与不法行为法的相关理论一脉相承。虽然

* 杨远舟，早稻田大学比较法研究所助手。本文是特定课题研究助成金"中国国家赔偿法の行政赔偿における违法性の一考察"（项目批准号：2018S-224）的阶段性成果。

在"不法行为法"中出现了"不法"的字样，但是在构成要件层面仍然使用的是"违法"。而关于"不法"与"违法"有无特别区分之必要①，在日本并没有成为一个必争的话题②。判例以及司法用语中均延续了"违法"的表述。学说理论方面也没有刻意区分"不法"与"违法"的用法；此外，为了保持一致性，学说理论方面中采用"违法"这一用词的情况更为普遍，"不法"用法并不多见。③

（二）日本不法行为法第 709 条与"违法"

虽然，日本国家赔偿法上的"违法"与日本不法行为法上"违法"，同样使用"违法"二字，但其内涵仍有些许差异。日本不法行为法中的"违法"是民法第 709 条④解释论紧密相关的概念。在法条原文中没有直接使用"违法"的字样，而且最初在日本民法第 709 条的条文中，也仅仅使用了"侵害他人的权利"的表述。对此，以"大学汤"事件为契机，大审院通过判例将此处的权利，从仅仅指向权利，扩张到权利和受法律保护的利益。⑤尔后，末川博提出了"违法性表征说"。⑥但是"违法性表征说"，违法性不仅仅包含了权利侵害，还包含着利益侵害，而当时的条文中并没有明确

---

① 杜仪方将民法上的"违法性"问题称为民法上的"不法"。其实不然，在日本，与我国侵权行为责任法相对应的是不法行为法。杜仪方：《行政赔偿中的'违法'概念辨析》，载《当代法学》，2012 年第 3 期，25－27 页。

② 日本民法学者前田达明认为：尽管条文解释的角度来说，使用"不法"更为恰当，但是由于在判例和学说中一直将"违法"一词沿用至今，相比起将其改为"不法"，继续使用"违法"，可以更容易开展理论探讨。前田達明「違法一元論について」同志社法学 61 卷 2 号（2009 年）473 頁。

③ 前田達明『不法行為法帰責論』（創文社、1978 年）196 頁。因而，是"违法"还是"不法"不过是在对于同一内容进行解释时不同的表述形式而已。因而本稿依然采用"违法"这种表述。

④ 日本民法第 709 条规定，"因故意或过失而侵害他人的权利或者法律上被保护的利益者，负有赔偿因此而生损害之责任"。

⑤ 该判例明确指出，日本民法 709 条所保护的不仅仅是"具体的权利"即具体权利，还包括"法律上保護セフルルー ノ利益"即法律上受到保护的利益。吉村良一『不法行為法（第 5 版）』（有斐閣、2017 年）32 頁。潮見佳男『不法行為法Ⅰ（第 2 版）』（信山社、2009 年）63 頁。

⑥ 末川博主张，所谓不法行为，其本质在于对"违法行为"所致损害的赔偿，而所谓"违法行为"则意味着行为违反了由实体法确立的"法律秩序"；因此，"违法性"可以视作加害行为（违法行为）的客观性要件，而"权利侵害"充其量只是"违法性"的表征之一而已。潮見佳男『不法行為法（第 2 版）』（信山社、2009 年）67 頁；吉村良一『不法行為法（第 5 版）』（有斐閣、2017 年）32 頁。

规定利益侵害。因此，关于利益的侵害，其判断标准需要进一步发展相关理论。而对于利益的侵害何种情况下是为"违法"的，我妻荣以"相关关系说"给出了解答。依据相关关系说：在判断侵害利益成就的违法性时，需要将侵害利益的种类和加害行为自身的样态"相关"（简单解释可以理解为综合判断——笔者注）起来考虑。具体来说，被侵害的利益属于相对重要的类型时，即便加害行为本身并不严重，也成立侵害利益的违法性；而在被侵害的利益属于相对不那么重要的类型时，则要求加害行为本身很严重，方能成就违法性。而加害行为本身包括：违法刑罚类的法规、违反禁止性法规、违反公序良俗和滥用权利等等的情况。借由末川博的"违法性表征说"和我妻荣的"相关关系说"，将"侵害他人的权利"置换为"违法"已经成为当时的通说并影响了之后的理论，[①] 此过程被称为"从权利侵害到违法性"。[②] 尔后，日本在 2004 年民法典的现代用语化的修正中，将原 709 条的权利侵害，更改为上述"侵害他人权利或者受法律保护的利益"。这个修正明确了不法行为之客体包含利益。

（三）日本国家赔偿法第 1 条与"违法"

不同于日本不法行为法的规定，日本国家赔偿法把"违法"这一用语即被明确的写进了条文之中。[③] 而国家赔偿法作为不法行为法之特别法，这也被认为是受到了不法行为法中"违法性"理论的影响。但是不同于不法行为法 709 条的权利利益侵害的表述，国家赔偿法直接采用了"违法"的表述。在继承不法行为法之违法性的同时也渲染了国家赔偿法固有的含义。然而我国学者在翻译法条

---

① 吉村良一『不法行為法（第 5 版）』（有斐閣、2017 年）32 頁。

② 潮見佳男『不法行為法（第 2 版）』（信山社、2009 年）61 頁；吉村良一『不法行為法（第 5 版）』（有斐閣、2017 年）32 頁。

③ 日本国家赔偿法第 1 条（公权力的行使）规定，相当于行使国家或公共团体之公权力的公务员，行使其职务的，因故意或者过失而违法地对他人给予了损害的，国家或公共团体负担赔偿的责任。第 2 款。在前项之场合，公务员有故意或者重大过失的，国家或公共团体对该公务员享有求偿权（追偿权）。（笔者译）原文如下：第 1 条（公权力の行使）国又は公共団体の公権力の行使に当る公務員が、その職務を行うについて、故意又は過失によつて違法に他人に損害を加えたときは、国又は公共団体が、これを賠償する責に任ずる。2. 前項の場合において、公務員に故意又は重大な過失があつたときは、国又は公共団体は、その公務員に対して求償権を有する。

时，缺乏对于词汇背景的重视，将日本国家赔偿法第 1 条第 1 款中
的"违法"译作"违法损害"。① 按照该条语序以及有力的理论学
说的理解，"违法"是指向行为的，即判断违法性时要求公务员的
加害行为是违法的。② 可见，"违法"一词所修饰的对象是行为而
不是损害，而这一点会直接影响对于日本国家赔偿法上的"行为不
法"与"结果不法"的理解。

## 三、"违法性同一说"与"违法性相对说"的对立

### （一）概述

作为违法性的外延，在日本国家赔偿法理论体系中，一个处于
核心地位的问题是：撤销之诉中的违法性与国家赔偿诉讼（以下称
国赔诉讼）中的违法性的关系。在日本，从诉讼类型上看，撤销之
诉作为行政诉讼，国赔诉讼作为民事诉讼，是两种诉讼类型。关于
撤销之诉既判力能否直接及于国赔诉讼：如若撤销之诉的违法性等
同于国赔诉讼的违法性，则撤销之诉关于违法性的判断可及于国赔
诉讼，此时撤销之诉的违法性与国赔诉讼的违法性相同，这种观点
被称为"违法性同一说"（也有称为违法性一元说）③；而认为撤销

---

① 比如：杜仪方将日本国家赔偿法第 1 条第 1 款译作："国家或公共团体的公务
员在行使公权力的过程中，因故意或过失对他人造成违法损害时，国家或公共团体对损
害负赔偿责任"。这显然有失妥当。其中"公权力的行使"，"职务行为"，"违法"等词
汇都是与日本国家赔偿法上的"违法"息息相关的内容。首先，对于"相当于（に当た
る）"一词的遗漏会混淆日本国家公务员法以及地方公务员法上的"公务员"和日本国
家赔偿法上的"公务员"。某人如若相当于行使了公权力即成为日本国家赔偿法上的
"公务员"，此处的"公务员"不仅限于国家公务员法或地方公务员法上所定义的"公务
员"。其次，遗漏了"行使其职务（その職務を行うについて）"。"行使其职务"是日本
国家赔偿法上的构成要件之一，在理论体系中具有重要意义，这一点中日两国是共通
的，即国家赔偿法的诉争行为必须是职务行为。因而为了判断诉争行为是否属于职务行
为，"外形说"和"一般性职务权限说"才会登场。简而言之，"公权力的行使"，"行使
其职务"都是日本国家赔偿法第 1 条第 1 款中不可或缺且需要正确表述的概念。最后，
"违法"所修饰的对象问题。如译作"违法损害"，自然而然地会让人误以为"违法"所
修饰的对象是损害。杜仪方：《行政赔偿中的"行使职权"概念———以日本法为参
照》，载《法商研究》，2018 年第 2 期，第 185 页。

② 西埜章『国家賠償法コンメンタール（第 2 版）』（勁草書房、2014 年）137
頁。

③ 塩野宏『行政法Ⅱ行政救済法〔第 5 版補訂版〕』（有斐閣、2013 年）320~321
頁；藤田宙靖『第四版行政法Ⅰ（総論）〔改訂版〕』（青林書院、2005 年）495 頁。

之诉的违法性区别于国赔诉讼的违法性，则撤销之诉中违法性的判断并不当然及于国赔诉讼，此时撤销之诉的违法性与国赔诉讼的违法性相异，这种观点被称为"违法性相对说"（也有称为违法性二元说）。[①] 而之所以会有撤销之诉的违法性与国赔诉讼的违法性是否相同的争论，是因为理论学说对于国赔诉讼中违法性的解释存在分歧。这种分歧表现为日本国家赔偿法上行为不法说与结果不法说的对立。在此二者之外还存在着折衷性的学说，又称之为相关关系说。依据结果不法说：如果某一行为致使法所不允许的结果发生了，则该行为违法[②]。而相关关系说则认为：虽然行为不法说更为合理；但是考虑到国家赔偿的被害人救济功能，对于受害甚重者，并不能单一地以行为没有违背法规范而否定赔偿责任。这个情况下的违法判断，应当采用结果不法说。[③] 最后，行为不法说主张：权利性行政活动的情况下，违反行为准则的行为既违法。[④] 依据行为不法说：站在侵害行为样态的角度来审视违法性时，在认可国家赔偿制度的被害人救济功能、损害分散功能的基础之上，由于国家赔偿制度是担保法治国家原理的制度，因而必须强调国家赔偿制度的制裁功能、防止违法行为功能、排除违法状态功能（或称作合法状态的回复功能）。[⑤] 行为不法说中基于对判断方式的不同理解，又出现了"公权力发动要件欠如说""职务行为基准说"的对立。

（二）公权力发动要件欠如说与违法性同一说

公权力发动要件欠如说主张：行政行为在行使时应当满足其法律根据所规定的相关要件（公权力发动要件），如果不能满足相关要件（公权力发动要件），则该行政行为违法。换言之，所谓违法既公权力发动要件的缺失。在公权力发动要件欠如说的框架下，国赔诉讼中的违法性与撤销之诉的违法性相同，均为意味着行政行为违反了所依据之规范。由于两者均是违反行为根据之规范，因而，

① 遠藤博也『国家補償法（上巻）』（青林書院、1981 年）166 頁、芝池義一『救済法講義〔第 3 版〕』（有斐閣、2006 年）243 頁。

② 西埜章「国家賠償法における違法性の総合的研究」明治大学社会科学研究所紀要第 49 巻第 2 号、（2011 年）321 頁。

③ 芝池義一『救済法講義（第 3 版）』（有斐閣、2006 年）243 頁。

④ 秋山義昭『国家補償法』（ぎょうせい、1985 年）68 頁。

⑤ 宇賀克也『行政法概説 II 行政救済法（第 5 版）』（有斐閣、2015 年）430 頁。

可以将二者一元化。但是，值得注意的是：公权力发动要件欠如说在违法性判断时，更多地强调对行为根据规范的违反，既局限于客观面的问题，导致在构成要件层面与过失要件并无交集、相互严格区别。违法性与过失毋庸置疑地呈现出十分鲜明的二元结构。由于在违法性之外还需要考虑过失要件，所以最终责任认定的结果层面与其他学说并没有明显的出入。公权力发动要件欠如说的坚定倡导者宇贺克也强调：考察行政行为在国家赔偿法上的违法性时，应当重视依法行政原理；依据依法行政原理，行政机关只要满足法律所规定的条件，即可以合法地侵害私人的权利，但此时必须给予补偿。[①] 也正因如此，对于损失补偿与损害赔偿的区分显得尤为必要。

此外，宇贺克也认为：由于在法律规定的范围内行政行为可以侵害私人权利，因此强调权利侵害的结果不法说会导致损失补偿和损害赔偿之间的界限模糊；而行为不法说则可以完美地区分损害赔偿和损失补偿。在此基础之上，他更进一步提倡公权力发动要件欠如说优越于职务行为基准说。[②] 而公权力发动要件欠如说的优势主要体现在以下四个方面。

1. 职务行为基准说来源于判例，具有一定的局限性。如果将其提升到一般论的层面，必然会损害对国家赔偿制度之制裁功能、制约违法行为功能以及排除违法状态功能。

2. 采用职务行为基准说会导致，撤销之诉的违法性判断标准完全不同于国家赔偿法中违法性的判断标准，进而导致在撤销之诉中承认违法，而在国赔诉讼中不承认违法的情况。而且，统一不同制度中的同一用词的内涵和外延，有助于对违法概念的理解。同时，宇贺克也承认：撤销之诉与国赔诉讼的目的不尽相同；相对于撤销之诉将排除行政行为效力作为直接目的——国赔诉讼则的直接目的是对已经发生的损害进行分配。不过，他还主张：目的上的差异不足以构成违法性概念必须相区别的理由。而目的上差异其实主要体现在过失要件上。国家赔偿诉讼相较于撤销之诉多了一个过失

---

① 宇賀克也『行政法概説Ⅱ行政救済法（第 5 版）』（有斐閣、2015 年）447 页。

② 宇賀克也『行政法概説Ⅱ行政救済法（第 5 版）』（有斐閣、2015 年）449-450 页。

要件。因此，将违法性要件也进行区别并没有什么实质的益处。

3. 将国家赔偿法上的违法定义为违反行为规范、限制规范。可以使得违法性要件的成就变得相对容易，而受害人即便结果上得不到赔偿，能够得到违法的判决，也能得到些许慰藉。另一方面，此举有利于扩大过失要件的弹性。

4. 公权力发动要件具有区分损失补偿和损害赔偿的功能。若行政行为符合公权力发动的要件，则应当适用损失补偿；若不符合公权力发动的要件的，则应当适用损害赔偿。因此，公权力发动要件作为区分损失补偿与损害赔偿的标志，应当强调其在国家赔偿制度中的地位。

（三）职务行为基准说与违法性相对说

职务行为基准说主张：即便国家或公共团体的活动在结果上是违法的，但行使行政行为的行为人尽到了职务上应尽之注意义务时，不适用日本国家赔偿法第 1 条第 1 款之规定。职务行为基准说是由判例衍生出来的学说，原田尚彦在"松川国家赔偿请求事件"一文中首次提及了该学说。① 该案审理法院以检察官的判断仍属于正常范围为由否定了违法性。②

此外在奈良商事事件中，法院指出：即便税务署长在所得税变更中过高的评定了所得的金额，也不能因此直接认定其构成国家赔偿法第 1 条第 1 款所规定的违法。只有税务署长在收集资料、认定课税的要件事实的时候，没有尽到职务上通常应尽之义务，随意做出变更决定，才认为构成违法③。

由此可见，不同于公权力发动要件欠如说，职务行为基准说对

---

① 西埜章『国家賠償コンメンタール（第 2 版）』（勁草書房、2014 年）137 頁。

② 该案的控诉审判决认定：在刑事案件中，即便结果上最终得到的是无罪判决，但仅凭这一点并不能当然地判断前述之事违法，这一点应当是不言自明的…即便法官是由于犯罪事实的证据不足而下达了无罪判决。在此种情形下，也不应当以此为理由直接断定警察官或者检察官的拘留逮捕、提起公诉等等公权力行使行为是违法的。若要使得这些公权力行使行为成就违法性，该命题必须要满足：警察或者检察官的判断，特别是对于证据的评价，超过了必要的限度；而且是即便考虑到一般性的个体差异，仍然超过的限度；同时从经验法则以及论理法则的角度来看也难以给予其肯定评价。因此，即便最终是无罪判决，检察官的判断若是在通常能够想到的差异范围之内，该公权力的行使仍然是合法的，而由此所生损失仅仅是刑事补偿的对象，并不成为国家赔偿的赔偿对象。東京高判昭和 45 年 8 月 1 日下民集 21 卷 7=8 号 1099 頁。

③ 最判平成 5 年 3 月 11 日民集 47 卷 4 号 2836 頁。

于违法性的认定，更多地强调预见可能性以及结果回避可能性，继而在判断时纳入忍受限度理论；结果导致了违法性要件的判断和过失要件的判断有所重叠；而和行政诉讼的违法性具有显著的差异。而且如同判旨所言，行政行为违法是超过一定的限度，然而这个限度的标准却没有被明确。反对职务行为基准说的意见认为：职务行为基准说的理论根据并不明确，仅仅以撤销之诉与国赔诉讼的目的性差异来予以说明并不足够；职务行为基准说在没有明确的理论支撑的情况下，适用范围扩大到一般行政行为并不妥当；每个判例对于注意义务的判断标准也不统一。①

司法实务的相关人员大多数支持职务行为基准说，但律师除外。神桥一彦也持肯定意见，他认为：若违法性的判断对象包括公务员的行为，此时职务行为基准说更能体现国家赔偿制度违法性的本质。② 此外，民法学者潮见佳男主张：在民事不法行为的领域，已经确立了"过失客观化"的理论，相对应的，违法性与过失二元化的学说正在逐步衰退，若继续固执立法时的观点，在解释国家赔偿法第 1 条第 1 项的责任体系时，必然会产生龃龉。因而，可以将国家或公共团体的行为规范，也就是职务行为规范（违法性问题）与公务员被课与的职务义务（过失问题）视作同一问题。如此，一方面可以减弱'违法性'要件与'过失'要件相区别的必要性，不过在要件事实层面仍然应当重视其区别；另一方面也意味着民事责任中的过失判断的构造对于国家赔偿法第 1 条第 1 项中的'违法性'评价有所裨益"。③

（四）小结

综上所述，若采用公权力发动要件欠如说，国赔诉讼的违法性与撤销之诉的违法性在内容上大同小异。换言之国赔诉讼的违法性是指对象行为违反了行为规范，在此意义下与撤销之诉的违法性并无差异。因而，采用公权力发动要件欠如说时两诉讼的违法性呈现

元化的状态，称之为违法性同一说，换言之，可以不区分撤销之诉的违法性与国赔诉讼的违法性，撤销之诉的既判力可以及于国赔

---

① 山本隆司『判例から探究する行政法』（有斐閣、2012 年）541 頁。

② 神橋一彦「『職務行為基準説』に関する理論的考察：行政救済法における違法性・再論」立教法学 80 号（2010 年）38 頁。

③ 潮見佳男『不法行為法Ⅱ〔第 2 版〕』（信山社、2011 年）103～104 頁。

诉讼，既国赔诉讼可以直接继受撤销之诉的违法性判断。若国采用职务行为基准说，违法性的判断需要权衡行为人负担何种职务上的义务以及是否违反了该义务，而这一点在撤销之诉的违法性判断中并不能得到体现。因此，此时国赔中的违法性与撤销之诉的违法性在内容上有所差异。因而两诉讼的违法性呈现相对化的状态，称之为违法性相对说。相较于撤销之诉中违法性的判断标准，职务行为基准说在考量要素中加入了预见可能性以及结果回避可能性。因此，撤销之诉的违法性与国赔诉讼的违法性相互严格区别，撤销之诉的既判力不能当然地及于国赔诉讼，既国赔诉讼不能当然地继受撤销之诉地违法性判断。此外，如果采纳结果不法说或者相关关系说，国赔诉讼地违法性与撤销之诉的违法性在内容上也是完全不同的。因此，在采用结果不法说或者相关关系说的情况下，亦可导出违法性相对说。综上所述，撤销之诉的违法性与国赔诉讼的违法性与国赔诉讼的违法性之概念休戚相关，基于违法性概念的不同理解会推导出完全不同的结论。同时探讨该问题离不开违法性之概念，即便将其作为一个单独的问题提出，也不能抛开违法性概念去讨论。关于国家赔偿的违法性概念的分歧是撤销之诉与国赔之诉相互区别与关联的前提条件，脱离了违法性概念的二者关系的议论是流于表面背离本质的空中楼阁。

在我国关于上述问题，杜仪方认为，"违法性"与"有责性"分属两个不同阶段，赔偿责任需要将"违法"与损害结果、因果关系、主观过错相结合进行判断；此外"行政诉讼"与"赔偿诉讼"判断的内容通常是一致的，判断标准也应当一致，继而行政诉讼的既判力应当及于赔偿诉讼；并且主张结果不法与行为不法殊途同归的同时，认为行政赔偿中的违法性应当理解为仅限于客观违法性判断的结果不法；此外还强调应当引入违反职务义务这一要素构建行业性普遍化、客观化的行为标准。① 然而，违反职务义务要素（职务行为基准说）是否能够充分保障受害人权利这一问题是需要注意的。在日本法国家赔偿法上的重要判例之一"巡逻车追迹事件"

---

① 杜仪方：《行政赔偿中的'违法'概念辨析"》，载《当代法学》，2012 年第 3 期，28 页。

中,① 正是以警察满足了职务上的一般注意义务为由否定了国家赔偿责任，因此，不得不重视一般注意义务的模糊性导致定责标准宽松，不利于保护人民权利。此外，"违法性"与"有责性"分阶层的模式雷同于日本刑法上的"违法性"和"有责性"的构造。在前述"违法性表征说"和"相关关系说"的时期，民法理论受到刑法上"客观性违法论"的影响而采用了区分主观过失和客观违法性的理论构造。② 但是随着"过失客观化"等理论的发展，这种区分已经逐渐丧失魅力。中国国家赔偿法中，违法（性）被确认之后，仍需再结合职务行为、因果关系、损害等要件进行责任判断。这种构造是由于混同了行政赔偿的违法性与行政诉讼中的合法性审查所致。究其原因乃是程序性划分与实质性判断相混淆所致。在理论分析不得不注意。

　　归纳前述日本关于违法性之理论，再映照于中国法，不难发现中国的国家赔偿与行政诉讼之违法性判断对象均被强调为行政行为，而非行政行为之结果，因而，"结果不法说"难以与中国的理论体系相契合。而从国家赔偿之违法性指向客观上对法规范的违反，且在程序划分层面，和行政诉讼之违法性一元化的现状来看，中国法的"违法性"更接近日本法上"行为不法说"中的"公权力发动要件欠如说"所定义之违法性。且此处所言法规范不区分实体性规范还是程序性规范。但是，采用"公权力发动要件欠如说"时，违法性要件与过失要件相互严格区分，违法性仅意味着违反法律规范，特别是规制行为的规范，难以涵盖过失要件的内容，而且两者缺一不可。反观中国法，由于完全摒弃过失要件，若采纳公权力发动要件欠如说则无法解释过失要件相关要件事实如何处理的问题。而"职务行为基准说"则将违法性要件与过失要件的区分模糊化，两者呈现一元化的状态，可以利用职务上的注意义务去解决过失方面的问题。换言之，可以在违法性的范围内，解决过失的问题。在这一点上，"职务行为基准说"更适合用于充实我国单一违法要素的归责体系。但是，对于职务上的注意义务如何认定仍然缺少可靠的标准。在中国国家赔偿法强调不考虑过失的大前提下，这

---

①　最高裁判所第一小法庭昭和 61 年 2 月 27 日判例时报 1185 号 81 页。
②　前田達明「違法一元論について」同志社法学 61 卷 2 号（2009 年）475 页。

些日本法上的理论学说都只能做解释论层面的参考。

另一方面，日本国家赔偿法中的"行为不法说"或"结果不法说"都囊括了公权力之行使侵害权利的含义。由于日本国家赔偿法深受不法行为法的影响，"违法性"包含了"侵害权利、利益"。从内容的角度来看，日本法上的"违法性"属于实质性违法；而中国国家赔偿法中的"违法"是纯粹的法规范违反，排除了"侵害权利、利益"，属于形式性违法。这一点从中国国家赔偿法第二条"合法权益"的表述上，也可窥见一二。此外，在中国国家赔偿法的理论学说中，除了构成要件之外，尚需专门探讨所谓赔偿范围。与赔偿范围相应的条文则是第三、四、五条和第十七、十八、十九条。而赔偿范围的具体内容，从第三、四、十七、十八条的各项来看，主要是指人身权侵害、财产权侵害之情形，而第五、十九条则指不予赔偿的情形，既违法性阻却事由。综上中国国家赔偿法中的"违法性"既有与国外诸法相似之处又有其独特之点，分析行政诉讼法之违法性与国家赔偿法之违法性的关系时，不仅需要明确中国国家赔偿诉讼中"违法性"的内涵，还需要探讨归责体系。因而违法归责原则是永远绕不开的论题。

## 四、中国国家赔偿法中的"违法"

### （一）概述

日本国家赔偿法的理论构成与日本不法行为的理论构成相一致，采用过失责任主义；在要件层面分为主观方面和客观方面，主观方面考虑故意过失的问题，客观方面考虑违法性的问题。换言之，过失责任主义下，过失作为要件是不可或缺的，因而不法行为法的领域中，将违法性要件向过失要件中统合的趋势很明显。这一点我国的侵权责任法理论也不例外。依此可见，归根到底解释论中左右其发展方向的最根源性的要素是过失责任主义。既以过失为责任归属的核心要素。如若更换一下语境，过失责任主义在中国国家赔偿法的语境中，应该对应着过失归责原则。然而毋庸置疑的是中国国家赔偿法在立法当时完全摒弃了过失归责原则而采用了违法归责原则。因此，据此推论，不难发现：如若将违法归责原则置换到日本国家赔偿法和日本不法行为法的语境中，则其对应的是违法责任主义。既以违法为责任归属的核心要素。

（二）违法归责原则与双重标准

回顾中国国家赔偿法立法时的学说讨论，则不难发现当时的学者将日本过失归责原则下——主观方面故意过失和客观方面违法性相区分——的构造理解为了过失＋违法的归责原则（责任主义），[①]也被称为"双重标准"[②]。周汉华对此进行了激烈地批判。他认为日本国家赔偿法第 1 条第 1 款不仅仅规定了公务员的过失，还要求其行为的"违法（性）"。然而，我国一些学者仅仅凭此就称之为"过错加违法"责任原则。此外还过于草率地认为有违法必然有过错，因而，"过错加违法"实际上是违法责任原则。这一系列的推论显然过于草率而没有理解过失归责主义的真正含义。因为，①德国民法典上的"违法性"与法国民法典以及英美法中的"侵权"异曲同工，而日本不法行为法上的"违法性"是德语中"违法（性）"的字面翻译；②德国法上的"违法（性）"要件内容有限，过错要件包含了违法（性）要件，而且赔偿责任的基础是过失；③我国学者所认为的"违法"是指行政诉讼中司法审查意义下的违法，诸如违反法定程序、滥用职权等等，与侵权法中的"违法性"含义不同；④日本学者也主张"过错客观化"，即融合过失要件与违法（性）要件建立高于个人过错标准的管理标准，公务员的行为低于管理标准并造成损害即成立过错，依此从代位责任过渡到自己责任[③]，以更好地保护公民权利。[④]

---

① 应松年、马怀德：《国家赔偿立法探索》，载《中国法学》，1991 年第 5 期，第 47 页。其内容为"第二种主张：国家赔偿应采用故意、过失违法原则即过错违法原则。许多国家赔偿法均采用这种表述。？"该页的脚注 1 内容为："？ 如奥地利《国家赔偿法》规定：国家机关'执行法令故意或过失违法侵害他人财产或人格权时，……由官署负赔偿责任。'日本《国家赔偿法》、韩国《国家赔偿法》及美国《联邦侵权赔偿法》均做了类似规定。"

② 应松年、马怀德：《国家赔偿立法探索》，载《中国法学》，1991 年第 5 期，第 47 页。相同主旨的观点：罗豪才、袁曙宏：《论我国国家赔偿的原则》，载《中国法学》，1991 年第 2 期，第 65 页。

③ 周汉华：《论国家赔偿的过失责任原则》，载《法学研究》，1996 年 3 期，第 138 页。此处原文的表述为"替代赔偿责任"和"直接赔偿责任"，但依文中释义与举例，应当就是指"代位责任"和"自己责任"。

④ 周汉华：《论国家赔偿的过失责任原则》，载《法学研究》，1996 年 3 期，第 138－139 页。

（三）小结

如上所述，民法上权利侵害赔偿责任的基础乃是过错（故意、过失）；侵权责任中的传统意义上的违法亦确实是主要指向权利侵害。国家赔偿从行政行为侵权的角度来看，与侵权责任相互交错，特别是权利侵害的部分，本质上同根同源。但是，尚需注意的是：

首先，在中国国家赔偿法制定之初，对于归责原则的理解其实十分暧昧。如前所述，归责原则相当于责任主义，既采取什么样的要素作为责任归属的基础之意。而日本国家赔偿法上所说的主观故意过失与客观违法，乃是要件层面的问题。换言之，采用过失责任主义的场合，要件层面不仅可以要求故意过失，也可以要求违法性；而假设存在违法责任主义（违法归责原则），亦同理，既在要件层面要求违法性的同时也可以要求故意过失。而中国国家赔偿法设立之初的违法归责原则的理论探讨，其实包含了两个层次的问题：其一，责任主义（归责原则）采用违法责任主义（违法归责原则）；其二，要件层面，摒弃故意、过失要件，仅仅要求违法性要件成立。之所以出现所谓"过于客观化"（此处不是指向民法中所说的过失客观化－笔者注）[1]的问题，主要因为没有区分责任主义与要件的阶层。如若站在将责任主义与要件事实作为两个层次的问题处理之立场，中国国家赔偿法最初确立的归责体系，乃是基于违法责任主义（违法归责原则）的单一违法性为要件的赔偿责任理论体系。此时的违法责任主义，更加接近于无过错责任主义，暨不要求过错即可成立赔偿责任，这也是损害赔偿理论发展的先进方向，日本学者也认为："如若真是如此（无须故意过失的认定仅以违法性要件成立赔偿责任），可以说中国国家赔偿法的归责理论是较日本更为先进的理论"。[2] 从这个角度来看，立法之初，立法者的初衷并非一无是处。然而，尽管如此，在尔后的实践中，该原则的运用并不尽如人意，甚至"撤销国家赔偿法的论调"也一时间甚嚣尘

---

[1] 杜仪方：《行政赔偿中的'违法'概念辨析"》，载《当代法学》，2012年第3期，第28页。

[2] 此处，虽然不可称之为论据。笔者的恩师，日本行政法学者首藤重幸教授，日本中国法学者小口彦太教授都曾提及：中国的归责原则可能更类似于无过错责任。

上。① 其中的缘由自是纷繁复杂，一言难尽，但显然并不是单单由于违法归责原则所导致的。追本溯源，乃是由于由违法归责原则向要件事实层面进行推导之时，过于简单粗暴所致。正如过失责任主义之下，可以违法性要件与故意过失要件并立一样；违法责任主义之下，并不必然要求单一违法性要件。完全可以将过失作为要件事实纳入归责体系之中来。这两者并不矛盾。

其次，"过错客观化"会削弱违法性要件的推论是错误的。如前所述，不法行为法上违法性要件经历了从仅指权利侵害发展到包括权利侵害和利益侵害的过程。而由于侵害对象的扩张，导致不仅仅是权利受到侵害，利益受到侵害也成立违法性要件，继而导致了违法性要件的稀薄化（既伴随着侵害对象的泛化，违法性要件作为要件的价值也弱化了）。而这也是反对相关关系说理论的论点之一。换言之，随着权利和利益均被纳入受到法律保护的对象之中，不法行为的违法性要件的成就愈发容易，用违法性要件置换权利侵害要件的价值在逐渐衰弱。因为，违法性表征说与相关关系说用违法性要件置换权利侵害的最大的价值在于，突破侵害对象仅限于权利的限制，扩大不法行为法的保护范围。但这不等于违法要件已经不被需要。如前文潮见佳男所述，"违法性"要件与"过失"要件没有区分的必要，但在要件事实层面仍然应当重视。既违法性与故意过失可以不作为独立的要件，统合到同一个维度中去理解，但是在要件事实层面上对于二者的考量仍不可少。

最后，就中国国家赔偿法上所言违法来说，由于违法确认制度的存在，行政赔偿上的"违法"在理论与实务中均与行政诉讼中的司法审查趋同。而且，关于国家赔偿诉讼的违法性与侵权责任的违法性，我国学界在讨论两者的关系之时，更多地强调国家赔偿诉讼的行使公权力之性质，试图脱离侵权理论的趋势十分显著。特别是在民法通则第一百二十一条与国家赔偿法关系的论战中，二者相异的学说十分强势。此点上中国理论学说与日本是明显不同的。日本国家赔偿法被视为不法行为法的特别法，理论基调乃是将国家赔偿作为特殊不法行为的问题来看待；在程序上，国家赔偿诉讼也是通

---

① 姬亚平：《论国家赔偿法的废止》，《南华大学学报（社会科学版）》，2004 年第 9 期；黄芬：《职务侵权赔偿责任研究》，法律出版社 2009 年版。

过民事诉讼来进行。而中国国家赔偿诉讼则是采用与行政诉讼、附带赔偿的形式。而其重中之重的违法性问题，由于违法确认制度的存在，从程序上将其完全束缚在行政诉讼中，其与合法性审查混同也是自然而然的。因而，国赔诉讼中的违法性与行政诉讼中的违法性，在解释论层面出现混淆，其最主要的掣肘乃是违法确认制度，而非违法归责原则。

## 五、结语

如上所述中国国赔诉讼中的违法性是与行政诉讼中的违法性呈现混同的状态，因而在讨论国赔诉讼中的违法性时，表面上更亲近公权力发动要件欠如说。但是采用公权力发动要件欠如说的情况下，会形成违法性与过失严格相区分的状态，也就是被我国学者最初所批判的"双重标准"的状态。另一方面对"过失归责原则"（实质上是对二元要件）进行了过度地批判，并且草率地以摒弃"过失"方式来进行所谓的优化，将中国国家赔偿变成了一个"独臂侠"。同时由于当时相关法律尚不成熟，这种完全依赖现行法律法规来进行责任认定的体系没能达到预期的高度，也可以说是意料之中的。对于实行中各种弊端，批判性观点主要致力于推倒"违法归责原则（违法责任主义）"重置为"过失归责原则（过失责任主义）"。然而如前所述，"违法归责原则（违法责任主义）"并不当然排斥"过失"要素，在要件层面不设置"过失"要件，并不代表在要件事实中不要求"过失"要素。而"过失客观化"可以为"过失"要素纳入"违法性"判断中，提供了可行的路径。然而，如果坚持以单纯违反法律法规为违法性的内涵，坚持国家赔偿诉讼的违法性与行政诉讼的违法性相同的观点，则断绝了在现行体系中纳入"过失"要素的可能性。因而，继续坚持现在的违法性理论，并支持违法性同一说的立场，必然会导致关于违法性的认知停留在形式违法的层面裹足不前；单纯地用公法属性拒绝私法理论地融合；并以诉讼上的便利而忽视实体正义得不到实现的风险。并且，现在制度中最大的短板在于对过失的彻底否定。这是源于对违法概念以及要件事实的误解。当然这并不意味着需要将国家赔偿法解释成私法，而是要在强调国家赔偿的特殊性以及国家赔偿法违法性之固有含义的基础上，引入私法理论扩充自身的解释论。并且，以国家赔偿诉讼不同于行政诉讼的角度出发，区分两者的违法性，填充国家赔偿之违法性内涵的厚度。在厘清违法性内涵的基础之上，再去考量两者违法性的关系是趋近于"违法性同一说"还是"违法性相对说"。

综上所述，虽然现在的中国国家赔偿制度中的行政赔偿，由于违法确认的存在，被分割成行政诉讼与赔偿请求两个部分，并且行政赔偿的违法性与行政诉讼的违法性相混淆，继而呈现出行政诉讼违法性等同于国家赔偿违法性的表象；但是必须注意的是，行政赔偿乃至国家赔偿中的违法性具有其固有的含义，不能简单地等同于合法性审查。因此，采纳"违法性相对说"更符合国家赔偿制度的应然之态。另一方面，由于在立法之初，确立违法归责原则之时，缺少对国外诸法包括日本国家赔偿法上违法性概念的正确解读，因而行政赔偿乃至国家赔偿中违法性内涵的正本清源是十分必要的。然而，2010 年修法之后，我国国家赔偿法的归责原则采取了形式性违法（违法归责原则）为原则，损害结果（结果归责原则[①]）为例外，再以不予赔偿情形（违法性阻却事由）进行限制的模式。以此为契机，应当重新审视国家赔偿中的违法性。

---

① 此处的权利侵害仅仅是结果归责原则的部分内容，需要注意的是，我国国赔法所言损害要件包含权利侵害与利益减损两层含义，因而结果的含义与日本法所言结果不尽相同。日本法上损害要件下的结果仅仅包含利益减损之意。沈岿：《国家侵权损害的"双层结构"》，载《中国政法大学学报》，2010 年第 3 期，第 62—67 页。

# 面会交流权理论在日本法之展开
## ——以儿童最大利益原则为视角

贾 悦*

## 一、前言

近年来，全国离婚率持续攀升①。因离婚导致生活在破裂家庭的儿童数目不断增多，离婚后未成年子女的抚养探望纷争呈激烈化趋势。北京市高级人民法院对 2010－2014 年全市少年法庭受理的民事案件调查显示，抚养探望类纠纷约占涉少民事案件数 45％左右，成为涉少民事审判的主要案件类型②。此外，上海市第二中级人民法院分析 2016－2017 年度该院审理的涉及未成年子女离婚案件，指出涉及未成年人的离婚案件中存在着夫妻双方在子

* 贾悦，中央大学法学研究科民法专业博士研究生。本文的写作得到日本公益财团法人ロータリー米山記念奨学会的资助。

① 据民政部统计，2008 年到 2017 年的 10 年间，中国离婚夫妻的总对数由 226.9 万对增长到 415.8 万对，离婚率从 1.71‰增长至 3.2‰。其中通过登记离婚的方式解除婚姻的夫妻从 160.9 万对增长到 348.6 万对，占离婚总数的 80％以上。《社会服务发展统计公报》中华人民共和国民政部 HP〈http：//www. mca. gov. cn/article/sj/tjgb/〉访问日期：2019 年 3 月 10 日。

② 赵德云、刘靖靖、宋莹、陈轶：《少年法庭抚养探望类家事案件研究——基于北京法院的调查》，载《预防青少年犯罪研究》，2015 年第 5 期，第 18 页。

女的抚养问题争执不下，祖父母的隔代介入突出等问题①。

离婚，对父母而言是婚姻关系的终结，对子女而言，亲子关系并不因婚姻关系终结而结束。为了维系子女与非居住父母的亲子关系，增进子女与非居住父母的感情，确保儿童不因离婚而失去父母的关爱，促进非居住父母在离婚后继续履行对子女的责任，我国在2001年修改《婚姻法》时，新增了探望权制度。因探望权的规定过于原则化，在司法实务中，探望权纷争呈现出"调查难"、"调解难"、"执行难"的特点②。其次，我国多数家庭的家庭结构是"4＋2＋1"模式，祖父母承担了照顾孙子女的职责。因此，离婚后，祖父母能否探望孙子女成为争议之一。为此，2018年9月公布的《民法典婚姻·家庭篇（草案）》中，增设了祖父母的探望权的有关内容，为祖父母探望孙子女提供法律依据。

反观日本，约有1/3的婚姻以离婚而告终，离婚夫妻中有未成年子女的占总数60％，离婚问题同样严峻③。近年来，全国家庭裁判所子女监护相关请求也呈上升趋势④，关于面会交流的请求增长尤其显著⑤。如何保障离婚家庭中未成年子女的利益备受关注。

---

① 浦江天平：《从358件涉及未成年子女离婚案看其特点、问题及对策建议》，中国审判网 http：//www.chinatrial.net.cn/news/14262.html，访问日期：2018年12月5日。

② 黄蓉、施赟：《探望监督人制度的创设实践与完善建议》，载《青少年犯罪问题》，2015年第1期，第100页。

③ 根据厚生劳动省统计2017年，共有21万2262对夫妻离婚，其中有未成年子女的夫妻有2万3397对。约90％的夫妻选择协议离婚的方式解除婚姻关系。「平成29年人口動態統計」厚生労働省HP〈https：//www.mhlw.go.jp/toukei/list/81－1a.html〉2018年12月22日アクセス。

④ 据最高裁判所司法统计，2008年新受理审判申请5090件、调解申请23596件，2017年新受理审判申请9228件、调解申请35216件，10年间增长1.5倍。最高裁判所事務総局「司法統計年報家事事件編」12頁－14頁最高裁判所HP〈www.courts.go.jp/app/sihotokei_jp/search〉2018年12月22日アクセス。

⑤ 2008年新受理审判申请1020件、调解申请6261件，2017年新受理审判申请1883件，调解申请13161件，10年间增长2倍。「司法統計年報家事事件編」12頁－14頁。

在日本，直到 2011 年才有了关于面会交流（权）① 的明文规定，在此之前离婚及分居后的面会交流问题主要由判例加以调整。但是自东京家庭裁判所昭和 39（1964）年② （以下简称"昭和 39 年审判"）承认面会交流权以来，学术界和司法实务界关于面会交流的问题展开了近半个世纪的探讨和争议，积累了丰富的理论经验。

本文通过梳理日本面会交流权的学说和判例，分析面会交流权理论的展开及现状，并探讨对我国探望权制度的启示。

## 二、面会交流权理论的展开

自昭和 39 年审判③后，在缺乏明文规定的情况下，学术界和实务界关于面会交流权的权利性、理论依据、权利主体的范围等议论错综复杂。

### （一）关于面会交流权的判例

作为最早承认面会交流权的判例，昭和 39 年审判对面会交流权理论的展开产生重要影响。该判例的事实概要如下：育有一子的夫妻在离婚调解中，父亲以离婚后随时可让母亲与子女见面为约定获得亲权④，并再婚。母亲提出与子女见面的要求，遭父亲拒绝后，向裁判所提出就面会交流进行调解的申请。东京家庭裁判所

---

① 平成 23 年民法修正前，广泛使用"面接交涉权"的表述。有学者指出"面会交流"的用语倾向于表达父母与子女间互动的关系，而"面接交涉权"的用语则强调了父母一方的权利性。平成 23 年民法修正时，明确了"面会交流"的表述。本文将统一表述为"面会交流权"。

② 东京家审昭和 39（1964）年 12 月 14 日家月 17 卷 4 号 55 页。

③ 在日本，家事事件一般适用于审判程序，即按照以非对审、非公开、职权探知主义为基本原则的非诉程序处理。

④ 根据民法第 818 条规定，婚姻中，父母双方共同行使亲权。亲权主要包括身上监护权（民法第 820 条）和财产管理权（民法第 824 条）等内容。离婚后，亲权由父亲或母亲单方行使（民法第 819 条第 1、2 款）。此外，根据民法第 766 条规定，离婚时，除亲权人外，可根据父母协议或裁判所审判指定监护人，即事实上抚养子女的人。监护人的监护权一般指亲权内容中除财产管理权以外的身上监护权。因现行日本法采用单独亲权，当父母双方都想成为亲权人而引发纠纷时，实务上多采用分离亲权和监护权的方式，指定同居父母一方（同居亲）为监护人，非居住父母一方（别居亲）为亲权人。此外父母双方有共同抚养子女意愿时，也会通过分离亲权和监护权的方式以达到共同亲权的目的。

（以下简称"东京家裁"）以"离婚后，没有亲权或监护权的父母，有与未成年子女进行面会或者交流的权利。只要这一权利不损害未成年子女的福祉，就不应当被限制或被剥夺"为由认可了其请求。关于面会交流权的性质，东京家裁认为"面会交流权虽然不是监护权本身，但是与监护相关的权利，因此行使面会交流权的必要事项正是民法第 766 条第 1 款所规定的关于监护的必要事项…"此后，下级裁判所对面会交流权做出的判决不断增加，多数都肯定了其权利性。

最高裁判所在最高裁昭和 59（1984）年 7 月 6 日决定①中首次对离婚后的面会交流纠纷进行了判断。本案中，上诉人主张原审以儿童的福祉为由拒绝其与子女进行面会交流的决定违反宪法第 13 条幸福追求权的规定。对于当事人的主张，最高裁判所认为是否允许面会交流，是民法第 766 条规定的子女监护相关事项的解释适用问题。虽然最高裁判所没有明确面会交流权的性质，但是从正面肯定了面会交流请求应作为民法第 766 条的相关事项，由家庭裁判所的审判来决定。本判决后，实务上基本确立了"面会交流权"是子女监护相关事项的内容之一，在程序法上以家事事件手续法别表二②第 3 项为根据，家庭裁判所从保障儿童利益的观点来决定面会交流的具体事项的处理方式③。

此外，关于分居期间的面会交流纠纷，最高裁判所④认为即使在分居中，当父母无法通过协议对面会交流的事项达成一致意见时，家庭裁判所可以通过类推适用民法第 766 条规定，就面会交流请求做出相应判断。

（二）学说上关于面会交流权的争论

关于面会交流权的性质，学者间也展开了激烈的讨论，并且形

---

① 最决昭和 59 年（1984）7 月 6 日家月 37 卷 5 号 35 頁。

② 《家事事件手续法》将家事事件区分为别表一事件和别表二事件。别表一事件主要指子女姓氏变更的许可，成年监护人的选任，成年监护的开始，未成年养子的过继认可等诉讼争议较少，但要求家庭裁判所依职权介入的事件。别表二事件指婚姻费用分担，未成年子女的监护事项，抚养等当事人间存在争议的事件。别表二事件先由当事人协议，当事人间协议不成时，由家庭裁判所调解。调解不成时，移送审判程序。

③ 二宫周平编『新注释民法（17）亲族（1）』（有斐阁、2017 年）358 頁（栅村政行执笔）。

④ 最决平成 12 年 5 月 1 日民集 54 卷 5 号 1607 頁。

成了肯定说和否定说两种相对立的意见。

1. 否定说

否定说认为面会交流权不具有实体法上的权利性，仅具有审判请求权的性质。梶村太市法官认为，不顾监护人父母的反对而进行面会交流的话，会使子女对父母产生忠诚心上的冲突（loyalty conflict），并且有可能影响子女与监护人父母形成的安定的亲子关系①。而且，从权利执行的角度来看，面会交流权不宜强制执行，面会交流的实现只能依靠当事人双方的协议②。因此，面会交流应在监护人主动配合的情况下进行。

2. 肯定说

依据对面会交流权权利主体理解的不同，肯定说可以细化为：父母权利说，儿童权利说以及两性说。

（1）父母权利说

父母权利说主张面会交流权是离婚后没有成为亲权人的父母一方的权利。但此学说在法律性质的权限上又有不同的细分。a. 自然权说。森口静一·铃木经夫法官认为虽然没有明文规定，面会交流权是没有监护机会的父母的最低限度之要求，也是维系亲子关系的最后的纽带③。因此，面会交流权是基于亲子关系当然存在的自然权利。b. 监护关联说。此见解认为监护人有离婚后子女的抚养教育的职权，作为对监护的补充，面会交流权应在与监护人的监护教育职责相协调的方式及形式下行使。因此，面会交流权是与监护关联的权利④。c. 折中说。久贵忠彦教授批评把"自然权"和"监护关联权"在同一平面进行对比，并主张面会交流权既是父母固有的权利，同时也是作为父母守护儿童健康成长义务的具体体现⑤。d. 亲权说。此见解认为面会交流权是亲权、监护权的一部分。山本正宪教授主张亲权的行使区别于亲权的归属。因离婚没有成为亲

---

① 梶村太市「子のための面接交渉」ケース研究 153 号（1976 年）92 頁以下。島津一郎「子の利益とは何か―人身保護法による子の引渡請求 2」判例時報 718 号（1973 年）117 頁以下。

② 梶村太市『家族法学と家庭裁判所』（日本加除出版社、2008 年）216 頁以下。

③ 森口静一·鈴木経夫「監護者でない親と子の面接」ジュリスト 314 号（1965 年）75 頁。

④ 川田昇「面接交渉権」『民法の争点 I』（1985 年）220 頁。

⑤ 久貴忠彦「面接交渉権覚書」阪大法学 63 号（1967 年）117 頁。

权人的父母的亲权之行使暂时停止，但亲权仍潜在存在，因而以潜在的亲权来定义面会交流权[①]。野田爱子法官则认为面会交流权只是父母双方继续抚养子女的共同监护的形式的转变[②]。

（2）儿童权利说

相对于父母权利说，此见解主张面会交流权是儿童的权利。稻子宣子教授指出虽然学者间对"子女本位"的亲权解释已无异议，但是在一般民众的观念中，"父母本位"的亲权观念依然根深蒂固，如果把面会交流权解释为亲权的话，可能会使一般民众产生误解。因此，稻子教授主张应该以儿童的权利来定性面会交流权[③]。相同于抚养教育权，面会交流权是儿童自出生起就拥有的权利。

（3）两性说

两性说主张面会交流权既是父母的权利义务的同时也是儿童的权利。两性说可以细化为父母・儿童权利说、父母义务说、以及综合性质说三个观点。

a. 父母・儿童权利说。石川稔教授指出抚养、教育子女是让子女融入社会、适应社会的父母的职责。因此非监护人与子女的关系即是父母行使家庭教育的权利义务与子女受家庭教育的权利义务相互作用的一环，应该将面会交流权置于这个相互作用中[④]。b. 父母义务说。二宫周平教授主张相应于儿童的权利，非居住父母有与子女进行面会交流的义务；作为抚养教育子女的内容之一，同居父母有保障面会交流的义务[⑤]。而且，根据《儿童权利公约》第 18 条规定，在现行法采用单独亲权的原则下，将面会交流权置于离婚后父母共同责任的实质化位置极其重要[⑥]。c. 综合性质说。若林昌

---

① 山本正憲「面接交渉権について」岡山大学法経学会雑誌 18 巻 2 号（1968 年）185 頁。

② 野田愛子「面接交渉権の権利性について」最高裁判所編『家庭裁判所の諸問題（上）』（1969 年）209 頁。

③ 稲子宣子「子の権利としての面接交渉権」日本福祉大学研究紀要 42 号（1980 年）39 頁以下。

④ 石川稔『家族法における子どもの権利』（日本評論社、1995 年）227 頁。石川教授认为"儿童的权利"面会交流权是指儿童受教养的权利，它作为亲权的义务性的一面被承认。

⑤ 二宮周平「面接交渉の義務性」立命館法学 298 号（2004 年）337 頁。

⑥ 二宮周平「別居・離婚後の親子の交流と子の意思（3）」戸籍時報 581 号（2005 年）8 頁。

子教授主张面会交流权具有复合的、相对的性质。面会交流权的主体关系应从父母、子女、国家三者进行把握。以儿童的权利主体性为前提，面会交流是子女的权利而不是义务；作为监护人父母具有保障面会交流的义务；对非监护人父母而言，面会交流权既是权利又是义务。国家有构建以保障儿童权利为中心，促进面会交流实施的法律制度的责任。此外，面会交流权不是绝对的权利，在违反子女利益时受到限制①。

3. 小结

综上所述，在探讨面会交流制度的初期，学术界普遍认可面会交流权是非监护人父母的权利。1970 年后，受"继续性原则"②理论的影响，否定说成为有力的见解。对于否定说的主张，二宫教授认为以财产法上的权利概念为前提否认面会交流权，违反以个人关系为中心构筑家庭关系的近代法原则③。此外，若林教授认为虽然面会交流会让子女产生忠诚心上的冲突，但如果父母双方能正确认识面会交流的意义，理解离婚纠纷和子女的监护是不同性质的问题，并且愿意为子女的成长形成友好关系的话，可避免子女陷入此困境④。棚村教授也表示当面会交流权的行使有害于儿童的利益时，暂时限制或中止其行使即可，没有必要完全否认面会交流权的权利性。从正面承认面会交流权，并制定支援面会交流的法律规范更为重要⑤。

随着日本签署《儿童权利公约》以及对外国法比较研究的深入，面会交流权的争议的重点从权利性转移到如何构建保障儿童权利，符合儿童利益的面会交流制度。目前，在学术界面会交流权既是儿童的权利，同时也是父母的权利与义务，当两者利益相悖时，

---

①　若林昌子「面会交流事件裁判例の動向と課題：父母の共同養育責任と面会交流の権利性の視座から」法律論叢 85 号（2012 年）393 頁。

②　美国学者 Goldstein 教授主张应当重视儿童生活环境的安定性、持续性，当儿童和成人之间形成稳定关系时，应该尽量尊重其现在的监护状态。此外，裁判所在判定子女监护人时，应该考虑儿童需求及儿童在心理上更依赖谁并以此为基准进行判断。

③　二宫周平「面接交渉の義務性」立命館法学 298 号（2004 年）334 頁以下。

④　若林昌子「面会交流事件裁判例の動向と課題：父母の共同養育責任と面会交流の権利性の視座から」法律論叢 85 号（2012 年）392 頁。

⑤　棚村政行「離婚と父母による面接交渉」判例タイムズ 952 号（1997 年）59 頁。

以儿童的利益为优先的见解逐渐成为共识①。

(三) 面会交流制度的修改

1. 平成 8 (1996) 年民法改正纲要

自 1992 年 1 月起，法制审议会民法部会身份法小委员会对婚姻和离婚制度以及关于非婚生子的法定继承份额制度进行全面审议，并在 1996 年 1 月审议通过《民法部分改正纲要（民法の一部を改正する要綱)》(以下简称"民法改正纲要")。民法改正纲要中采用了"面会及交流"的表现方式，首次提案把"面会交流"作为第 766 条第 1 款规定的"关于监护的必要事项"的具体示例，并提出优先考虑"儿童的利益"的原则②。

民法改正纲要没有采用"面会交流权"的概念，也没有对面会交流权的性质做进一步明确规定，主要基于以下原因：第一，综合现阶段社会环境、家庭情况、国民的意识等情形，强调面会交流权的权利性会给司法实务带来混乱。第二，解决夫妻及亲子关系纷争的基本方式是先由当事人协议，如果协议不成或无法协议时再由家庭裁判所做决定。关于面会交流的纷争也应该遵循此方式。第三，离婚后的亲子关系存在诸多问题，如果只把面会交流权以明文规定，会造成制度整体结构的失衡③。

虽然民法改正纲要没有明确规定面会交流权的性质，但在肯定自 1964 年以来司法实务中处理面会交流纷争的实际运用上具有重大意义。但是因未被提上国会审议，民法改正纲要没有成立。

2. 平成 23 (2011) 年法改正

近年来儿童虐待的问题越来越突出。2009 年 6 月，法务省设立了"防止儿童虐待亲权制度研究会"。同研究会从防止儿童虐待和拥护儿童的权利利益的观点对完善亲权制度进行调查、审议，于 2011 年 3 月向国会提交了民法等部分修正法律案（民法等の一部を改正する法律案），2011 年 5 月，民法修正案成立。此次民法修

① 二宫周平『家族法（第 5 版)』(新世社、2019 年) 128 頁。

② "儿童利益优先"原则是第 766 条第 2 款（修改前）基本理念体现，通过在条文中明示此原则，期待父母在协议时可以做出符合子女利益的合理判断。法务省民事局参事官室『婚姻制度等に関する民法改正要綱試案の説明』(日本加除出版社、1994 年)（以下『要綱試案説明』) 70 頁以下参照。

③ 『要綱試案説明』·前揭注 (1) 68 頁以下。

正中，增设亲权停止制度（第 834 条之二），在第 766 条中明示面会交流和抚养费的分担事项，并明确父母在协议关于子女监护的事项时，应最优先考虑儿童的利益的原则。

虽然民法修正案以明文规定"面会交流"，但对于如何构建面会交流制度并没有新的提案，而是完全采用了民法改正纲要。面会交流权的相关议案提出于法制审议会最终审议结束前。水野纪子教授对不需经国会审议的议员立法表示担忧，并主张在 1996 年审议时，法制审议会身份法小委员会对第 766 条提案没有反对意见；其次，父母间的争夺对子女而言也是一种虐待，明确规定面会交流相关内容有益于缓和父母间对子女的争夺①。此外，法案起草者指出由父或母单方抚养子女是儿童虐待的潜在风险之一，父母间通过适当方式协议面会交流的内容或抚养费的分担事宜并遵守协议的话，可有效预防儿童虐待②。关于面会交流权的权利性还存在争议，因此只将面会交流作为子女监护相关的必要事项进行列示③。

对于民法第 766 条的修正，学术界评价褒贬不一。棚村教授认为，第 766 条的修正再次强调进行面会交流与支付抚养费的重要性，明确即使父母间存在对立、冲突，也应立足于"儿童的利益"解决纠纷，同时，为避免被父母当作争夺胜负或讨价还价的筹码，将注意点转移到子女身上具有积极意义④。但门广乃里子教授认为，民法第 766 条未经充分审议就被加入修正案中，过于唐突⑤。许末惠教授对离婚后争抢子女是儿童虐待的见解持有疑义，并提出即使在原生家庭中儿童虐待也时有发生，明示面会交流或抚养费的必要性与儿童虐待的关联性的说明缺乏说服力⑥。此外，栗林佳代教授指出民法修正案以明文规定父母的面会交流，可能会导致祖父

---

①　法制審議会児童虐待防止関連親権制度部会第 10 回会議議事録 23-25 頁。法務省 HP〈www. moj. go. jp/content/000064110. pdf〉2019 年 1 月 3 日アクセス。

②　飛澤知行編『一問一答平成 23 年民法等改正』（商事法務、2011 年）10 頁。

③　飛澤知行編『一問一答平成 23 年民法等改正』（商事法務、2011 年）12 頁。

④　二宮周平編『新注釈民法（17）親族（1）』（有斐閣、2017 年）328 頁（棚村政行執筆）。

⑤　門広乃里子「子どもと親に関わる最近の法状況を契機として」法時 83 巻 12 号（2011 年）4 頁。

⑥　許末恵「児童虐待防止のための民法等の改正についての一考察」法曹 65 巻 2 号（2012 年）20 頁。

母及其他人无法请求与儿童进行面会交流①。

受面会交流和抚养费的明文化法改正的影响，2012 年 4 月，法务省变更了离婚申请书的格式，在离婚申请书上新增是否就面会交流及抚养费进行协议的确认栏。但确认栏的填写不作为受理协议离婚申请书的要件。根据厚生劳动省统计，面会交流协议栏的填写率整体较低②。

表 1　民法第 766 条条文

| ［修改前］ | ［修改后］ |
| --- | --- |
| ①父母协议离婚时，关于子女监护人及有关监护的其他必要事项，以其协议确定。协议不成或者无法协议时，由家庭裁判所决定。 | ①父母协议离婚时，关于子女监护人，父或母与子女的面会及交流，关于子女监护所需费用的分担以及有关监护的其他必要事项，依其协议决定。在此场合下，必须优先考虑子女的利益。 |
| ②家庭裁判所认为子女利益所需时，可以变更子女的监护人，或命令就监护实行其他相当处分。 | ②前项协议不成或者无法协议时，由家庭裁判所决定同事项。 |
| ③略。 | ③家庭裁判所认为有必要时，可以变更前两项的决定，或命令就监护实行其他相当处分。<br>④略。 |

划线部为主要修改部分。出典：法務省資料〈www. moj. go. jp/ KANBOU/KOHOSHI/no39/1. html〉

## 三、"儿童的利益"的判断基准

虽然民法以明文规定解决面会交流纠纷时以"儿童的利益"为最优先的考虑要素。但是，"儿童的利益"是一个非常抽象的概念，什么样的情形符合"儿童的利益"主要依据裁判官的判断。在学术界，持肯定说的学者认为离婚后父母双方与儿童保持持续性的交往

---

①　栗林佳代「親権の停止制度の導入と面会交流と養育費の分担の明文化」佐賀大学経済論集46巻1号（2013年）6頁。

②　平成24（2012）年4月1日后离婚家庭中，填写离婚申请书面会交流"已经商定"栏的母子家庭占20.8%，父子家庭仅占17.6%。「平成28年度全国ひとり親世帯等調査報告」厚生労働省HP〈https：//www. mhlw. go. jp/stf/seisakunitsuite/bunya/0000188147. html〉2019年1月15日アクセス。

有益于儿童发展健全的人格、符合儿童的利益。持否定说的学者认为重视儿童的生活环境的稳定性才是符合儿童的最大利益。在实务中，早期的判例虽然也肯定与非监护人父母进行面会交流有益于儿童的性格形成及精神的发育，但若存在违反儿童的利益事由的话，非监护人父母的面会交流权会受到限制，且限制事由较为广泛。但是 2000 年以后，裁判所开始积极认可面会交流的请求。

（一）判例的展开

1. 因监护人父母再婚，子女生活在新的家庭环境中

在早期的判例中，父母的一方或双方再婚，或子女与监护人父母的再婚对象形成养子女关系时①，裁判所一般会重视儿童情绪的稳定及生活的安定性，有的裁判例为了让儿童更快地融入新的家庭环境而限制非监护人父母的面会交流权。例如，东京高裁昭和 40（1965）年 12 月 8 日审判②，认为作为母亲与子女见面本不应受任何人的阻碍，但当未成年子女离开母亲身边并服从于他人的亲权和监护权时，面会交流权当然受到亲权和监护权行使的限制。等到儿童成长到可以自己辨别事理之前，应该避免进行面会交流。因此，驳回了母亲的请求③。

近年来，关于再婚家庭中的儿童与非监护人的面会交流纷争，裁判所的判断基准稍显变化。大阪高裁平成 18（2006）年 2 月 3 日审判④否定了非监护人母亲提出的留宿式面会交流，但判定父亲与子女进行每月 1 次、1 次 1 日的面会交流。还有，京都家裁平成 18（2006）年 3 月 31 日审判⑤否定了现阶段非亲权人母亲与子女直接进行面会交流的请求，但为了将来顺利进行面会交流，判定亲权人父亲给非亲权人母亲寄送子女的照片及成绩单复印件（1 年 1 次）。

通过以上的探讨可知，近年来，非监护人父母与子女进行面会

---

① 根据日本法规定，未成年子女与监护人父母的再婚对象需通过收养行为才能建立法律上的亲子关系。

② 东京高决昭和 40 年 12 月 8 日家月 18 卷 7 号 31 页。

③ 同样的论理在大阪家审昭和 43 年 5 月 28 日家月 20 卷 10 号 68 页，大分家裁中津支审昭和 51 年 7 月 22 日家月 29 卷 2 号 108 页也可见。

④ 大阪高决平成 18 年 2 月 3 日家月 58 卷 11 号 56 页。

⑤ 京都家审平成 18 年 3 月 31 日家月 58 卷 11 号 62 页。

交流有利于儿童健康成长的观点逐渐变为共识，除了明显违反儿童利益的个别情况以外，即使儿童在适应新的家庭环境中或者与继父母关系还在磨合中，与父母进行面会交流都有利于儿童的成长。基于此认识，裁判所根据每个案件的事实关系，通过缩短面会交流的时间、采用间接面会交流等方式，探索适合每个家庭的面会交流的形式，以期维系子女与非居住父母的亲子关系。

2. 父母关系严重对立

父母在离婚纷争中情感对立激烈，离婚后无法为子女的成长形成互助关系时，裁判所通过对父母离婚的原因及过程、分居期间及分居后的关系、儿童的年龄、儿童与父母双方的关系进行综合考量后，判断是否可以进行面会交流。东京高裁平成 2 (1990) 年 2 月 19 日决定[①]，认为子女（1 岁 5 个月）与父亲进行面会交流离不开母亲的协助，但在母亲强烈反对面会交流的情况下进行会影响儿童的精神的安定，有害于儿童的利益。东京高裁平成 19 (2007) 年 8 月 22 日决定[②]，因父亲在送给子女们的礼物中装载 GPS，子女们对父亲产生不信任感，并明确表示不想与父亲见面。监护人母亲对父亲抱有强烈的恐惧感和不信任感。裁判所判定现阶段进行面会交流，会让子女们陷入忠诚心的矛盾中，因此驳回了父亲的请求。但同时指出与父母双方的交流对儿童的精神成长及社会涵养的养成不可或缺，因此期待父母改善关系，为创建适合父子见面交流的环境而努力。

此外，虽然父母矛盾激烈，但子女有面会交流的意愿时，裁判所会尽量尊重子女的意见。例如，横滨家裁平成 8 (1996) 年 4 月 30 日审判[③]，认为长子（初中 2 年级）可以理解父母离婚及再婚等情况，即使没有母亲协助也可以独自与父亲面会交流，判定每年暑假，父亲与长子进行 1 次为时 1 日的面会交流；长女（小学 4 年级）尚不具有足够的辨别能力，单独让其与父亲见面可能会引起情绪的混乱和动摇，驳回与长女的面会交流请求。

近年来，即使父母间矛盾不可调和，裁判所会通过探索各种方

---

① 东京高决平成 2 年 2 月 19 日家月 42 卷 8 号 57 页。

② 东京高决平成 19 年 8 月 22 日家月 60 卷 2 号 141 页。

③ 横滨家审平成 8 年 4 月 30 日家月 49 卷 3 号 75 页。同论理可见于东京家裁八王子支审平成 18 年 1 月 31 日家月 58 卷 11 号 79 页。

法以期维系儿童与非居住父母的情感。大阪高裁平成 22（2010）年 7 月 23 日决定①综合考虑父子间较长时间没有进行面会交流、子女的年龄（2 岁）、顺利进行面会交流的可能性等要素，支持原审阶段式面会交流②的决定。此外，还有通过第三方机构或个人的同席以促进面会交流的实现。东京家裁平成 18（2006）年 7 月 31 日审判③综合考虑到父母间信赖关系的欠缺、儿童（10 岁）对父母争吵记忆犹新、对母亲依赖性强等特点，判定母亲必须允许父子一个半月进行 1 次面会交流，且为了长期顺利地、安定地进行，面会交流应在第三方机构或其指定人员同席下进行，具体内容听从其安排。此外，东京高裁平成 25（2013）年 6 月 25 日决定④考虑到父母间无信赖关系、离婚诉讼正在审理中等事由，为了尽快开展面会交流，判定在家庭问题情报中心（以下简称"FPIC"）的同席下父亲与子女每 2 个月进行 1 次面会交流，见面时间第 1 次 1 个小时，第 2 次以后 4 个小时。

此外，"宽容性原则"⑤ 逐渐被多数判例采用。千叶家裁松户支部平成 28 年 3 月 29 日判决⑥认为，相较于分居后将近 6 年中只同意父子进行 6 次面会交流，且将来也只希望父子进行 1 个月 1 次面会交流的母亲，父亲提案的 100 日面会交流有利于儿童受到父母双方的养育和呵护、有益于子女的成长，因此判定父亲为子女的亲权人。

3. 婚姻期间一方父母存在暴力行为

婚姻中，一方父母对另一方实施家庭暴力（DV），或对子女施

①　大阪高决平成 22 年 7 月 23 日家月 63 卷 3 号 81 頁。
②　"阶段式面会交流"指逐渐增加面会交流次数、延长面会交流时间的方式。
③　东京家审平成 18 年 7 月 31 日家月 59 卷 3 号 73 頁。
④　东京高决平成 25 年 6 月 25 日决定家月 65 卷 7 号 182 頁。
⑤　宽容性原则"（Friendly Parent Rule）指离婚后不对子女说对方父母坏话、尊重对方父母的立场、不妨碍面会交流，使子女受到父母双方抚养教育的态度有益于儿童的健康成长的观点。
⑥　千叶家裁松户支部平成 28 年 3 月 29 日判时 2309 号 121 頁。但是本案的二审（东京高判平成 29（2017）年 1 月 26 日判时 2325 号 78 頁）认为儿童与母亲现在生活安定，考虑到搬家、转校等生活环境变化给儿童的负面影响，以及为了面会交流让儿童100 日往返于间距 2 个半小时路程的父母亲家给儿童带去负担，判定应由母亲担任孩子的亲权人。本案中，一审裁判所采用宽容性的原则受到关注。二审裁判所则延续了继续性原则，因而争议较大。

暴是导致父母关系恶化、造成儿童精神不安定的重要因素之一。实务中，如裁判所认定 DV 事实的存在，一般会全面禁止面会交流。东京家裁平成 13（2001）年 6 月 5 日审判①中，因父亲 DV 导致分居，分居期间不断打探母子住所、到学校试图强行带走子女们等，母亲不得不带着子女们辗转于不同的母子生活支援设施，为此裁判所下达禁止接近命令。此后，父亲提出面会交流的申请。东京家裁认为父母间矛盾无法缓和，进行面会交流会给子女们带去压力，目前维持子女们安稳的生活现状最符合儿童的利益，驳回了父亲的请求。同样，因 DV，裁判所下达禁止接近命令的东京家裁平成 14（2002）年 10 月 31 日审判②认为，真正符合儿童利益的面会交流需要父母双方的信赖与配合，在父母双方矛盾异常激烈、无法缓和的状态下进行面会交流，会把子女卷入父母的紧张关系中，给其带去精神上的动摇。此外，横滨家裁平成 4（2002）年 1 月 16 日审判③，考虑父亲频繁的 DV 导致母亲抱有强烈的恐惧感，且父亲对 DV 行为缺乏反省；目前母子生活安定，子女（7 岁）未积极的要求与父亲见面的情况，认定现阶段进行面会交流会使子女再次卷入父母的纷争中，有害于儿童的利益，驳回了面会交流的申请。还有东京家裁平成 14（2002）年 5 月 21 日审判④，因父亲的 DV，母亲带着子女（3 岁 9 个月）搬入母子生活支援设施，并接受心理咨询。对于父亲面会交流的请求，裁判所认为父亲缺乏自己是施暴者之认知，欠缺对母亲的立场和痛苦的顾虑，母亲被诊断为 PTSD 需要心理照顾，目前不具备与父亲在对等的立场下协助面会交流实施的条件，因此否定了父亲的请求。

以上的几个案例共同点在因父亲的 DV，父母关系高度紧张。裁判所认定 DV 的事实，并在审理面会交流请求时，着重考虑 DV 对父母、亲子关系的影响，并判断父母无法建立信赖关系、无法以平等的关系为子女的抚养共同努力的情况下推进面会交流，会把子女再次卷入父母的纷争中，扰乱儿童的心理、生活的安定，危害儿童利益。

---

① 东京家审平成 13 年 6 月 5 日家月 54 卷 1 号 79 頁。
② 东京家审平成 14 年 10 月 31 日家月 55 卷 5 号 165 頁。
③ 横滨家审平成 4 年 1 月 16 日家月 54 卷 8 号 48 頁。
④ 东京家审平成 14 年 5 月 21 日家月 54 卷 11 号 77 頁。

此外，在有些判例中，虽然裁判所认定 DV 的事实，但判断 DV 不是禁止面会交流的决定性因素，出于子女利益所需，认可间接方式下的面会交流。东京高裁平成 27（2015）年 6 月 12 日决定①，婚姻中，因父亲频繁的 DV，母亲被诊断为 PTSD，两个孩子也有不同程度的心因性反应，裁判所对母子三人下达保护命令。东京高裁考虑以上情况，认为在增加母亲心理负担的情况下进行面会交流，反而会恶化子女们对父亲的印象，因此不适合直接面会交流。但为了将来能构筑良好的父子关系，让子女们受到来自父母双方的呵护，判定母亲迅速将父亲每 2 个月写给子女的信件转交给子女、每 4 个月将子女的照片 2 张寄送给父亲。还有东京高裁平成 25（2013）年 7 月 3 日决定②虽然认定父亲对母亲实施过 DV，但综合考虑父亲没有对子女施暴，子女（7 岁）自身不抗拒接触父亲、对父母的忠诚心冲突源于对父母的情感，因此认可父子的面会交流。但是因母亲对父亲抱有恐惧心，在接送子女时应避免见面，因此应探讨第三方机构援助实施面会交流为由，退回重审。

### 4. 儿童的意思的尊重

根据儿童的年龄和成熟程度，裁判所在审理与子女监护有关的事项时，会重视儿童的意向。如果儿童对面会交流抱有严重的抗拒心理，面会交流的请求被驳回的可能性较大。例如，大阪高裁平成 29（2017）年 4 月 28 日决定③，对于非监护人父亲强制执行面会交流的请求，根据家庭裁判所调查官的意向调查，判断年满 15 岁的未成年人明确表明拒绝与父亲见面交流，且其拒绝的意思形成于自身体验，应该尊重未成年人的意思，驳回了父亲的请求。还有，名古屋高裁平成 29（2017）年 3 月 17 日决定④，考虑到子女（11 岁）与父亲进行 10 次试行面会交流后，依然对父亲抱有强烈的抵抗感，且抵抗感越来越强烈的情况，判定在父母间达成新的协议，或者允许面会交流的审判确定又或调停成立以外，禁止面会交流。

此外，虽然儿童对与非居住父母进行面会交流表现较明显的抗拒情绪，但是此情绪有可能受同居父母的影响，也有可能出于儿童

---

① 东京高决平成 27 年 6 月 12 日判时 2266 号 54 页。
② 东京高决平成 25 年 7 月 3 日判夕 1393 号 233 页。
③ 大阪高决平成 29 年 4 月 28 日判时 2355 号 52 页。
④ 名古屋高决平成 29 年 3 月 17 日判时 2367 号 59 页。

对同居父母的忠诚心理，或出于不想被父母左右等多种原因。为了判断儿童的意思表达是否反映其真实的意思、在其意思背后是否有其他事由的存在等，裁判官一般会命令调查官对儿童的意向，心情，监护状况等进行调查，努力把握子女的真实的意思。此外，还会通过在家庭裁判所配置的儿童室内进行试行的面会交流，观察儿童的动作、表情、发言及面会交流的进行过程①。司法实务中，一般把儿童年龄分为初中毕业后（15 岁以上）、小学中高年级到初中（10-15 岁）、小学中高年级（10 岁）以下三个阶段，根据年龄段采取不同的方法考虑儿童的意思②。

除了前文所论述的要素以外，还有对监护人的教育方针不当干涉的行为③、不遵守面会交流的约定，任意去见子女的行为④等都是父母把自己的需求凌驾于儿童的利益之上的行为，因此限制或禁止进行面会交流的案例较多。此外，非监护人自身有酗酒⑤、吸毒⑥等行为也会成为禁止面会交流的原因。

5. 小结

通过以上对面会交流判例的梳理，我们可以做以下总结：第一，在日本司法实务中，面会交流的判断基准有从限制到原则性认可的倾向。在以前判断进行面会交流是否有利于儿童的利益时，以是否符合"积极的儿童利益"来判断；近几年来，以是否存在"消极的儿童利益"的事由为判断基准。也就是说，在初期判例中，只

---

①　例如，福岡家審平成 26 年 12 月 4 日判時 2260 号 92 頁。分居初期，儿童（5 岁）与父亲关系良好，但随着分居时间增长逐渐产生抵抗心理并表现出不想见父亲。调查官调查中会突然说想和母亲在一起；面会交流结束后，临近住所时会忽然要求抱着自己的父亲放开自己等行为。第一次试行面会交流时，儿童与父亲顺利地进行交流，并主动亲近父亲，但是当母亲来接时，并对调查官展现了强烈的攻击性。第二次试行面会交流中，孩子自始至终不愿与父亲交流且再三要求调查官带他离开儿童室。经过调查官的询问及观察推断，孩子的行为受母亲的言语行为的影响较深。基于以上情况裁判所判定将亲权人由母亲变更为父亲，监护权保留给母亲，试图通过分离亲权和监护权的方式促进父母双方为儿童的健康成长而努力。

②　上野はるみ「子の意思を「把握」して「考慮」するということ―家庭裁判所調査官の立場から」二宮周平・渡辺惺之編著『離婚紛争の合意による解決と子の意思の尊重』（日本加除出版社、2014 年）54 頁。

③　福岡高那覇支審平成 15 年 1 月 28 日家月 56 卷 8 号 50 頁。

④　横浜家相模原支審平成 18 年 3 月 19 日家月 58 卷 11 号 71 頁。

⑤　和歌山家審昭和 55 年 6 月 13 日家月 33 卷 6 号 29 頁。

⑥　浦和家審昭和 57 年 4 月 2 日家月 35 卷 8 号 108 頁。

有在面会交流的请求有利于儿童的成长时才被许可，再婚、父母关系紧张等都可能成为限制面会交流的因素。但是近几年的判例中，基于进行面会交流有利于儿童成长的认识下，只要不存在损害儿童利益的要素，裁判所普遍认可并推进面会交流的进行。即使存在DV等情况，裁判所也会通过命令第三方机构的支援或间接交流的方式积极地促进儿童与父母双方保持交流、维系关系。第二，对"儿童的利益"内涵解释发生变化。在以前，重视儿童生活环境的稳定、维持儿童心理的安定是儿童利益的最大化的体现，但是近几年父母共同参与儿童的抚养教育，维系父母双方与儿童的感情，使儿童在父母离婚后也能受到来自双方父母的关心和爱护是儿童利益最大化的具体体现。第三，通过调查官的参与、试行面会交流等方式，把握儿童的意思，观察分析每个家庭存在的问题，积极摸索符合每个家庭情况的面会交流的方式。

（二）面会交流的原则实施论

平成 23 年民法修正后，实务中形成了"非监护人父母与子女的面会交流基本上有益于子女成长，除面会交流的实施危害子女的福祉的特殊情况外，面会交流应该被认可"[1] 的见解。这个见解被称为"面会交流的原则实施论"，也是目前家庭裁判所处理面会交流事件的基本方针。面会交流被禁止·限制的事由有：①非监护人有抢夺、藏匿儿童的危险，②非监护人有虐待儿童的危险，③儿童的拒绝等。

对于实务的运用，有学者展开了猛烈的批评。比如，在 DV 或父母矛盾激烈的案件中，只要不存在不利于儿童利益的事由就实施面会交流的话，不利于儿童的利益的风险很大[2]。一般来说，只有在①儿童的身心安全、②与监护人的亲子关系安稳、③儿童不拒绝面会交流三个要件都满足的情况下，进行面会交流才有益于儿童的成长，否则只会给儿童带去近似儿童虐待的精神伤害[3]。还有学者

---

① 細矢郁ほか「面会交流が争点となる調停事件の実情及び審理の在り方―民法776 条の改正を踏まえて」家月 64 巻 7 号（2012 年）75 頁。

② 長谷川京子「面会交流原則的実施政策の問題点」梶村太市＝長谷川京子編『子ども中心の面会交流』（日本加除出版、2015 年）4 頁。

③ 梶村太市「面会交流の実体法上・手続法上の諸問題」判時 2260 号（2015 年）4 頁以下。

主张应该重新审视"面会交流原则实施论"采用的原则·例外的判断结构①。

## 四、面会交流之履行支援

### （一）裁判外的面会交流支援

解决面会交流纠纷时，父母双方能够充分理解面会交流的主旨，愿意为了子女更好地成长而互相配合，并通过协议制定符合儿童利益的面会交流的规则非常重要。如果父母间争执过大，无法理性思考并协议关于儿童的抚养教育、面会交流等问题时，需要通过第三方机构早期的、持续性的支援，使父母认识到离婚时考虑儿童的需求的必要性，并督促父母履行面会交流的协议。如何进行面会交流的支援是学术界和实务界探讨的重点之一。截至 2018 年 8 月，全日本共有 40 多个民间面会交流支援机构②。本文因篇幅关系，重点介绍 FPIC 的面会交流支援。

FPIC（Family Problems Information Center）是由退休家庭裁判所调查官为中心成员成立的公益社团法人。主要提供关于家庭、人际关系问题的法律咨询。FPIC 在 1994 年开始试行面会交流的支援，2004 年起正式开展面会交流支援事业，到 2019 年 1 月在全国 11 个地区设置咨询室。面会交流援助事业的目的主要有①亲子关系的维系·再构筑，②帮助儿童了解父母、为了维系亲子关系而向儿童进行支援，③父母的心理教育。FPIC 的理念是为了保护置身于父母离婚纷争中的儿童的利益，而不是父母间的利益调整，因此只支援理解面会交流的主旨并希望借助 FPIC 的援助实现面会交流的事例。此外，为了保证中立性，FPIC 不参与父母达成协议的过程③。

FPIC 进行的面会交流支援活动主要分为试行的支援和持续的支援。试行的支援是指在裁判离婚程序中无法在裁判所内实现试行面会交流，但父母双方期待试行的援助的场合下进行。原则上试行

---

① 窪田充见「面会交流の现状と课题」家庭と法 13 号（2018 年）7 頁以下。

② 参照面会交流．com〈http://menkaikouryu.fvsnet.org/map.html〉。本网站上载有全国面会交流支援机构的地图和联系方式。

③ 鹤冈健一「FPIC における当事者の支援」家族〈社会と法〉29 卷 72 頁。

的面会交流援助只能进行 2 次。持续的援助分为①陪伴型、②交送型、③联络调整型三种方式①。面会交流支援的最终目的是通过再构筑父母间的信赖关系，使父母可以自主的进行安全的、稳定的面会交流。

表 2　FPIC 面会交流支援手续的流程（东京咨询室）

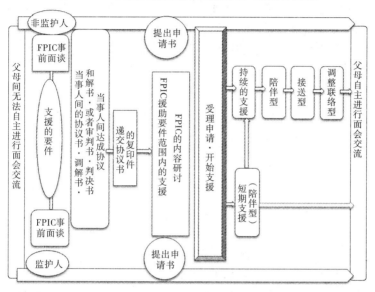

出典：FPIC〈http：//fpic － fpic. jp/doc/menkai ＿ kouryu3. pdf? 20180706〉

**（二）厚生劳动省的面会交流支援**

2012 年，作为"母子家庭等就业·自立支援中心事业（母子家庭等就业·自立支援センター事业）"的一环，厚生劳动省开始面会交流的支援事业。在"面会交流有益于保障儿童的健康成长，

---

①　①陪伴型是指监护人父母强烈抵触让子女单独与非监护人父母见面时，在 FPIC 职员的同席下进行面会交流。②接送型是指子女可单独与非监护人父母见面，但是父母双方不想见面时，由 FPIC 的职员在面会交流开始前把子女送到指定地点，结束后再去接子女送回监护人处。职员不参与面会交流的过程。③联络调整型指父母双方不愿意直接与对方联系时，FPIC 代为协商调整进行面会交流的时间、地点、孩子的接送方式等事项。

同时可以促进非监护人父母支付抚养费"① 的认识下，面会交流的支援事业作为"确保抚养费"政策的内容之一，由国家进行资金补助。

面会交流援助事业的实施主体是都道府县，政令指定城市（人口 50 万以上）及中核市（人口 20 万以上）。各地方政府通过事业委托的形式由母子福祉团体或 FPIC 等民间机构进行面会交流的支援。因为是无偿支援，只有当事人满足"①未成年子女未满 15 岁、②父母双方领取儿童抚养补助或同等收入水平、③父母双方关于面会交流进行商议并对利用本制度达成一致意见、④过去没利用过本制度"② 的所有条件时，才可申请。因条件过于严格，此制度的利用率较低③。2014 年厚生劳动省重新评估此制度并放缓了收入要件，以期此制度可为更多家庭利用。

## 五、结语

### （一）日本法小结

自昭和 39 年审判以来，在欠缺明文规定的情况下，学术界及实务界围绕面会交流权是否具有权利性，如果具有权利性它的权利主体是谁等问题展开了活跃的讨论，并一致认为面会交流的进行是为了实现"儿童的利益"。但是，根据对"儿童的利益"的理解不同，面会交流的具体的实现方式也会随之不同。例如，有学者主张"儿童的利益"是指维持儿童生活的安稳，避免儿童卷入父母离婚纷争中，把儿童对父母的感情纠葛最弱化。而且，面会交流有益于儿童成长的前提是父母双方就面会交流形成共识。因此，实务上曾

---

① 「母子家庭等就業・自立支援事業の実施について」（以下简称「通知」）厚生労働省 HP〈https：//www. mhlw. go. jp/file/06 − Seisakujouhou − 11900000 − Koyoukintoujidoukateikyoku/0000126624. pdf〉2019 年 1 月 22 日アクセス。

② 「母子家庭等就業・自立支援事業の実施について」厚生労働省 HP〈https：//www. mhlw. go. jp/file/06 − Seisakujouhou − 11900000 − Koyoukinntoujidoukateikyoku/0000126624. pdf〉2019 年 1 月 22 日アクセス。

③ 据统计，2012 年开始开展面会交流援助事业的东京，受理咨询数为 2012 年 355 件，2013 年 280 件；实行面会交流件数为 2012 年 109 件，2013 年 221 件。「離婚前の子どもの養育に関する取り決めを促すための効果的な取組に関する調査研究事業報告書」厚生労働省 HP〈https：//www. mhlw. go. jp/stf/seisakunitsuite/bunya/0000183795. html〉2019 年 1 月 22 日アクセス。

有原则上不认可面会交流，但是当儿童有意向与非监护人父母进行交流，或监护人父母愿意协助进行面会交流的时候有例外认可面会交流请求的倾向。但是近年来关于"儿童的利益"的解释发生了变化。也就是说离婚后与双方父母保持持续性的交往，维系亲子间的情感、亲情是"儿童的利益"的具体内容。与此呼应，司法实务上出现了除不符合"儿童的利益"的特殊因素外，原则认可面会交流的趋势。并且在面会交流原则实施论的影响下，学术界关于面会交流问题的讨论从抽象的权利性转移到如何确保面会交流协议的履行上，促进面会交流的实现、促使父母重视对儿童抚养教育的共同参与。

　　日本的面会交流制度也存在着许多需要完善的地方。第一，面会交流制度存在的最大问题是制度构建不健全，面会交流权的权利性质不明确。虽然平成 23 年民法修正后，"面会交流"作为明文规定被写入第 766 条。但是在这次民法修正中，仅仅明确了父母在协议离婚时，应该努力协议面会交流等有关子女的监护事项，至于面会交流权的性质、非监护人在离婚后对儿童监护事项上的权限等依然是空白的。此外，关于协议面会交流、抚养费等事宜仅仅被定性为父母的努力义务而不是离婚申请书的受理要件，因此即使父母间没有协议或经过协议但无法达成时，也不影响协议离婚的成立。而且，离婚申请书没要求父母就达成的面会交流等内容具体填写，因此无法把握父母间达成的协议是否利于儿童的成长、是否具有可实施性。从父母婚姻关系破裂到离婚成立的过程中，很容易因为彼此间的利益争执而忽视儿童的利益保护。特别是在日本单独亲权制度的前提下，父母间关于亲权的争夺激烈，从而很难为儿童的抚养形成相互信任相互合作的关系。因此，保护儿童的利益不能仅依靠父母间协议，而是应该以完善的法律制度做保障。

　　第二，在司法实务中，面会交流的判断基准是是否符合"儿童的利益"。首先"儿童的利益"的内容是什么、它与《儿童权利公约》所规定的"儿童的权利"的内容、范围是否一致还有待进一步的研究。其次，应该具体化、规律化限制和禁止面会交流的事由。

　　第三，面会交流的第三者支援的法律依据不明确。一方面，父母间关系恶化，同居父母拒绝、妨碍非居住父母与子女的面会交流或父母离婚后非居住父母与子女有较长时间没有进行面会交流等情况下，通过第三方机关或个人的介入，可以在保障儿童的利益的基础上，促进面会交流的实施。因此作为有效实现面会交流的方法之一，探讨第三方支援非常有意义。另一方面，面会交流的援助也是对非监护方父母的行使面会交流权、监护权的一种制约①。因此，关于面会交流支援的实质内容、司法制度与面会交流支援、行政支援与民间支援的机能、协作等问题需在明确面会交流权的性质上，做进一步的探讨。

（二）对中国法的启示

第一，应明确以儿童最大利益为中心的探望权立法。在 2018 年 9 月公布的《民法典婚姻·家庭篇（草案）》中，新增加了祖父母的探望权的条文，具体准用父母的探望权规定。也就是说，祖父母有探望孙子女的权利，与子女同居的父或母有协助的义务。探望的时间和方式由双方当事人协商，在探望有不利于子女身心健康的事由时，由人民法院依法中止探望权。从我国社会现状来看，父母双方忙于工作，因此照顾未成年子女的监护职责由祖父母承担或祖父母协助其子女承担的情况较多。父母离婚后，儿童与祖父母继续见面交往，对儿童的成长是非常重要的。明确祖父母的探望权非常有必要。但是，笔者认为民法草案的探望权相关规定对儿童的利益保障的考虑还不够充分。特别是探望权是非抚养方父或母、祖父母的权利的制度构成，容易把儿童置于探望权的客体位置上。探望权的主要目的是通过非居住父母的探望，维系亲密的亲子关系，培养儿童的自尊心和信赖心，促进身心的健康发展。因此应该从儿童权利的角度定性探望权，并规定父母有探望子女的权利及协助探望子女的义务。此外，在符合儿童的利益的前提下，祖父母等与儿童关系亲近的人，有探望儿童的权利。

第二，设置第三者支援的制度。虽然日本的面会交流支援事业欠缺制度的保障，但是笔者认为日本实务界为促进面会交流的顺利进行而积极借助第三方力量的理念具有借鉴意义。探望权的顺利行使，需要父母双方理解探望权的意义和目的，并且父母双方信赖彼此，愿意为儿童的成长共同努力。父母在处理离婚的一系列问题

---

① 遠藤隆幸「面会交流の第三者関与」田井義信編『民法学の現在と近未来』（法律文化社、2012）315 頁。

中，很容易陷入激烈的情感对立的状态，从而无法冷静为子女的需求考虑。在这个时候，第三方机构的介入可以适当地化解夫妇间的矛盾。第三方参与探望的过程，第三方可以陪伴儿童安全地与父母交流，也可促进双方父母恢复信赖关系，从而促进探望权的实施。因为篇幅限制，本文仅对面会交流权的性质和第三方机构的支援进行了考察，有关探望权的强制执行、祖父母的探望权等问题的探讨将作为今后的课题继续研究。

# 金融机构利益相反交易的法律规制
## ——日本的制度改革和理念变迁

诸秀艳[*]

## 一、序言

随着金融集团业务的多样化和国际化，金融机构在提供更多服务的同时，其所面临的利益相反风险也正大幅增加。特别是在金融集团内部的银行部门与证券部门之间，可能滋生金融机构滥用优越地位等各类利益相反行为。

日本现行法上，就利益相反交易尚未有明确的法律定义。关于金融集团内部的利益相反行为，主要是由金融商品交易法和银行法要求进一步确保金融机构客户利益免受不当侵害（金融商品交易法第 36 条 2 项、银行法第 13 条之 3 之 2）。此外，金融混合合并监督指引中也强调如下："①集团内公司等或业务部门间的利益相反关系是否得到明确？②管理层和职员是否全面彻底了解，又是否明确知晓潜在的利益相反风险？③对此是否规定了具体对策或规避措施？"（金融混合合并监督指引 II－3－1（2））

尽管如此，实务中由于利益相反定义的不明确，利益相反的范畴、管理对象和违反所产生的后果等相关问题尚无定论。因此，利益相反管理体系的构建与完善仍有待于

---

[*] 诸秀艳，早稻田大学法学研究科商法专业博士研究生。

进一步的研究①。

同时，日本的判例并非基于英美法受托人责任（fiduciary duty）的视角来看待利益相反关系下的金融机构责任，而是以违反诚实信用原则、滥用权利、侵权行为或违反说明义务等各种事由作为该类行为相关法律责任的依据②。要言之，当前的研究基于交易法或合同法理论，从投资者保护这一视角出发，对利益相反的相关问题进行了探讨。但该视角并非面面俱到。因此，对于金融机构利益相反问题，尚未形成明确且统一的理论框架。

有鉴于此，为阐明上述相关理论问题，本文首先将探讨日本近期有关防火墙制度调整及金融机构客户利益保护体系完善等立法的修订。其次，本文将结合立法修订，根据金融商品交易法和银行法归纳分析当前日本的利益相反管理体系，并明确相关问题意识。最后，文章将在小结全文基础上，阐述日本立法经验对我国的启示。

## 二、防火墙制度的放宽

银行业与证券业兼营会造成严重的利益相反问题，因此有必要通过防火墙制度加以规制。平成 19 年（2007 年）12 月 18 日公布的《金融审议会金融分科会第一部会报告——日本·金融资本市场竞争力的强化③》就监管框架问题指出："防火墙制度旨在遏制利益相反的危害和银行等优越地位的滥用等。鉴于其目的，有意见认为该项规制正遭到滥用。同时，随着金融集团化等的深化，鉴于客户相关非公开信息的获取以及管理层和职员兼职等相关规定等①有碍于金融集团综合性服务的提供，反而有损用户的便捷性；②有碍于对金融集团综合性风险管理和合规的要求；③于日本金融机构竞争力方面也不利于同欧美金融集团之间的竞争等诸原因，有意见希

---

① 参见宇佐美豊等「座談会 利益相反管理の検証—地域金融機関の取組みを中心に」金融法務事情 1915 号（2011 年）20—65 頁。

② 参见岩原紳作「第 5 章 金融機関と利益相反：総括と我が国における方向性」金融法務研究会『金融機関における利益相反の類型と対応のあり方』（2010 年）96 頁。

③ 金融審議会金融分科会「金融審議会金融分科会第一部会報告～我が国金融·資本市場の競争力強化に向けて～」〈http：//www.fsa.go.jp/singi/singi _ kinyu/tosin/20071218-1/01.pdf〉2019 年 3 月 1 日アクセス。

望能放宽防火墙制度。此外，也有意见指出，针对金融集团利益相反的管理等，其他国家当前正要求金融机构完善自主规制下的内部管理举措。在此背景下，监管机关合理监控式的监管框架正成为主流。"此外，该报告还建议在设置一定措施的基础上调整防火墙制度。

同时，同日公布的题为《关于银行·保险公司集团业务范围监管的方式等》的金融审议会第二部会报告中，也建议银行、保险公司等进一步构建利益相反管理体系并改进举措以防优越地位的滥用①。

在此基础上，平成 20 年（2008 年）6 月 13 日公布的《修改金融商品交易法等部分条文法》（平成 20 年法律第 65 号，以下简称"2008 年修订金融商品交易法"）在设立金融集团防火墙制度相关调整措施的同时，扩大了银行和保险公司在商品现货交易、排放量交易、投资咨询业务等方面的业务范围，并要求金融集团构建利益相反管理体系。

（一）管理层和职员兼职限制的放宽

修改前的金融商品交易法禁止从事证券公司等有价证券关联业务的金融商品交易业者的董事等（董事、监事、会计参与人或执行董事）兼任母行等的管理层和职员等（管理层或一般员工）或子行等的管理层（修改前金融商品交易法第 31 条之 4 第 1、2 项）。又，金融商品交易业的管理层和职员不得兼任子行等的董事等，而金融商品交易业者的董事或执行董事若兼任或卸任其他公司的董事等则应及时告知内阁总理大臣（修改前金融商品交易法第 31 条之 4 第 3、4 项）。

2008 年修订金融商品交易法废除了兼职禁止和银行等常务董事任职禁止的相关规定。此外，金融商品交易业者的董事或执行董事就任或卸任其他公司董事等时（金融商品交易法第 31 条之 4 第 1 项）或就任或卸任母行等或子行等的董事等时（金融商品交易法第 31 条之 4 第 2 项），都应及时告知内阁总理大臣。

---

① 金融審議会金融分科会「金融審議会金融分科会第二部会報告～銀行・保険会社グループの業務範囲規制のあり方等について～」〈http：//www.fsa.go.jp/singi/singi_kinyu/tosin/20071218-2/01.pdf〉2019 年 3 月 1 日アクセス。

（二）非公开信息获取的相关规制

1. 法人客户选择退出制度（opt-out）的导入

对于非公开信息，修改前的金融商品交易法不论个人还是法人客户，除书面同意或其他法定例外情形之外，禁止证券公司或集团公司（证券公司的母子法人等）将该客户的非公开信息提供给其集团公司或证券公司（修改前金融商品交易法第44条之3第1、4号、平成21年（2009年）修改前金融商品交易业等内阁府令（以下简称"业府令"）第153条1项7号）。

而2008年修订金融商品交易法规定，对于法人客户，若给予其要求停止向集团公司或证券公司提供其非公开信息之适当机会，则在其要求停止之前，视为该法人客户对非公开信息的提供作出了书面同意。换言之，对法人客户的非公开信息适用选择退出制度。

2. 以内部管理为目的的信息共享

修改前的金融商品交易法规定，即使特定关系人（属于母法人等·子法人等中的母子银行、控股公司、金融商品交易业者、信托公司、贷款业者等者）从事全部或部分内部管理业务，只要未获金融商品交易法第44条之3第1项但书之许可，于业府令第153条7号所规定的从事有价证券关联业务之金融商品交易业者（限于从事第一类金融商品交易业者）与该金融商品交易业者的母法人等·子法人等之间，不得获取有关发行人等的非公开信息（修订前金融商品交易法第44条之3第1项）。

2008年修订金融商品交易法则规定，对于内部管理业务，内部管理部门切实采取措施以防非公开信息向营业部门泄露之情形下，集团企业间若未被允许豁免适用危害防止措施，则可共享法人或个人非公开信息，而无须客户的同意（业府令第153条1项7号リ·9号）。同时，利用从母子法人等处获得的客户相关非公开信息进行金融商品交易合同的缔约劝诱之情形下，从事有价证券关联业务的第一类金融商品交易业者仍须征得母子法人等的客户的同意，但第二类金融商品交易业者及投资运用业者则不再需要征得客户同意（业府令第153条1项8号）。据此，集团企业间非公开信息的共享和使用在多个层面得到了促进。

此外，针对金融商品客户等的综合性监督方针要求，为防止内部管理部门信息泄漏，在内部管理部门等与营业部门或其他利用非公开信息开展业务的部门之间职员不得兼职；应采取措施避免因内部管理部门等与其他部门之间的人事变动而发生信息泄露（如保密义务规定的完善和资料管理等）；完善公司内部规定；改进遵守状况的监察举措等。

### 三、利益相反管理体系的完善[1]

调整防火墙机制的同时，为了防止金融业者、金融集团的利益相反造成危害，各行业法要求证券公司、银行等合理管理相关信息并完善内部管理体系[2]，同时，各行业法的相关政省令也分别规定了客户利益保护体系完善的相关业务范围（业府令第70条之2，银行法施行规则第4条之2之2、保险业法施行规则第53条之13）。

值得一提的是，有意见指出，当前金融集团业务所提供的商品服务及提供此类商品服务的渠道正日趋多样，若通过统一规范来规制管理层和职员的兼职行为和客户非公开信息的获取行为，则防止利益相反危害的实效性颇为有限。与之相比，更为重要的是在金融集团综合性利益相反管理方针和原则之下切实采取有效管理措施。这一意见促成了此次的立法修订[3]。

提及利益相反，一般就私法上意义而言。此处也主要将各行业之间的利益相反视为私法问题，即将银行和证券公司都作为私法交易秩序下的交易主体，而问题的视角则主要基于私主体间利害关系的调整。另一方面，若将银行法和金融商品交易法视为经济法规，则银行和证券公司首先将被看作固有经济秩序乃至市场秩序的核心，而利益相反这一概念本身所反映出的各法不同法益之间的对立或调整将成为问题的着眼点。

---

① 虽然法律和政府令案将其作为"客户利益保护体系"加以规定，但由于金融厅资料和监督指引以及政府令公开意见中将其作为"利益相反管理体系"，因此本文也以后者为前提进行讨论。

② 参见池田唯一等『逐条解説·2008年金融商品取引法改正』（商事法務、2008年）90頁。

③ 池田唯一等『逐条解説·2008年金融商品取引法改正』（商事法務、2008年）89頁。

（一）金融商品交易法下的利益相反管理体系的完善

金融商品交易法第 36 条 1 项将对金融商品交易业者客户的一般诚实义务规定为受托人责任的核心义务。该规定从证券市场国际化和多样化下行业监管的国际协作这一视角出发，沿用了原证券交易法第 33 条之规定①，而后者则参照了国际证监会组织（IOSCO）制定的 7 项行为规范。其中，利益相反被规定于第 6 项原则②。

此外，作为客户利益保护体系完善的新设法律义务，该法第 36 条第 2 项规定，特定金融商品交易业者等或其母/子金融机构等进行交易过程中，该特定金融商品交易业者③应对该金融商品相关业务的相关信息进行适当管理，以免与该特定金融商品交易业者或其子金融机构等所进行的金融商品业务相关的客户利益受到不当侵害，且应采取体系完善及其他必要措施以合理监控该金融商品关联业务的实施状况。

该项规定同时调整了防火墙制度并扩大了金融集团等业务范围。特别是随着金融集团业务所提供的商品服务方面和其提供渠道方面的多样化，利益的潜在形态也日益增多。有鉴于此，为了促进管理措施在金融集团综合性利益相反管理方针和原则之下得到有效贯彻实施，金融业者和金融集团应设法预防利益相反所造成的危害④。

（二）银行法下的利益相反管理体系的完善

针对银行，法令上新设的完善客户利益保护体系的义务如下：该银行、以该银行为所属银行的银行代理业者或该银行的母/子金融机构等进行交易过程中，对于银行关联业务相关情报的适当管理

---

① 参见河本一郎・関要監修『三訂版 逐条解説証券取引法』（商事法務、2008年）526 頁。

② The Technical Committee of The International Organization of Securities Commissions，International Conduct of Business Principles（July 9，1990）https：//www.iosco.org/library/pubdocs/pdf/IOSCOPD8.pdf. 其中提及："利益相反　业者应努力规避利益相反。即使在可能无法规避利益相反之情形下，也应确保全体顾客受到公平对待。"

③ 所谓特定金融商品交易业者，是指从事有价证券关联业务的第一类金融商品交易业者和登记金融机构（金融商品交易法第 36 条 3 项、金融商品交易法施行令第 15 条之 27）。

④ 参见大来志郎「金融商品取引等の一部を改正する法律の概要」商事法務 1837号（2008 年）20 頁。

及该银行关联业务实施状况的适当监控体系，应采取完善措施或其他必要措施以免该银行、以该银行为所属银行的银行代理业者或该银行的子金融机构等所进行的金融商品业务相关的客户利益受到不当侵害（银行法第 13 条之 3 之 2 第 1 项）。对于银行控股公司，该法第 52 条之 21 之 2 第 1 项[①]也作了相同规定。立法宗旨与金融商品交易法基本相同[②]。

同时，对于利益相反交易，监督指引或检查手册虽然对银行等不具有拘束力，但作为原则适用。各银行在完善利益相反管理体系时，金融集团内的公司等需要考量所经营业务的内容及规模、特性等（主要银行等综合性监督指引 V-5-1）。若根据监管机关的检查结果或不良事件等告知书，该体系被认为存在问题，则必要时会要求提交银行法第 24 条[③]规定之报告，又，在业务健全性和适当性方面被认为存在重大问题时，会酌发该法第 26 条[④]规定之业务改进命令，或部分业务禁止令（特定情形下）（主要银行等综合性监督指引 V-5-3）。

（三）竞争法下的利益相反管理体系的完善

1. "金融机构业态区分放宽和业务范围扩大背景下的不公正交

---

① 银行法第 52 条之 21 之 2 规定："在作为银行控股公司子公司的银行、以作为该银行控股公司子公司的银行为所属银行的银行代理业者或该银行控股公司的母/子金融机构等进行交易过程中，为了避免作为该银行控股公司子公司的银行、以作为该银行控股公司子公司的银行为所属银行的银行代理业者或该银行控股公司的子金融机构等从事之业务（限于银行业、银行代理业及其他内阁府令规定之业务）相关顾客利益受到不当侵害，该银行控股公司应根据内阁府令之规定，采取完善体系的措施及其他必要措施以适当管理该业务相关之信息并适当监控该业务之实施状况。"

② "当前，金融集团的业务不仅在其所提供的商品和服务方面，同时在提供这些商品和服务的渠道方面也正日趋多样，利益相反的潜在形态有所增加。有鉴于此，根据金融集团综合性利益相反管理方针和原则采取有效管理措施显得尤为重要"，因此有学者主张："金融业者和金融集团应采取措施以防利益相反所造成之危害。"参见松尾直彦「顧客利益保護管理体制の整備のあり方」金融法務事情 1850 号（2008 年）12-13 頁。

③ 银行法第 24 条规定："内阁总理大臣认为对确保银行业务的健全且适当运营有必要时，可以要求银行（包括以该银行为所属银行的银行代理业者）提交关于该业务或财产状况的报告或资料。"

④ 银行法第 26 条规定："内阁总理大臣鉴于银行之业务或财产，抑或银行及其子公司财产之状况，而认为对确保该银行业务的健全且适当运营有必要时，可以要求该银行提交显示应采取措施的事项及期限的改善计划以确保该银行经营的健全性，或命令其对所提出的改善计划进行变更或在必要限度内命令在一定期限内停止该银行全部或部分业务，又或命令其采取该银行财产的托管及其他监督上必要的措施。"

易方法"之概要

公正交易委员会于平成 16 年（2004 年）公布的指引阐述了反垄断法上的问题行为，这些行为缘于银行、信托银行及保险公司等金融机构被允许采用控股公司或不同业态子公司形式而导致的业态区分放宽以及业务范围的扩大。

根据相关说明，制定该指引的初衷如下，即金融机构不当利用其融资业务影响力而为其集团内部的企业谋利或进行金融商品销售的行为，不仅使对方无法进行自由且自主的判断，而且将竞争者置于竞争上不利之地位，有碍金融市场等的公正和自由竞争。

根据该指引，金融机构要求接受融资的企业与该机构或其子公司等进行交易，或购入该公司或其子公司等所经营的金融商品，且通过关于中止融资或作出不利于融资等相关处理的暗示等而导致前述交易于事实上不得不为者，则系反垄断法上滥用优越地位的问题行为（主要银行等综合性监督指引第 2 部第 1-1、第 2 部第 2-1（1）ア、同项（2）ア）。

2. "金融机构与企业间交易习惯相关调查报告书"之概要

针对不公正交易问题，公正交易委员会于平成 13 年（2001年）就金融机构与企业间的交易习惯，对接受融资的企业进行了调查，并在同年 7 月公布的《金融机构与企业间交易习惯相关调查报告书》（以下简称"平成 13 年金融交易调查报告书"）中表达了其基于反垄断法的相关看法。此外，公正交易委员会于平成 18 年（2006 年）开展了上述调查的后续调查，并于同年 6 月公布了汇总该调查结果的报告书（以下简称"平成 18 年金融交易调查报告书"）。

上述两报告书虽非法令或公正交易委员会制定的指引，但系公正交易委员会对反垄断法问题行为的具体认定，在实务中有巨大的参考价值[①]。平成 18 年金融交易调查报告书中，公正交易委员会要求各金融机构应再次对《金融机构业态区分放宽和业务范围扩大背景下的不公正方法》这一指引的宗旨及该报告书指出的事项进行全面彻底的了解。为此，各金融机构在对该报告书指出的事项进行

---

① 参见西村あさひ法律事务所编『最新金融レギュレーション』（商事法务、2009 年）104 頁。

全面彻底了解的同时，有必要再次确认是否已构建了该报告书所列反垄断法问题行为的预防体系①。

平成 18 年金融交易调查报告书重申了平成 13 年金融交易调查报告书中所汇总的金融机构对借款企业所提出的各类要求在反垄断法上的性质②。根据该报告，①不利于融资的交易条件的设定；②购入自身所提供之金融商品和服务的要求；③与关联公司等交易的强求；④与竞争者交易的限制；⑤对借款企业经营活动的干预等五类行为被具体列为反垄断法上的问题行为。

如上所述，由于法律目的不同，利益相反交易为多个法律部门所规制。特别是在集团化方面，反垄断法和金融商品交易法规制交错重复的状况引发了一定的问题。基于不同立法目的进行多重规制之际，重点在于明确不同法律应处于何种关系，又应如何分工。对此，具有市场法性质的金融商品交易法与被称为经济宪法的反垄断法之间的分工实质取决于解决利益相反问题的理论定位是否明确。对此，应虑及综合性立法政策之必要性以及行业间壁垒的高低。

（四）相关规范下的利益相反关系体系完善

历来，全面覆盖型的用户保护制度中对金融业者行为的规制立足于受托人责任③。基于金融审议会金融分科会第一部会的《期中整理》与《投资服务法》报告，金融商品交易法规定了有关受托人责任的相关义务④。

---

① 公正交易委员会平成 17·12·26 建议性裁决堪称对平成 13 年金融交易调查报告书所述反垄断法问题行为适用滥用优越地位的实际案例。公正交易委员会审查官对该案的解说指出：①公正交易委员会要求全国银行协会等对平成 13 年金融交易调查报告书进行说明和全面彻底的了解；②平成 13 年金融交易调查报告书明确了该案中违反反垄断法的行为系反垄断法上之问题。

② 参见「平成 18 年金融機関と企業との取引慣行に関する調査報告書（概要）」公正取引委員会〈https://www.jftc.go.jp/houdou/pressrelease/cyosa/cyosa−ryutsu/h18/0GOGD100.html〉第 45 頁以下。

③ 参见神田秀樹「いわゆる受託者責任について：金融サービス法への構想」フィナンシャル・レビュー56 号（2001 年）98 頁。

④ 具体而言，规定了：①作为适用于全体金融商品交易业者等基本义务的诚实公正义务（第 36 条）；②对于投资建议业务以及投资运用业的善管注意义务以及忠实义务（第 41 条、第 42 条）；③对于投资运用业的自我执行义务（第 42 条之 3）；④对于涉及所谓集团投资组合的投资运用业及有价证券等管理业务的善管忠实义务以及分别管理义务（第 42 条之 4、第 43 条~43 条之 3）。

另一方面，银行法中未涉及有关受托人责任的行为规制，而是通过原则来处理利益相反行为①。金融厅《金融服务业原则》第 6 项"原则"规定，应"防止自身或集团与用户间，或用户与其他用户间等利益相反所造成的危害"。同时，防止措施具体表现为：①对是否合理应对利益相反或商事冲突的充分检验；②对利益相反危害防止的合理管理举措的完善；③对用户的诚实履职。虽然受托人责任关注对委托人所负有的诚实义务等问题，但可能造成利益相反的对象未必就是委托人。事实上，由于存在利益相反的业务本身带有固有的目的使命，即使履行了受托人责任，各类受托人责任之间也很可能相抵牾。对此，尚有待于进一步研究。

同时，《主要银行等综合性监督指引》就业务合理性问题规定了如下事项：①"法令遵行"事项中，"不适当交易等"的"进行 M&A 融资等行为时不适当交易防止"部分中提及："由于金融机构通常拥有多个交易对方，敌意企业收购中银行作为收购方、与被收购双方之间存在交易关系等情形下，鉴于交易对方之间可能发生利益相反现象，为免招致对业务运营合理性的忧虑，是否完善了防止利益相反行为、规避声誉风险等相关举措？"同时强调："特别是是否虑及在参与收购资金融资情形下利益相反问题的显在化？"②"用户保护规定等"的"私人银行业务等的注意点"部分对"利益相反的回避以及业务运营上必要的壁垒·信息管理举措等的确立"提出了要求。

《存款等接收金融机构相关检查指南》中，就利益相反列出如下事项：①"经营管理（governance）举措——用于确认检查基本要素的核对表"之"组织体系的完善"中所提及的设立必要业务壁垒或信息阻断措施等举措的完善，以确保"潜在利益相反部门之间"的合作与制衡机能以及"投资银行业务等的利益相反等的防止"；②"用于确认检查的法令等遵守举措的核对表"之"个别问题"之"法律核对等举措"中所提及的对于"安排人兼贷款人等基于多重立场参与同一组合之情形下有关利益相反性的应探讨之问题"的违法性的特别审慎商议举措；③"用于确认检查顾客保护等

---

① 参见松尾直彦「顧客利益保護管理体制の整備のあり方」金融法務事情 1850 号（2008 年）10 頁。

管理举措的核对表"之"个别问题"之"利益相反关系的规避等相关着眼点"中所提及的"例如，私人银行业务等中为规避利益相反而构建业务壁垒"。

## 四、利益相反交易规制的理念与理论框架

作为事前规制，上述利益相反管理体系的完善可能对顾客不利。尤其是在金融业务复杂化和多样化下，难以通过统一法令进行合理的规制。为了实现对客户的实质保护，就有必要提高利益相反相关方针及其执行的透明度，并提升当事人的自主判断即市场机能[1]。换言之，与原先通过兼职规制、信息获取规制等行为规制和信任义务、忠实义务等事前规制来防范利益相反的规制方式相比，当前的规制理念已不再注重具体规则的拟定，而是主要通过确保利益相反管理体系义务的履行来促进自主处理体系的构建。

那么，产生这一规制理念变化的背景因素为何？对于利益相反问题，究竟应采取何种新型的理论框架加以探讨？

（一）利益相反交易规制理念的变化

根据金融机构利益相反管理相关的先行研究，对于商事交易当事人之间的交易，通常利益相反本身并不构成问题，问题在于负有信任义务者对该义务的违反[2]。金融机构与客户之间即使存在利益相反关系，根据法令，除了对客户负有忠实义务和诚实义务之外，只要合同上未作特别约定或无相应习惯，原则上对客户并不负有私法上特别之义务[3]。换言之，在依交易法或合同法实现投资者保护这一方面，利益相反将成为问题。

但是，这一私法性视角可能无法灵活适用于所有情形。例如，即使在利害关系对立而管理发生问题之情形下，特别是观念上作为客户的交易对方在市场上广泛分布之情形下，该交易也有可能并非

---

① 参见神作裕之「改正金商法における利益相反管理体制」ジュリ 1390 号（2009 年）70 頁。

② 参见森下哲朗「M&A 取引における投資銀行の責任」江頭憲治郎先生還暦記念『企業法の理論（下巻）』（商事法務、2007 年）157 頁以下。

③ 参见岩原紳作「第 5 章 金融機関と利益相反：総括と我が国における方向性」金融法務研究会『金融機関における利益相反の類型と対応のあり方』（2010 年）96 頁。

利益相反交易①。

此外，如何处理有价证券业务和银行业务的对立也是利益相反的一大问题②。即，以牺牲证券业务为代价优先银行业务，其结果可能导致证券市场的衰退。反之亦然。要之，某一行为会对各层级的竞争造成影响③。换言之，行业之间相冲突的问题将分别对各有价证券市场、金融市场、银行间市场、证券公司间市场产生影响。

要言之，促成规制变化的背景条件如下：首先，银行和有价证券的灰色地带正在扩大，而容易引起利益相反问题的交易也正在增加。随着金融自由化和国际化，这一趋势进一步扩大。其次，通过金融资产的积聚，高风险高回报投资增加的情形下，金融机构与客户间乃至客户彼此之间就利益分配产生对立的可能性也相应增大。同时，由于计算机和信息通信领域的发展，作为利益相反问题诱因之一的金融机构内部情报的积聚和管理加剧了滥用此类内部信息而产生利益相反问题的潜在可能④。

那么，对于金融机构的利益相反问题，应基于怎样的规制理念予以重构？

（二）规制理念的选择：保护客户抑或完善市场成立条件

虽然当前的议论大多基于私法视角，但对于相关行为规制和体系完善问题，却有必要从发挥贯彻各行业分别在市场中的作用和使命角度出发进行探讨⑤。

从金融商品交易法的历史沿革来看，规制理念的变化到目前为止经历了三个阶段⑥，即：

①证券市场和证券业者不为社会所熟悉的情形下，证券规制的

---

① 参见松井智予「利益相反取引とベター・レギュレーション」岩原紳作等编集代表『会社・金融・法 下巻』（商事法務、2013 年）445 頁以下。

② 参见根岸等「シンポジウム金融制度改革—業態別子会社をめぐる法的問題点」金融法研究 12 号（1996 年）19 頁。

③ 参见根岸等「シンポジウム金融制度改革—業態別子会社をめぐる法的問題点」金融法研究 12 号（1996 年）40 頁〔上村達男发言〕。

④ 参见小谷雅貴「金融業務に係る利益相反問題の検討［下］」商事法務 1137 号（1988 年）24—26 頁。

⑤ 参见上村達男「証券会社に対する法規制（八）」企会 56 巻 3 号（2004 年）152 頁。

⑥ 参见上村達男「証券取引法の目的と体系」企業会計 53 巻 4 号（2001 年）131 頁、同『会社法改革—公開株式会社法の構想—』（岩波書店、2002 年）91—93 頁。

目的处于保护大众免受可疑证券交易侵害的阶段。亦即产业警察式的监管。

②证券规制的目的处于旨在发展以业者保护为目的的证券市场的阶段。亦即护航舰队式的金融证券行政时代。

③证券市场成立条件齐备，以作为公共财产的证券市场所具有的对国民经济的意义为中心的规制定位阶段。

日本仅用了 50 年时间就到达了③阶段。如上所述，金融商品交易法未必旨在依交易法或合同法实现对投资者的保护，而是通过不断修订以完善相关前提条件，并适应不同的经济状况等，从而实现作为国民经济支柱的资本市场的公正价格形成和公正交易。同时，对不良事件的对应等也是意在避免市场中无法形成公正竞争或排除竞争的状况。而这也反映出了金融法作为市场法的性质。

因此，历来通过投资者保护理论而被阐述的多项制度，实际上也是对完善市场成立条件这一理论框架的回应或印证①。利益相反规制也应作如是观。

## 五、结语

正如本文所述，随着金融和资本市场的发展，日本利益相反交易的规制理念正发生从传统的结构规制、事前规制向重视市场机能的重大规制转变。对此，不应一仍其旧地将其理解为私法上利害关系调整的问题，而应将其作为金融资本市场的保障措施加以把握。其中尤为重要的是，明确金融资本市场的规制目的。银行法中表现为"金融秩序的维持""金融机能发挥的流畅化"；而于金融商品交易法中，则表现为"资本市场机能的充分发挥""公正价格形成"。为达成这些规制目的，应充分考虑金融资本市场的规制。

基于上述对日本现行法上利益相反规制的介绍与探讨，拟对我国金融机构利益相反规制的完善提出以下几点初步建议：

1. 认清资本市场和证券市场的发展阶段

改革开放之初，我国金融业采取混业经营模式。但由于 1992 年下半年起出现了房地产热和证券投资热，银行的大量资金涌入证

---

① 参见上村達男「健全な証券市場と法理念の転換——国際化・証券化に対応する法制度の確立を」日本経済研究センター会報 663 号（1992 年）51 頁。

券市场，扰乱了金融秩序，从 1993 年起开始实行银行业和证券业的分业经营。不可否认，分业经营对我国金融业的稳定发展、维持金融秩序等发挥了其重要作用。但面对不断变化的金融形势，分业经营也面临着诸多问题。对此，我国也在不断对分业经营的政策进行适当的调整，适度推进银证合作。因此，我国正在经历一个从严格分业经营转向放宽银证分离规制的过渡时期，证券资本市场也正处于逐渐成熟和完善的阶段。

2. 防火墙制度的设计需适合本国国情

防火墙太强太厚或太松太薄都会阻碍该制度发挥其作用。防火墙制度应结合我国的国情加以设计。鉴于我国的金融监管尚不完善，不适合采用日本现有的宽松规制，所以现阶段仍应采取较严格的防火墙制度。

3. 相关法规应有效结合以实现规制目的

如上所述，日本结合金融商品交易法、银行法、反垄断法上的各项制度来规范金融集团的利益相反交易，这点很值得我国借鉴。我国发展市场经济时间较短，金融立法起步较晚，金融法规尚不健全，相关的法律制度有待完善。

# 假释制度的刑事政策学分析

## ——以日本假释制度的基本构造为切入点

金日鑫*

## 一、序言

### (一) 问题之所在

假释制度的特殊性所在：从假释制度的历史变迁来看，起初其并非一种理性的制度安排，而更多是出于一定的刑事政策考虑。彼时，制度运行更接近一种经验式的自然反应，缺乏理念的支撑①。对于假释的本质和基础理论，是无法直接从其历史变迁中总结归纳而出的。

日本 parole 型假释：日本假释制度自其思想萌芽产生，至今已有 150 年的发展历史。现行刑法中的假释要件以"具有悔悟之情"为中心，带有浓重的恩惠奖赏色彩。除第二次世界大战后更生保护制度确立，导入保护观察外，假释的基本要件、构造与制度确立之初相比并未产生大的变化。在战后日本刑法改正事业中，曾针对假释要

* 金日鑫，早稻田大学法学研究科公法学（刑事政策専修）博士研究生。笔者在此感谢导师石川正興教授、小西暁和教授在刑事政策分析进路方面提供的宝贵思路建议和悉心指导，以及国家留学基金委"建设高水平大学公派研究生项目"的支持。

① 齐文远：《刑法、刑事责任、刑事政策研究：哲学、社会学、法律文化的视角》，北京大学出版社 2004 年版，第 277 页。

件、期间、程序以及假释同保护观察等做了详细修订①，但由于刑法改正事业最终并未成功推行，假释的基本法律规范依然停留于现行《刑法》第 28 条的规定。然而，伴随着刑罚与行刑理念的发展，尤其是社会内处遇理念的倡导和制度的导入，假释制度的基本理念、法律性质、基本构造也必然发生变化，从一种单纯的恩惠奖赏转变为促进服刑人员改善·社会复归的一环。通行观念认为现行假释制度为"parole 型假释"，是"刑期届满前的提前释放与社会内处遇制度的结合"，社会内处遇即保护观察被纳入其内涵当中。面对假释制度内涵这种复合型构造的变化，日本刑事政策学者须々木主一教授曾指出："在日本，一方面存在着假释出狱制度，另一方面存在着保护观察制度，这是两个相互独立存在的概念。而在承认两种不同制度分别独立存在的基础上，仍然要将二者合一理解（统一理解为假释），必然存在一定根据，自有其理由"。②

反观我国，假释作为基本法律制度并不陌生，相较而言社区矫正制度是近十几年来的新兴产物。2011 年，《刑法》修正案（八）将《刑法》第 85 条修改为"对假释的犯罪分子，在假释考验期内，依法实行社区矫正"。随着我国社区矫正制度的深入发展，假释制度也必然转向同社会内处遇制度相结合的复合构造。这绝非是一种简单的制度堆砌，而是假释制度与社区矫正制度的有机结合、相互促进。

（二）本文的研究目的和基本结构

本文关注的问题在于，直接从假释的历史演变推演，无法总结出其本质和基本理念；而直接从假释的现行立法规范分析亦无法合理解释目前"parole 型假释"的基本问题。本文试图转变分析进路，逆向以日本现行假释制度的基本构造为切入点，分析行刑同假

---

① 战后刑法改正事业中，针对假释制度的内容，首先见于《刑法改正预备草案》（1961 年）第十二章。随后面对法务大臣咨文，成立了刑事法特别部会，经一系列基础调查和具体问题点分析后，提出了《参考案（第一次案）》和《第二次参考案》，最终于 1972 年发表《刑法改正草案》。其中第十二章（第 85 条—第 91 条，共 7 条。逐条规定了假释要件、假释期间以及保护观察、假释取消、假释期间经过的效力、两个以上的自由刑同假释、拘留以及滞纳留置与假释等内容。）为假释规定，相较于现行刑法第 28 条至第 30 条的规定，内容更为详尽，包含了更多刑事政策方面的考量。

② 须々木主一「パロールの目的と構造」早稲田法学 39 巻 1 号（1964 年）48 頁。

释以及保护观察同假释的若干问题，从而明晰 parole 型假释制度的基本问题点。通过对基本构造以及内部矛盾的分析，以期对今后我国假释与社区矫正制度相结合的"新型"假释制度的改革提供若干启示和思路。

假释作为行刑领域的制度安排出现，初期属于刑事运用政策的范畴，随着刑罚理念和制度的发展变化，进而被包含在刑事立法政策的讨论范围内，直至今日，假释作为刑法规定的基本制度之一，已确立为一种正式的刑事法律制度。假释制度的变迁体现了刑事运用政策、刑事立法政策以及法律制度三者的动态张力（dynamic）关系。刑事政策学的分析进路倡导一种动态的、展望的分析思路，前述提及假释与社会内处遇的结合并非是一种机械的制度堆砌，对这种复合型的内部构造进行分析时，需要坚持刑事政策学的分析思路来观察和评价假释制度全貌，以期实现更为理性的分析。

本文在第一部分首先阐明假释作为日本基本刑事法律制度，面对社会内处遇同传统假释制度的结合，其制度理念已然发生变化，但由于立法规范导致法律性质不明确，直接影响假释制度的结构调整；第二部分对目前 parole 型假释制度的基本构造予以分析，讨论假释与行刑、假释与保护观察的关系，试图厘清假释制度基本构造的特点以及内部矛盾；第三部分提示刑事政策学的指导理念和评价标准，对假释制度的分析提供相关启示；第四部分代为结语，指出面临社区矫正制度的深入发展，日本假释制度的基本构造变化及内部矛盾点对我国假释制度改革的若干启示。

## 二、日本假释制度概述：作为基本刑事法律制度之假释

### （一）分析对象的界定

在日本，"假释"一词并非直接对应中国刑法中的假释制度。本义所称"假释"，限于同刑罚制度相关联的内容。① 假释的定义，广义指针对收容于刑事收容设施内的被判处刑罚或者保安处分的人

---

① 日本现行刑法中，针对惩役刑与禁锢刑称之为"假释出狱"、针对拘留采取"假释出场"、而对于收容于少年院的对象采用"假释退院"的概念，这些制度总称为"假释"。在"监狱"被"刑事收容设施"的称呼取代后，"假释（仮释放）"一词，代替"假释出狱（仮出狱）"使用。

员，在其收容期限届满前，暂予（附条件）释放的制度。日本的执行犹豫制度（对应中国的缓刑制度），是指针对法院所判刑罚的全部执行（理论上，对于保安处分同样可以设定执行犹豫）进行犹豫，与此相对的，假释是针对法院宣告的刑罚或者保安处分的一部分，设定期间进行犹豫。现行制度中，存在针对惩役刑、监禁刑的假释出狱、拘留和劳役场的假释出场，少年院和妇人辅导院的假释退院。狭义的假释则限定在与刑罚制度相关联的内容，直接采用"假释"一词。[1]

（一）假释的法律性质

1. 刑法规定之假释

日本现行刑法第 28 条规定：被判处惩役刑或禁锢刑，具有悔悟之情，有期徒刑执行经过 3/1、无期徒刑执行经过 10 年者，根据行政机关的处分，予以假释。

单纯从法律条文的表述来看，现行刑法下的假释以"悔悟之情"为核心要件，恩惠色彩强烈。若严格按照刑法 28 条之规定，假释的判断侧重"遵守刑事收容设施内规定、表现良好、具有悔悟之情、业已改善更生"等要素，是一种回顾性的判断。恩惠型的假释虽然已为过去的时代产物，但不可否认，立足于现行刑法规定的解释，必然会导致学理上假释法律性质界定的不明确。

2. 社会内处遇制度与假释

随着 1949 年《犯罪者预防更生法》[2] 的制定和施行，社会内处遇制度确立，假释作为促进罪犯改善·社会复归制度的一环被予以明确。日本假释制度从单纯对刑事收容设施内的良好表现进行奖赏且同警察监督相结合的欧洲型假释，向以服刑人员改善·社会复归为目标的美国型假释转变。此后，针对假释的组织架构和程序规范进行了若干修订，但假释与保护观察相结合的基本构造延续至今，未发生变化。[3]

若考虑"parole 型假释"制度的定位，对刑法规定的"悔悟之

---

① 野村稔『現代法講義』（青林書院、1993 年）384−385 頁〔石川正興執筆〕。

② 「犯罪者予防更生法」（昭和 24 年（1949 年）5 月 31 日法律第 142 号）。现已废止，由 2007 年制定的《更生保护法》代替。「更生保護法」（平成 19 年（2007 年）6 月 15 日法律第 88 号）。

③ 太田達也『仮釈放の理論』（慶應義塾大学出版会、2017 年）155 頁。

情"做更为宽泛的理解，则假释侧重"促进服刑人员社会复归"等要素，是一种展望性的判断。

3. 假释法律性质论争

围绕假释的法律性质，主要存在作为恩惠的假释、作为刑罚执行形态之一的假释、作为刑罚形态之一的假释等见解。所谓"法律性质"，应是根据现行法律规范做出的解释，是一种实然状态的分析，稍加思考，则是否可以认为目前围绕假释法律性质的界定，大多属于一种应然状态的分析？这一疑问有待考究。

（1）将假释视作针对服刑人员的恩惠。这种理论主张已然是过去的时代产物。但鉴于现行法律规范并没有做出修改，且制度运行依然存在消极保守的态势，根据法务省矫正统计显示，实务中初犯者服刑至刑期的 70%、累犯人员服刑至刑期的 80% 才会被考虑申请假释。可以看出，假释的原始恩惠奖赏性质依然在发挥作用，因而在考虑假释问题时，必然要面对这一客观现实。日本刑法第 28 条至第 30 条对假释制度予以规定，内容简单甚至可称为匮乏。面对这样的情况，除了需要根据现行法律规范分析假释制度的基本性质外，还应当考虑围绕假释制度的认识及理念发展，以及假释制度所发挥的实际作用。

目前的争论主要集中于"作为刑罚执行形态之一"和"作为刑罚形态之一"。两种性质的界定，与假释期间（或保护观察期间）等重要概念相连，对于解决假释制度内部矛盾及问题方面具有重要意义。

（2）将假释视作刑罚执行形态之一，则在假释期间内，仍被视作正在接受自由刑的执行，因而刑期不中断，在残刑期间（剩余刑期）届满时，刑罚执行完毕。此时，假释后的保护观察期间必须限定在残刑期间内；否则，超过残刑期间的期间设定有违责任主义刑法的基本理念。

（3）将假释视作刑罚形态之一，则其构成了一种独立刑罚制度。此时倾向于将假释同刑罚的执行犹豫做同一理解：刑罚执行犹豫制度是法院针对自由刑之判决，决定其全部缓执行；而假释则为针对自由刑之判决，决定其部分缓执行。此时，针对残刑的执行进行了犹豫，在执行犹豫期间内付保护观察。如此，保护观察期间则不必限定在残刑期间内，可以根据处遇的必要性和服刑人员的再犯危险性等设定保护观察期间。

初看"刑罚形态之一"的解释，在能够解决保护观察期间过短等实务问题方面具有一定优势。但日本假释的决定机关是行政机关[1]而非司法机关，由行政机关改变法院自由刑判决，究其根本，这一解释目前仍然缺乏理论根据。相较而言"作为刑罚执行形态之一"的解释更具合理性。在日本，并不存在判决的事后修正和再次判决的制度设计，假释根据行政机关的事后判断进行，因而不能推断其为独立刑罚形态，而应该解释为刑罚执行形态。"刑罚形态之一"的解释有其优势，但也不能据此就直接认定可以采用考试期间主义[2]或者设定严苛的特别遵守事项；而坚持"刑罚执行形态之一"的解释，也并非是毫无作为，认定其无法调和假释制度矛盾、无法解决实际应用层面的问题。在此意义上，对两种法律性质解释做无谓争论的意义不大。[3]

（三）小结

如上所述，单纯从现行法律规范解释出的法律性质和目前一般认识层面的法律性质存有偏差。问题在于如何吸收理念发展的先进与合理之处，以现行法律为依托，对制度本身进行修正。例如，如何规定假释要件，以促进其转向实现改善·社会复归的一面；而作为改善·社会复归的一环，如何设置假释期间以保证保护观察的切实有效等。

假释构成行刑领域的一环，以"自由刑执行过程"这样一种设定为前提，假释制度的构建应当满足行刑理念以及刑事政策目的的要求。作为基本刑事法律制度的假释必然要契合正确追究刑事责任，实现服刑人员的改善·社会复归，预防犯罪、保障社会安全的目的。其中，立足于传统责任主义，前述第一项目的是一种回顾性的、消极的进路，以过去的犯罪行为作为标准进行处理；而实现服

---

① 日本假释由地方更生保护委员会决定（更生保護法第16条）。

② 与现行的"残刑期间主义"相对，考试期间主义认为，假释期间或者保护观察期间并不必然要限定于剩余刑期，可以根据服刑人员的具体情况进行设定，包括再犯危险性和社会复归能力等要素。

③ 太田達也『仮釈放の理論』（慶應義塾大学出版会、2017年）20頁。

刑人员的改善・社会复归则是展望的、积极的思维进路①，两种思维进路对立矛盾。再者，如果将追究刑事责任和实现服刑人员改善・社会复归视作偏向于假释制度侧重"个人的"一面，则保障社会安全，实现社会防卫则属于假释制度侧重"社会的"一面②，二者又形成了一对矛盾。假释制度本身所包含的多重目的，其相互间存有矛盾。面对立法规范与普遍认识的差距、实践运行同普遍认识的脱离，重要议题在于立足于假释的基本结构框架，尊重现行法律以及行刑理念的要求，调和假释内部矛盾。对于制度的固有矛盾，推行对策缓解胜于极端消解，合理利用刑事资源解决实际运行问题为上策。

### 三、日本假释制度基本构造分析

习惯上，对于假释基本构造的解析沿袭着刑罚理念、行刑理念的变更而配套进行：某一理念支撑下，出现相配套的假释构造。解析日本"parole 型假释"的基本构造，总的来讲存在行刑制度、假释制度、保护观察制度三大基本要素。借用须々木教授依照"独立性"的标准进行分类论述，即假释制度之于行刑制度的独立与否，假释制度之于保护观察制度的独立与否，以及行刑制度同保护观察制度的关系。经排列组合，这种论述篇幅是极为庞杂的，本文选取假释与行刑制度和假释与保护观察制度两个角度，对日本假释制度的基本构造予以分析。③

---

① 有关回顾性和展望性的思考进路，参考石川正興「受刑者の改善・社会復帰義務と責任・危険性との関係序説」早稲田法学 57 卷 2 号（1982 年）17 頁以下。

② 参考中武靖夫「仮釈放」佐伯千仞等竹田直平博士植田重正博士還暦祝賀『刑法改正の諸問題』（有斐閣，1967 年）180 頁。

③ 将假释作为一种独立处分或是非独立处分的分析方法，参考須々木主一「パロールの目的と構造」早稲田法学 39 卷 1 号（1964 年）50 頁以下。所谓独立性处分是指假释拥有制度自身独有的目的，并且具备为实现该目的的相关制度构成和要件，发挥着其固有的机能。与此相对，认为假释制度是一种非独立性的制度，认为其不具备独立的目的，是在其他制度的目的之下实现假释机能。并且，这种独立和非独立性是相较于假释同刑制度和保护观察制度的关系所言的。例如，认为假释是独立于行刑制度的观点认为，假释的机能不受行刑的指导理念制约，追求其独自的制度目的。若认为假释并非独立于行刑制度，则假释制度受到行刑指导理念制约，其制度运行是服务于行刑制度的目的的。

（一）假释与行刑制度

认为假释独立于行刑制度时，细分为三种不同情况：第一，假释是克服形式正义从而实现具体正义的制度。第二，假释实际上是一种不定期刑制度的实现。第三，假释是促进服刑人员改善更生的一种手段。

1. 假释是克服形式正义从而实现具体正义的制度

对于这一点，论述多集中于"根据服刑人员在刑事收容设施内的具体情况来判断，已经不存在继续服刑的必要"[1]。其背后的理念在于满足特别预防的要求，实现行刑的合理且合目的化。这一观点的问题在于，首先，刑罚执行的必要性要如何判断？对于已无必要（无价值甚或是无意义）的判断标准是什么？笔者倾向以"处遇"一词代替"刑罚执行"的表述，这种表述更为理性客观。传统自由刑执行往往同"监禁""报应""惩罚"等词语相连；而新的处遇理念支撑的刑罚执行同"改善""再社会化"等词语相连，很容易直接产生对传统自由刑执行的负面评价。随着世界范围内刑事政策思潮的影响，新的行刑理念对传统思想产生了很大的冲击，但是传统设施内处遇自有其价值所在，并不能得出新的行刑方式就更为科学、合理这样一种结论。对于刑罚执行必要性的判断需要慎之又慎。

其次，此处涉及刑罚本质同假释的关系，要如何在理论体系中对其关系进行说明。[2] 按照传统理解，刑罚究其本质是一种报复，此时将假释视作服务于特别预防的制度，无法解释在这种报复的实现过程中，提前释放行为的合理性所在。此时，只有将这种释放行为视作一种恩惠奖赏，才能更好地容纳到这一理论体系内。但问题在于，这种思考方式不符合刑事政策思潮发展的要求，也未响应刑事政策动态、发展思维方式的倡导。此外，刑罚的报复是对于犯罪行为的报复而非对犯罪行为人的报复，那么这种对于服刑人员的恩

① 参考小野清一郎『刑法講義総論』（新訂第 15 版）（有斐閣、1956 年）308 頁以下。佐伯千仞『刑法総論』（有信堂、1955 年）251 頁以下。井上正治『刑法学』（朝倉書店、1951 年）278 頁以下。平場安治『刑法総論講義』（有信堂、1952 年）205 頁以下。

② 須々木主一「パロールの目的と構造」早稲田法学 39 巻 1 号（1964 年）52 頁。

惠和奖赏又要作何解释?① 如果将刑罚的本质理解为特别预防的实现，则能够很好地解释这种提前释放行为。只是，这一解释并不符合现行理论之通说②。

2. 假释制度实际上是一种不定期刑制度的实现

这一主张多是从假释制度运行的实际效果来做解释。即"在事前对罪犯的刑事责任进行判断存在一定的界限，而通过假释制度的实施，会得到同采用相对不定期刑同样的效果"③。但是，以结果反推制度性质稍欠妥当。在制度产生之初所赋予其的价值同实际运行过程中产生的价值并不会完全吻合。这一主张混淆了"根据现行法律推演出的法律性质"和"根据实际产生的作用推演出的法律性质"。

立足于刑法第 28 条的规定，若假释作为一种恩惠奖赏实施运行，则并不存在问题，这也是制度产生之初的价值和意义所在。而与此相对的，若将特别预防思想浸入制度价值，则在现实运行中假释就并非一种消极的、恩惠奖赏的存在，而是服务于服刑人员改善·社会复归的一种积极的存在。前一种思考进路是抽象的、静态的思考方式；而后者则是现实的、动态的思考方式。④ 作为基本法律制度创设的假释和实际运行中的假释，其性质可能是不同的，不可等视，也不可混淆，要予以区分。

3. 作为促进服刑人员改善更生的手段

这种解释倾向于将假释视作一种激励机制。通过提前释放/早期释放促使服刑人员积极配合设施内的处遇工作，实现自身的悔悟和更生，维持刑事收容设施内的规范秩序。

其问题在于，首先，对于服刑人员悔悟和改善更生状况的判断尤为困难。对于处遇效果的科学测量评价仍然处于发展阶段，采用的量表和评价系统不尽完善。而行为表现和心理活动是存在偏差

---

① 笔者以为，是否可以将这种恩惠和奖赏视作是对"设施内的良好行为"的奖赏，当然这一想法仍然有待斟酌。

② 相对报应刑思想依然认为刑罚的本质在于报复。

③ 参考冈原昌男「仮釈放制度の運用について」司法研究報告書 24（5）（1938年）15 頁以下。市川秀雄『刑法総論』（春秋社、1955 年）462 頁。植松正『刑法総論』（青林書院、1958 年）369 頁。

④ 参考須々木主一「パロールの目的と構造」早稲田法学 39 巻 1 号（1964 年）54 頁

的，如何避免服刑人员存有欺骗性也是问题，以及设施内的改善更生状况良好并不能直接推导出在社会内也能够顺利地实现社会复归。因此，这种激励机制存在一定的界限。其次，这种激励机制很容易沦为单纯保障刑事收容设施纪律规范的管理工具。假释运行能够产生这种附加价值并无不当，但如果仅仅考虑这一层面而反推整个假释制度价值，从刑事政策学的角度来讲是极为片面的，犹如只见树木，不见树林。刑事政策学的分析进路要求一种展望性的、积极的思考方式，寻求某种目标，产生正作用；而这种为了避免产生副作用的思考方式显然是一种回顾性的、消极的。

除了上述三种见解也有综合评价、折中的论述提出。例如，"对于业已改善更生的服刑人员、为了避免无效的监禁，或者为了让服刑人员产生希望而适用假释"[①]，或者"避免无用的监禁、带给服刑人员希望、促进其改善更生……通过假释的运用，可以避免自由刑执行的弊端并且带有一定不定期刑的色彩"[②]。

以上，承认假释制度的独立性，认为其存在区别于行刑制度理念的自身固有价值时，任何一种解读都存在一定的固有问题。但需要注意一点，即无论提出怎样的见解，假释制度都伴随着对于特别预防思想的考量。特别预防思想并非是专属于新派刑法学者的，即便通说并没有采用教育刑的理念，特别预防思想仍然有其存在的空间，是具备合理性的甚至是具备必要性的。在目前的通说之相对报应刑理论下，将刑罚的本质视作报复，但在刑罚的目的中将一般预防思想和特别预防思想纳入其中得到了肯定。但是，对于报复理念和特别预防思想的理论调和至今仍然没有实现。刑事政策学者石川正兴教授以平野龙一教授的"性格责任论"和团藤重光教授的"人格责任论"为切入点，从"改善·社会复归"和"责任追及"的角度解释其中的龃龉，但分析结果表明，其中仍然存在诸多漏洞和无法自圆其说的情况。[③]

由此可见，站在通说之相对报应刑理念之下，若要保持假释制度的独立价值和内部理论一贯性，只要将假释视作恩惠奖赏便能够

①　小野清一郎『刑法』（有斐閣、1961 年）90 頁。
②　大塚仁『刑法概説（総論）』（有斐閣、1963 年）391 頁。
③　参考石川正興「受刑者の改善・社会復帰義務と責任・危険性との関係序説」早稲田法学 57 巻 2 号（1982 年）18 頁以下。

实现。但是，刑事政策学倡导的思考进路要求一种全体的、动态的视角。除现行法律规范，围绕假释制度的理论发展和其他见解、论述同样需要纳入分析范围内。因而，需要暂时舍弃假释制度的这种独立性要求，将其视作一种非独立性的、同其他制度相结合的制度构成。

（二）假释与保护观察制度

实现特别预防理念的要求，并且从一种展望性的角度来思考假释制度，则其必然要同保护观察制度相结合。对于假释是否有保护观察的问题，平野龍一教授在论述假释目的和机能时指出了如下观点。此处涉及前文所述之假释制度"社会的一面"和"个人的一面"。

假释制度的目的和机能，主要围绕以下四种观点展开：①作为恩惠奖赏的假释。此时的刑罚个别化并非是出于诸如再犯预防的刑事政策考虑，而只是针对刑事收容设施内行状良好的人进行个别奖赏，以维持设施内秩序。此外，此处认为在刑事收容设施内保持良好秩序行为就能够等同于判断在自由社会内也能够达到同样的效果，因而此时的假释，并不必然付保护观察。②特别预防主义要求下的假释。假释制度与改善思想相结合，判断服刑人员能够顺利适应社会时，需要在刑期届满之前予以释放。其目的是为了谋求服刑人员的社会复归，通过实施社会内处遇以更好地实现特别预防的要求。③一般预防主义要求下的假释。满足社会防卫的需求，针对特别预防视角下的"危险分子"，对其进行社会内处遇，促使其能够顺利地进入社会，从而保障社会安全。④作为自由刑执行最后阶段的假释。所有的服刑人员均有必要接受社会内处遇的实施，因而应当实现针对所有服刑人员的假释和保护观察。其中，从恩惠思想和特别预防思想出发所构建的假释制度，其出发点是个人层面的，而一般预防思想和刑罚执行阶段思想下的假释制度，其出发点是社会层面的。① 此时，已经对假释制度的内涵做了更为宽泛的理解，即将"释放"和"保护观察"二者合一理解为假释。

---

① 参考平野龍一『犯罪者処遇の諸問題』（有斐閣，1982 年）43 頁以下；中武靖夫「仮釈放」佐伯千仞等竹田直平博士・植田重正博士還暦祝賀『刑法改正の諸問題』（有斐閣、1967 年）172 頁以下、180 頁。

但上述论述的问题在于，其并非是针对假释本身的分析，而是"将重点置于保护观察，以是否付保护观察来理解假释制度本身"①。从刑法立法规范来讲，保护观察并非是同刑罚（或保安处分）相并列且独立存在的制度，而是作为假释或者缓刑的付随处分出现的。以付随处分为主轴来表述整个假释制度，不免会造成一种本末倒置的嫌疑。那么反过来讲，如果保护观察制度也具备自身的独立性，则是否就不存在问题？

保护观察制度存在基本的法律依托、有着完整的人员和组织配备，即使是作为"付随处分"出现，保护观察仍然存在其固有的活动领域，发挥着其固有的价值和机能。尤为重要的一点是，在考虑假释期间（保护观察期间）的问题时，其设定是为了满足保护观察制度本身的目标追求：保护观察是区别于刑罚的一种独立处分，由于存在继续实施保护观察的必要，因而设定了超越剩余刑期的假释期间。这也是一种脱离传统行刑领域来考虑假释期间问题的分析进路。

由于保护观察制度是独立制度，因而自然可以通过是否有必要付保护观察来解释假释制度的原理。那么上述的疑虑就能够消解。但是，重要的并非是讨论主要和付随制度之分，而是需要动态地来观察整个假释制度。如果停留于静态的思考方式，则假释和保护观察就沦为一种机械的、单纯的制度叠加，这显然是不合理的。日本假释制度的复合构造，其价值和魅力在于两种制度有机的、动态的联系。当考虑假释满足特别预防要求时，保护观察作为一种付随处分，成为制度实现改善·社会复归的手段方法；当想要重点分析保护观察制度时，则假释就成为能够促使保护观察实现的途径。

以上，本文第二部分对假释＋保护观察的基本构造进行了若干分析，并强调尊重现行立法规范，结合刑事政策学动态的、展望的分析思路的立场。从刑事政策学的角度分析假释制度的合理性和必要性自不必说，笔者认为，在对假释制度的讨论分析往复循环于刑罚理念变更、新兴处遇理念的兴起和回潮的状况之下，以刑事政策学的进路出发，或许能够获得一些新思路。

---

① 須々木主一「パロールの目的と構造」早稲田法学 39 卷 1 号（1964 年）70頁。

## 四、刑事政策学的分析思路

刑事政策的指导理念构成了刑事政策学的出发点，也成为其最后的归结点。以刑事政策学的思考进路出发，首先需要对刑事政策的体系进行总体把握。其思考的出发点在于对刑事政策制度的认识和对刑事政策活动的认识。从这一层面上来讲，刑事政策学是一门认识科学。而作为认识科学的刑事政策学在方法论上的特征，就在于其研究对象之刑事政策是一种社会现象（或社会事物）。第一，社会现象永远伴随着价值关系，需要始终坚持一种价值衡量的态度。第二，社会现象的存在具有一定的时空限制，除了思考该事物原本所具备的意义之外，还要思考在现阶段语境之下该事物的价值意义。第三，对于刑事政策的认识，必须要秉持一种全体的、动态的考察视角。[①]

（一）作为指导理念的人道主义和科学主义[②]

1. 人道主义

假释作为一项行刑制度安排，涉及对人的处遇。即便刑罚是针对犯罪行为，追究的是行为责任，但矫正、改善以及实施处遇所附带的恶害性和利益性都是直接施与人本身的。例如，在针对是否有必要导入必要假释制度时，反对理由之一就在于必要假释制度的机械操作有违假释制度的初衷。假释制度是一种针对服刑人的、具有个案分析因素的制度，而非将所有对象等同化，做同样的处理。要注意，人道主义并不等于博爱主义[③]，刑罚的轻缓化并不能成为刑罚人道主义的唯一指标，以刑罚制度、行刑制度的科学合理设置为前提，才能够真正实现对于人的尊重，实现人道主义。假释作为自由刑执行阶段的一项制度安排，从设施内到中间处遇直至社会内处遇，人道主义贯彻始终。

① 須々木主一『刑事政策』（成文堂、1969年）17頁以下参考。
② 須々木主一「パロールの目的と構造」早稲田法学39巻1号（1964年）27頁以下。須々木主一「刑事政策論における処遇理論の方向」罪の罰24巻2号（1987年）7頁以下参考。須々木主一「刑事政策学の課題—刑事政策の対象化・客観化の主張として—」早稲田法学47巻2号（1972年）67頁以下参考。
③ 須々木主一「パロールの目的と構造」早稲田法学39巻1号（1964年）31頁。

2. 科学主义

假释制度的构建需要一种科学态度，但并非是科学万能主义，认为数据能够说明一切。[①] 日本的矫正体系和保护体系存在大量的统计和分析数据，在面对假释率、再入率、再犯率等数据变化时，科学主义要求秉持谨慎态度，力求更加精细和准确的制度安排。但是，在制定具体规则时，依然要将目光放置整个刑事司法体系内，联系到实际的裁判量刑状况、刑罚执行状况等。

（二）刑事政策评价标准之合理性、相当性、补充性[②]

1. 合理性

合作性笔者做"有效性"理解。刑事政策活动是一项目的活动。围绕假释制度，无论是为了缓解监狱过剩收容，还是更好地实现罪犯改善更生，甚至是实现社会防卫，都是假释制度所具备的目的，只是根据时空不同而有所变化。目的活动需要根据实际情况做出合理性安排，满足成本效益最优的原理来合理配置刑事资源。"parole 型假释"制度，其施行有赖于社会内处遇资源是否充沛，在充分的人、财、物力的支持下，保护观察能够切实有效实施，假释制度才能充分发挥作用。围绕假释制度的修正，需要考虑可行性、运行成本等与合理性标准相关的因素，有别于纯粹理论的、思辨的分析。

2. 相当性

相当性笔者做"正当性"理解。刑事政策所包含的犯罪对策，牵涉人类社会的诸多事物及现象，仅依据合理性支撑显然不足。甚至处遇政策大多数情况下以公权力为背景，直接或间接影响对人的自由的限制、对具体权利的尊重。假释所付保护观察即是例证，无论怎样强调保护观察制度改善·社会复归的目标追求，对该项制度所能够产生的一系列效果进行客观评价便能够发现，保护观察构成了对假释人员的一种限制，伴随一定的不利因素。[③] 更甚者，当假

---

① 参考须々木主一「パロールの目的と構造」早稲田法学 39 巻 1 号（1964 年）7 頁以下。

② 参考须々木·前揭注（1）31 頁以下。

③ 包括保护观察过程中产生的对于假释人员的监督、干预、要求定期报告、规定遵守事项等。

释被取消时，则明显地构成了一种"不利措施"。① 相较于传统监禁刑，保护观察所伴随的限制几乎不构成不利，其影响可以说是微乎其微。但笔者认为，仅仅考虑监禁程度高低的量化比较不免片面，在考虑假释付保护观察时，需要谨慎对待保护观察所伴随的客观不利因素。

### 3. 补充性

补充性笔者做"限制/界限性"理解。具备目的的正当性，并不能成为制度推行的无限扩张的正当根据。面对刑事政策的合理性和正当性，无论是制度构建还是具体活动，都需要划定必要界限进行规制。关于假释付保护观察，实践层面的问题集中于保护观察期间过短，无法保证有效保护观察活动的实施。但是，以"保护观察实际上构成了对假释人员的一种帮助、利益"为理由，肆意地延长保护观察期间则会导致更为严重的后果。刑罚的效用存在界限，这种保护观察的效用亦然存在界限。

## 四、结语：中国导入社区矫正制度后假释制度改革的未来展望

我国假释制度在理论构架和实际运行政策层面仍处于建构期，但这种不成熟同时也提供了更多的可能性，日趋理性的犯罪观和刑罚观为改革提供了许多有利土壤。随着社会内处遇制度的发展，尤其是社区矫正专门立法的推进，构建假释—社区矫正联动的假释制度不失为一种优选。而日本假释—保护观察的复合型构造，或许能够为我国假释制度的改革提供若干参考。

### （一）建立健全刑事立法政策

日本行刑法律规范体系的完备，为假释制度提供了规范支持。自 1880 年旧刑法正式将假释规定其中，假释已经成为刑法立法规范的必要论证课题。1907 年现行刑法虽然在形式要件方面稍做宽缓，但以目前假释制度的发展状况来反观立法规范，其仍然滞后、单薄。第二次世界大战后《犯罪者预防更生法》施行，假释作为改

---

① 参考勝田聡・羽間京子「仮釈放者と執行猶予者の保護観察処遇の相違について―刑罰の基本原理を踏まえた考察―」千葉大学教育学部紀要 61 巻（2013 年）346 頁以下。

善·社会复归一环的作用被明确规定①。第二次世界大战后六七十年代的刑法改正事业中，对假释制度以专章规定，试图通过修改假释要件，阐明假释法律性质的更新。虽然刑法改正事业并未最终实现刑法规范的更新，但 1974 年依然根据下级法令《关于假释与保护观察等的规则》的规定实现了假释要件的充实。2008 年《更生保护法》施行，假释要件时隔 35 年再次修订，通过对照具体规则，再一次重申假释法律性质更新的课题延续至今。

我国假释制度以 1997 年修订后的《刑法》第四章第七节为基石，2011、2012 年对现行假释制度进行了较大幅度的调整和改革，颁布《刑法修正案（八）》和修订《刑事诉讼法》，并新颁布《最高人民法院关于适用〈中华人民共和国刑事诉讼法〉的解释》《最高人民法院关于办理减刑、假释案件具体应用法律若干问题的规定》和《社区矫正实施办法》。2014 年颁布《关于减刑、假释案件审理程序的规定》和《人民检察院办理减刑、假释案件规定》，对假释程序问题以及法律监督进行了具体规制，制度构建更加细化。在法律中正式将假释罪犯纳入社区矫正范畴，初步实现了假释同社会内处遇制度的结合，但从目前立法的形式来看，关于假释的规定零散分布在多个法律、法规、司法解释之中，没有统一的规划，假释制度运行相关部门各依其法的情况还较为普遍。

立法规范的滞后直接导致假释法律性质的不明确，进而影响了具体制度的设计。我国假释的刑法规定同日本有相似之处，以"认真遵守监规，接受教育改造，确有悔改表现，不致再危害社会"的回顾性要件为中心。社区矫正虽已写入刑法，但着眼于假释制度本身，其作为促进服刑人员改善·社会复归制度一环的作用并未完全体现出来。日本相对完备、成熟的社会内处遇制度及行刑法规体系支持其"parole 假释"制度的结构趋于稳定，即便是这样，法律性质的不明确仍然导致了诸多问题。我国在构建假释—社区矫正联动的假释制度时，应当吸取这种经验，在立法规范层面，最大限度地对假释作为社会复归制度一环的作用予以明确，并在今后的社区矫

---

① 《犯罪者预防更生法》第一条规定："本法旨在帮助犯罪人改善更生，恰当适用恩赦、针对假释及其他相关事项制定公正恰当的规定，促进犯罪预防活动的进行以实现保护社会（社会防卫）、增进个人及公共福祉的目的。"在目的条款中明确表明假释及保护观察作为罪犯改善更生和社会复归制度一环的性质。

正专门立法中专章规定假释制度，促进假释－社区矫正结合构造的形成和完善。

（二）明晰假释法律性质

为了明确假释制度的法律性质，必然要厘清特别预防理论在刑罚领域尤其是行刑领域内的理念定位。特别预防理论在相对报应刑通说之下，实现理论调和是尤为困难的，尤其是在坚持假释的改善·社会复归性质时，立足于目前的刑法条文以及学理通说，很难实现内部的理论一贯性。相较于日本，中国的假释制度发展相对滞后。观念上，恩惠奖赏的色彩强烈；运行上，消极的运用态势尤其明显①。理论层面我国也面临着同样的难题，即如何为假释－社区矫正的复合构造提供内部的理论根据。社区矫正制度的导入能够促进假释制度发展，但并不能直接说明假释法律性质的趋合理性变化。需要对刑罚观念、行刑观念进行梳理，在正确认识中国假释制度构架、社区矫正制度构架的基础之上，实现假释理论的内部逻辑自恰。

（三）假释模式论争

日本假释制度在司法权和行政权方面的冲突，导致了只能在极其狭窄的范围内对假释性质予以界定。中国的假释决定权隶属于法院，虽然存在着诸如审查形式化、片面化等问题，但至少司法权和行政权的冲突不至于过激，因而仍然有足够的空间来对假释制度内部进行合理化的配备。就我国的法律传统和文化心理而言，大多数实务工作者均将假释视为司法权，而非行政权。但严格来讲，我国的假释模式也并非完全的司法模式，而只是在向司法模式靠拢。因此，在假释司法模式改革进程中需要注意：第一，法刑关系中，法院司法监督，行刑机关具体执行。裁判权是刑事司法机制中的核心权力，居于主导地位，行刑权力是次要性权力，行刑权从属于裁判权。第二，检刑关系中，检察机关行政主位，行刑机关行政次位。行刑机关与检察机关的关系实质上是一种主位的行政权力对另一种次位行政权力的行政监督。②

---

① 陈治军，陈梦琪：《关于依法逐步提高假释比例的思考》，载《犯罪与改造研究》2018 年第 10 期，第 12－13 页。

② 参见孙琳：《减刑假释程序研究》，中国人民公安大学出版社 2011 年版，第 175－176 页。

上文提及，若将假释视为刑罚形态之一，视作刑的部分缓执行，则能够在一定程度上缓解假释保护观察期间的问题。但由于假释决定机关是行政机关而非法院，因而这种解释不被接纳。在中国，假释决定机关为法院，是否就能够直接对假释做出刑罚形态之一的解释，从而脱离剩余刑期，裁量决定假释期间？笔者认为，假释决定机关究竟在于法院还是行政机关并不能直接决定是否能够延长假释期间。究其根本还是在于对于延长期间的合理解释，理论根据为何。此外，我国通说认为社区矫正为刑罚执行形态之一①，接受社区矫正的服刑人员仍然被视作是在服刑期间内。因而，在构建假释－社区矫正复合型假释制度时，应当谋求理论一惯性，坚持假释作为刑罚执行形态之一的解释。

2013 年日本导入部分缓刑制度②，法院针对宣告刑的一部分进行犹豫（犹豫刑），延续未被犹豫的部分（实刑）的执行，设定一定的犹豫期间，期间内接受保护观察。若部分缓刑未被取消，则缓刑期间经过，犹豫刑的部分丧失效力，相当于减轻至实刑部分的刑期。若称假释为刑的事后犹豫，则部分缓刑即为刑的事前犹豫。根据日本法务省的统计，目前假释的保护观察期间平均长度在数月至半年，假释人员在保护观察期间内的再犯率低，而在假释期间结束，释放后的第二年开始，再犯率明显增加，释放后五年之内重新收容于刑事收容设施的比率达到了近 30%。③ 这说明，目前假释中的保护观察体制确实起到了一定的再犯预防效果，但同时也说明了保护观察期间过短的问题。在部分缓刑制度之下，紧接实刑部分的执行，能够设定一定的缓刑期间并付保护观察，达到了与采取考试主义期间相同的效果。部分缓刑制度下，犹豫是法院做出的缓刑判决，因而也不存在考试主义之下行政机关改变司法处分不当的这一难题。部分缓刑制度在一定程度上缓解了日本过短的假释期间的问题，也为克服假释制度的界限提供了一个新的思路。其并非是单纯的自由刑执行方法的一种，深究其内涵，该制度构成了"刑事设施

---

① 参见吴宗宪主编：《社区矫正导论》，中国人民大学出版社 2011 年版，第 6—7页。

② 2013 年 6 月 13 日，日本第 183 次国会通过了《刑法等的部分修正律案》和《有关违反药物使用犯罪的部分缓刑法律案》导入了"部分缓刑制度"。

③ 参考日本法务省『2017 年保護統計』、『2017 年矯正統計』。

收容向社会内处遇转变"的二者组合式的新型刑罚制度。在我国行刑改革进程中，如何摆正社区矫正位置、如何将假释同社区矫正制度结合并发挥作用、假释期间/社区矫正期间的设置，等等，日本假释制度面临的诸多问题同样也是我国需要思考的。他山之石可以攻玉，这一刑罚判决的新型选项，亦然也可供我国参考。

（四）刑事政策学的分析进路

日本自 1897 年起，即出现了"刑事政策""Kriminalpolitik"的译语和介绍。围绕刑事政策、刑事政策学的研究和发展历史较为久远。上文提及，假释制度在一定程度上反映了刑事制度、刑事立法政策、刑事运用政策的动态关系。将假释制度纳入刑事政策体系内予以分析和探讨的研究并非罕见。相较而言，研究中国的假释制度时，直接站在刑事政策的角度予以分析仍属罕见，更多的是将刑事政策直接等同于行刑理念、社会复归理念思潮的进入和相关影响，或者是集中于刑事运用政策层面的探讨。本文以为，强调刑事政策学展望的、积极的分析思路，能够为假释制度的剖析提供一些新的灵感和思路。因而在今后对国内社区矫正制度/社会内处遇制度以及假释制度进行分析时，多挖掘分析进路和思考方式尤为必要，这也依赖于刑事政策学整个体系论、制度论的构建，来日可期。

# 判例评析
## CASE LAW

公共财政支出与政教分离
——爱媛玉串料诉讼　付　强

# 公共财政支出与政教分离
## ——爱媛玉串料诉讼

付　强*

最高裁判所大法庭 1997 年 4 月 2 日判决

最高裁判所民事判例集 51 卷 4 号 1673 頁

## 一、案件经过

### （一）事实关系

白石春树在担任爱媛县县知事的 1981 年至 1986 年的五年之间，爱媛县东京事务所所长中川友忠分九次为宗教法人靖国神社所举办的春季或者秋季的例行大祭祀活动捐献了共计 45000 日元的玉串料①，与此同时还分四次为 7月举行的慰灵祭捐献了共计 31000 日元的献灯料。此外，爱媛县生活福祉部老人福祉课的职员泉田洋一、须山晋吾（判决当时已故）、武田幸一、山田清和八吹贯一，先后九人次，为宗教法人爱媛县护国神社捐献了共计 90000 日元。上述各项支出，均由爱媛县的公共财政负担。爱媛县县民安西贤二等共计 18 人，以上述公共财政支出违反宪

---

* 付强，早稻田大学法学研究科宪法学专业博士研究生。

① 玉串料涉及神道祭祀活动，关于祭祀活动的内容在此不做详细介绍，读者可以将玉串料简单理解为祭祀活动时购买供奉物品的香火钱。后文中出现的献灯料，也可以理解为类似的概念。

法 20 条 3 项和 89 条为理由，根据地方自治法 242 条 (2) 第 1 项第 4 号，提起了住民诉讼，要求代位损害赔偿。

（二）下级裁判所判决

在第一审中，松山地方裁判所的判决如下："本案支出不仅在目的上具有宗教意义，还对靖国神社和县护国神社的宗教活动产生了援助、助长和促进的效果。由此产生的县当局和靖国神社以及县护国神社之间的联系，参照日本的文化与社会状况，已经超过了必要的限度，属于宪法 20 条 3 项所禁止的宗教活动，因此断定本案中的公共财政支出违法"。

被告方（县当局）不服，上诉至高松高等裁判所。高松高等裁判所认可了县当局的主张。高松高裁认为，本案的公共财政支出"虽然拥有一定的宗教意义"，但是在一般市民看来不过是一种"社会性的礼仪性的"行为，县当局的行为也并非发自对宗教的关心，不过是将此作为"战争遗属支援的一环"在执行，支出的"金额也没有超出社会礼仪的限度"，并不会产生导致国家神道复活的风气，所以"不构成对特定宗教的援助、助长和促进或是对其他宗教的压迫与干涉"，因此本案的公共财政支出并不违反宪法 20 条 3 项与89 条。

原告方（县民）对高松高裁判决不服，上告至最高裁。

## 二、最高裁判所判决要旨

（一）国家的宗教中立性与政教分离的历史意义

一般而言，"政教分离意味着国家对宗教本身不进行干涉，保证国家的非宗教性或者宗教中立性"。明治宪法体制下，"国家神道被赋予了事实上的国教地位"，"信仰的强要"和"对一部分的宗教团体的严酷的迫害"时有发生。因此，新宪法"无条件地保障信教的自由，在此基础上为了使保障更加坚实，还新设了政教分离的规定"。因此政教分离应当被认为是将"国家与宗教的完全分离作为理想，旨在确保国家的非宗教性或是宗教中立性"。

（二）制度性保障论和完全分离的不可能

"政教分离规定原本是所谓的制度性保障规定，不是用来直接保障宗教信仰自由本身的，而是通过将国家与宗教的分离作为一种制度进行保障，间接地来确保对宗教信仰自由的保障" 在现实的国家制度层面，"要实现国家与宗教的完全分离，实际上几乎是不可能的"，"如果要在社会生活中完全贯彻政教分离原则的话，在社会生活的各个方面反而会不可避免地出现很多不合理的事态。"因此，"政教分离原则虽然要求国家在宗教上的中立性，但是并非完全不允许国家和宗教之间的相互关系"，而是"参照行为的目的与效果"，"参照…社会与文化状况，当其被认为超过了相当的限度，则是不被允许的"。

（三）目的效果基准与公共财政支出

"宪法20条3项所说的宗教行为，并不是指国家及其机关在其活动中和宗教产生相互关系的所有行为，而是应该仅限于这种相互关系超过了…必要的限度，且该行为的目的具有宗教的意义，对宗教产生了援助、助长、促进或者压迫、干涉等效果"时，该行为才应当被解释为宗教行为。"当判断公共财政的支出行为过程中国家与宗教产生的相互关系是否超过相当的限度时"，也应该"采用和上述相同的基准"。

（四）本案公共财政支出的违法性

接受公共财政捐款的"靖国神社和县护国神社都是宗教法人，明显都构成宪法20条1项后段所说的宗教团体"，"众所周知，在神社神道信仰中，举行祭祀是最核心的宗教活动，而例行大祭祀和慰灵祭又是按照神道方式举行的祭祀中最核心的"活动。此外，玉串料作为祭祀中供奉在神前的祭品，"明显可以被认为具有宗教意义"。因此，"县当局和特定的宗教团体举行的宗教仪式之间存在相互关系是非常明显的"。"在神社内举行的祭祀活动"和在工地祈求施工平安无事的仪式"明显不同"，即使随着时代的推移，也不能认为这种活动已经成为宗教意义淡薄的惯习式的社会礼仪，"这种行为也很难被认为已经被一般市民看作是一种礼仪性的世俗行为"。此外，"在本案中，县当局对其他宗教团体举行的同种类的祭祀活动也同样进行了公共财政支出这一事实是不容置疑的，因此县当局无法否认自己确实与且仅与某些特定的宗教团体间拥有着特殊的相互关系。"因此，本案中县当局的行为，给一般人造成了"县当局对特定的宗教团体进行了特别的支援，这些宗教团体和其他宗教团体不同，是某种特殊的存在这一印象，唤起了人们对特定宗教的关心"。

"诚然，靖国神社和护国神社供奉着大量的二战死难者，以死难者遗属为代表的爱媛县民中相当的一部分人，希望在县当局以官方立场对被供奉在靖国神社的死难者进行慰灵，然而这并不一定是将死难者作为信仰的祭神对象来看待，而是怀着思念故人的心情希望县当局这样做的…然而参照宪法的制定经过，即使有相当多的人这样希望，也不意味着因此地方公共团体和特定宗教的相互关系超过相当限度一事是被宪法所允许的。""此外，有人将捐献给神社的玉串料和逝者葬礼时赠送的香典进行对比，然而一般理解上，香典是为了对逝者表示哀悼和对遗属的慰藉之情而赠与遗属的，并不是给操办葬礼的宗教人士和宗教团体的援助，在一般人评价看来，这与在宗教团体举行祭祀时捐赠给宗教团体本身的玉串料，完全不是同一种东西。因此，本案中捐献玉串料的行为，就算其直接目的是为了对死难者进行慰灵和宽慰遗属，也不能被认为…其不违反宪法。"

"综合以上情况判断，县当局在本案中向靖国神社或者护国神社捐献金钱的行为，其目的不可避免地具有宗教意义，其效果应当被认为对特定宗教形成了援助、助长与促进的效果，由此产生的县当局与靖国神社之间的相互关系，参照日本的社会文化状况，超过了相当的限度，属于宪法 20 条 3 项所禁止的宗教活动。由此，本案的公共财政支出，是为了进行宪法所禁止的宗教行为而发生的，因此也是违法的。"

## 三、评析

### （一）目的效果基准与违宪判断

日本国宪法第 20 条 1 项后段、20 条 1 项和 89 条，分别规定了禁止国家赋予宗教特权、禁止国家进行宗教活动和禁止国家对宗教进行公共财政支出，这三项规定共同构成了日本国宪法所谓的政教分离原则。如果对宪法条文进行严格解释，那么日本可以被认为是世界上有关政教分离规定最严格的国家之一。然而在津市地镇祭诉讼判决①中，日本最高裁并没有遵循宪法原文进行严格解释，而

---

① 最大判 1977 年 7 月 13 日民集 31 卷 4 号 533 頁以降。

是采取了相对松散的"目的效果基准"。即，承认"国家与宗教的完全分离几乎是不可能的"，在这一前提下，政府的特定行为即使在外观上违反了上述三条规定，即国家和宗教之间的存在一定的相互关系（かかわり合い），也并不直接构成违宪，而是要参照该行为的目的与效果，当该行为具有宗教的目的，且对宗教产生了"援助、助长、促进或者压迫与干涉"的效果时，则认为这种相互关系是"超过限度的"，只有在此时，该行为才构成违宪。

关于目的效果基准，有以下几点需要注意。

第一点，目的效果基准一般被认为是脱胎于美国的莱蒙基准（Lemon test）的判断基准，即从目的的世俗性、效果和国家与宗教的过度的关系性出发进行判断的基准。不过，莱蒙基准和目的效果基准还是存在着一定的不同。莱蒙基准要求政府行为同时满足目的的世俗性、没有产生助长的效果和不存在过度的关系性这三个要件而最高裁的判断构造内，目的效果两个要件即使没有同时满足也可以被判定合宪①。因此最高裁的判断基准虽然脱胎于莱蒙基准，但相比严格的莱蒙基准，其对政府行为的约束要松散的多。

第二点，日本国宪法涉及政教分离的三条规定，对应的是不同的政府行为，换言之，宪法文本所设想的违反政教分离规定的政府行为应当是多样的，而最高裁的迄今为止的判决中，存在着将这些行为类型放到一个统一的框架下审查的倾向②。这种一刀切的基准本身是否恰当，也是值得商榷的。

第三点，樋口阳一曾经从根本上对国家行为的目的是否具有宗教性这一判断基准提出过质疑。即，

"如果将…目的…作为问题的焦点的话，确实，这一目的并不是宗教性的。然而，归根结底，恰恰因为政教分离就是旨在否定政治权力与宗教结合的原则，因此政治本身如果基于政治上（军事上）的目的而将宗教作为手段使用的话，先于目的效果基准，就已经应当被认为违反了政教分离原则"③

换言之，政教分离本来就是为了禁止国家权力与宗教相结合，

---

① 阪口正二郎「愛媛玉串料訴訟判決を振りかえる」論究ジュリスト（17）（2016）62—63 頁参照。

② 同上、71 頁参照。

③ 樋口陽一『憲法（第三版）』創文社、（2007）227 頁

为了一个政治上的目的，为什么非要采用宗教的手段不可？最高裁的这一目的效果基准，实质上是对目的的正当性和手段的正当性这两个概念进行了混淆与偷换。

虽然存在很大的批判的余地，但是这一基准还是被确定了下来。后来的山口自卫官合祀事件判决①、箕面忠魂碑诉讼判决②等一系列判决都基本承袭了这一思路，爱媛玉串诉讼自然也不例外。

爱媛县当局主张，向靖国神社供奉玉串料的行为不过是"社会性礼仪性的行为"，自己的行为不存在宗教目的，因此不构成对违反政教分离的原则。最高裁从如下几个方面对县当局的主张进行了反驳。

首先，在外观上，县当局和"特定的宗教团体举行的重要的宗教仪式之间存在非常明显的相互关系"。其次，即使随着时代的推移，这种行为也很难被认为已经被一般市民看作是一种礼仪性的世俗行为。最后，这种行为还给一般市民造成了县当局对这一特定的宗教进行了特别的支援，因此该宗教与其他宗教不同的印象，并唤起了大家对这一特定宗教的关心。综上，可以认为该行为抱有宗教性的目的，并产生了援助、助长及促进的效果，构成了宪法 20 条 3 项所禁止的宗教行为。同时本案中的公共财政支出也违反了宪法第 89 的有关规定。

显而易见，本案在判断手法上几乎完全承袭了从国家与宗教的相互关系入手，并从目的和效果这两个角度审查这种相互关系是否超过必要限度的这一思路，在这个意义上，爱媛玉串并没有创设出任何新的基准，而是对旧有的基准再一次进行了确认③。

该判决在承袭了前例划定的判断基准的基础上，做出了和前例完全不同的判决，这也让该判决成为日本战后首个和政教分离问题相关的违宪判决。不仅如此，该判决也是日本战后首个精神自由（日本国宪法 19 条、20 条、21 条）相关的违宪判例。在承袭前例的基础上，可以认为最高裁采用了主要事实不同（distinguish）的审查手法，即本案中的主要事实与前例有重大不同，不适合直接适

---

① 最大判 1988 年 6 月 1 日民集第 42 卷 5 号 277 頁以降。
② 最判 1993 年 2 月 16 日民集 47 卷 3 号 1687 頁以降。
③ 林知更「判批」法学協会雑誌 116 卷 8 号 187 頁参照。

用前例的判决结果。这一手法出现于英美法系，日本虽然不是判例法国家，但是由于裁判所法 4 条所规定的最高裁判决的约束力，最高裁的判决仍然具有很高的约束力①。事实上，战后最高裁自身承认的判例变更凤毛麟角，这也为主要事实不同这一判断手法提供了温床。在津市判决和本案中，政府在外观上都进行了"宗教行为"，从这一点上两例个案似乎并无不同。然而在本案判决中，最高裁指出了两点主要不同点。首先，津市案中的地镇祭是在施工现场举行的，而本案中的各种祭祀活动则都是在宗教设施内进行的。其次，在上述基础上，最高裁进而论证，津市的地镇祭的目的更为世俗，而本案牵涉的祭祀活动的宗教色彩远比津市当时的祭祀活动浓厚。通过这样的一道工序，最高裁将津市的案件与本案区分开来，下达了违宪判决。

有关本案的判断基准，户松秀典认为，该案判决手法还看到了 Lynch v. Donnelly 判决②中的官方背书判断基准（endorsement test）影子，这一倾向还需要在今后的案件中进一步观察③。然而随着空知太神社事件判决④的出炉，最高裁有关政教分离的判断基准出现了重大变更。即目的效果基准已经在很大程度上被"综合判断"这一手法所取代，比起整齐划一的基准论，空知太神社判决最高裁的法庭意见认为，对于政府的类似行为是否违宪，应当参照该宗教设施的性质、事件的经过、政府援助的样态和一般人的评价，从社会一般观念出发进行评价。因此，户松秀典所提出的假说，我们已经无从验证。

（二）本案判决的社会意义

二战新宪法体制下，保守势力妄图恢复战前靖国神社地位的反动从未停止，50 年代末至 70 年代初，有关靖国神社的国家护持的论调开始涌现。1956 年 1 月，日本遗族会最早提出了对靖国神社进行"国家护持"的要求，同年 3 月，自民党发表了"靖国社法草案要纲"，社会党也随之发表了"有关靖国平和堂的法律案要纲"，

① 有关最高裁判例的约束力问题，参照早瀬勝明「裁判官が判例に拘束される理由」千葉大学法学論集 第 29 巻第 1・2 号（2014）67—68 頁

② Lynch v. Donnelly, 465 U. S. 668 (1984).

③ 戸松秀典・別冊ジュリスト 186 号 101 頁参照。

④ 最大判 2010 年 1 月 20 日民集第 64 巻 1 号 1 頁以降。

1957 年，靖国神社自身也发表了"靖国神社法案大纲"，上述三个文件，在细节上虽有区别，但都表达了将靖国神社重新国有化的要求。这些提案最终都没有得以实现，然而进入 60 年代，类似的"国家护持"的呼声再次高涨。1968 年 6 月，自民党再次提出了新版本的靖国法案。该法案第一条的主旨便是强调靖国神社祭奠为国捐躯者的"英灵"属性，然而却又在同法案第五条中明确地否定了靖国神社的宗教属性，一方面不愿意放弃"神社"这一称谓，另一方面又否认其宗教属性，不可不谓之自相矛盾。如果这个法案以这样的形式被提出，那么显然拥有极高的违宪嫌疑，这一荒腔走板的法案一经提出就遭受了重大争议，连续四次在众议院遭到否决后，在 1974 年于众议院内阁委员会被强行通过。然而随后，作为立法的事前审查机关之一的众议院法制局立即提出了《靖国神社法案的合宪性》这一文件，该文件提出了"旨在保证靖国神社非宗教性的各项条件"，这些条件包括①放弃教化信徒和抽签在内的传教活动②放弃推广神道③用祭奠英灵的语言代替宗教上的祝词④废止一切降神升神的仪式⑤改变驱邪仪式的做法⑥拜礼形式的自由化⑦变更神职人员的名称。只有满足了上述严苛的条件，该法案才有可能被通过。这封意见书直接导致了支持国家护持的势力内部出现分裂，该法案最终没能通过 1976 年 6 月 3 日的参议院决议，成为一纸空文。[①]

　　靖国神社国家护持的立法案虽然最终被挫败，自民党却又开始酝酿新的计划。1978 年二战胜利纪念日这一敏感的日子，中日和平友好条约签订仅仅三天后，时任首相福田赳夫乘坐公务用车，在官厅派遣秘书的陪同下，参拜了靖国神社，并在入口的登记簿上写下了"内阁总理大臣福田赳夫"。乘坐公务用车在国家公务员的陪同下以"首相"的身份参拜靖国神社，在日本国宪法 20 条第 3 项，国家及其机关不得进行宗教行为的语境下，可谓一石激起千层浪。出于中日关系尚处在蜜月期，这一事件最终没有发展成外交风波。然而保守势力的行为并没有收敛，同年十月，靖国神社将十四名甲

---

① 以上段落参照别枝行夫「靖国問題の視角――首相の靖国参拝とその背景」東京女子大学比較文化研究所紀要（70）（2009）36−38 頁。

级战犯作为"昭和的殉难者"进行了秘密合祀。①

在几乎同一个历史时期，各个自治体也开始展开了所谓的"靖国神社公职参拜请愿"（靖国神社公式参拜要请）运动。1980 年前后，日本多个自治体通过了决议，旨在提出要求天皇和首相进行公职参拜的请愿。事实上，在中曾根康弘于 1985 年公职参拜靖国神社之前，日本各地已经有 37 个县 1500 余个市町村通过了类似决议。② 可见从地方到中央，日本的保守势力已经形成了合力，拥有了相当大的影响力。

正如前文所总结的那样，本案虽然并没有引入新的违宪判断基准，仅仅是通过主要事实不同的手法，在先例所划定的语境中下达了违宪判决，从纯粹的法律意义上，并无新鲜之处。然而本案的背后，一场保守主义运动已然使日本国宪法陷入危机。本案中爱媛县当局的行为恰恰就是这场保守运动的一个组成部分，如何对应这种局面，也成为对最高裁的考验。最高裁的裁判官们是以怎样的心境完成判决的，如今已经不得而知，从结果上来看，这一判决之后，日本各地方当局使用公共财政向靖国神社以及护国神社进行捐助的违宪行为得到了极大的遏制，一场宪法危机得以被化解。因此，可以认为，本案的社会意义，在很大程度上甚至高过了本案本身的法律意义。日本虽然多年来不断强调裁判官乃至司法本身的政治中立性。然而这种所谓中立性的表达本身拥有多少说服力姑且不论，维护宪法这一有关宪法的规范性主张被描述成了"在政治上缺乏中立性"可谓荒谬之极。而且，正如前最高裁裁判长官矢口洪一所说，"当违宪审查权被赋予最高裁判所的那一刻，最高裁就不再是一个纯粹的司法机关了，而拥有了一定的政治机能"③。关于最高裁本身应该承载什么样的机能的争论，还远远没有落下帷幕。

（三）政教分离原则的性质与最高裁的"制度性保障论"

在本案的判决中，"制度性保障论"再次被提及。按照最高裁的解释，所谓的制度性保障，"不是用来直接保障宗教信仰自由本

---

① 别枝行夫「靖国問題の視角－首相の靖国参拝とその背景」東京女子大学比較文化研究所紀要（70）（2009）39 頁参照。

② 以上段落参照後藤光男『政教分離の基礎理論』成文堂（2018）223－224 頁。

③ 『矢口洪一（元最高裁判所長官）オーラル・ヒストリー』政策研究大学院大学 C.O.E. オーラル・政策研究プロジェクト（2004）139 頁

身的，而是通过将国家与宗教的分离作为一种制度进行保障，间接地来确保对宗教信仰自由的保障"。仅仅从名称上来看，制度性保障论似乎是对魏玛时代德国的宪法理论的一次借鉴，然而最高裁的这一制度保障论究竟有没有正确的理解德国的制度性保障的理念，就值得商榷了。

戸波江二追根溯源，基于德国的传统的制度性保障理论，对最高裁的"制度性保障"进行了如下的批判。首先，在定义上，制度性保障是指"对于已经组织起来的既存的制度予以宪法上的特殊保护，禁止试图通过立法修改或废除该制度本身乃至其本质性内容的行为"①。其次，由于当代宪法中并不是所有的内容都直接和个人的权利保护有关，所以将人权和制度分开讨论这种理论本身并没有问题，然而最高裁的理解仍然是有如下两个主要问题的。第一，制度性保障的内涵并不能一概而论，既有不和人权直接产生关联的制度（比如地方自治制度），也有和个人的权利紧密相关的制度（比如大学自治制度），甚至还有一些人权的内容本身就是通过制度的创设所规定的，因此就算是宪法规定的制度和人权的关系也要通过其目的和内容进行具体的考察②。第二，正如前文所述，即使是制度，和人权的关联性也是多种多样的，"过度强调制度和人权的区别，而否定其内在的关联性可以说从一开始就是一个理论上的谬误"③。

此外，政教分离规定到底是不是一个制度保障，也是值得讨论的。所谓的制度保障是以现实社会中既存的制度为前提，着眼于对这个"制度"予以宪法上的特殊保护的一种理论，然而政教分离并不以积极地保障某种特定的制度为着眼点，而是旨在禁止国家进行特定行为的规定。换言之，在政教分离这个原则中，并不存在一个作为保障对象的"制度"，因此政教分离仅仅应该被理解为一项限制国家特定行为的规范性规定，倒不如说，如果国家树立一个国教，对"国教制度"进行宪法上的特殊保护，才更符合制度性保障的定义④。

---

① 戸波江二「制度的保障の理論について」筑波法政（7）（1984）69 頁。
② 戸波江二「制度的保障の理論について」筑波法政（7）（1984）76 頁。
③ 戸波江二「制度的保障の理論について」筑波法政（7）（1984）77 頁。
④ 戸波江二「政教分離原則の法的性格」芦部信喜還暦記念『憲法訴訟と人権の理論』（有斐閣、1985）530 頁参照。

　　综上，最高裁首先在对制度性保障理论的理解上出现了偏差，并且错误地将政教分离规定解释成了制度性保障。按照最高裁的解释，制度性保障是旨在间接确保对人权的保护的，然而最高裁的行为，除了大幅放宽了对国家机关的宗教活动的限制之外，并没有所谓保障人权的效果。

　　有关日本国宪法中的政教分离规定的性质，除了制度性保障这一学说之外，还存在着如下的几种学说。

　　（1）目的手段说

　　目的手段说的核心就是将宗教信仰的自由和政教分离之间的关系理解为目的与手段的关系。日本国宪法典由人权和统治两个领域的内容组成，按照这一区分，宗教信仰的自由是有关人权的规定，而政教分离则是旨在保障宗教信仰自由的政治组织原理。按照目的手段说的解释，宗教自由最高裁所主张的制度性保障论，在目的手段这一论证方式上和目的手段说并没有太大区别，然而最高裁的制度性保障论过度强调了人权和制度之间的区别，因此并没有对政教分离进行严格解释。而目的手段说则认为宗教信仰自由这一目的只有通过政教分离的手段方可实现，因此即使政教分离是手段也并不代表政教分离不重要，所以仍然要对政教分离进行严格的解释。[①]

　　（2）人权说

　　无论是制度性保障说还是目的手段说，都将宗教信仰的自由和政教分离分开进行讨论，与之相对，人权说认为，政教分离与宗教信仰自由的保障是表里一体的，无法分开来进行讨论。人权说将论证的要点放在了政教合一对个人的宗教信仰自由造成的影响上，主张人权说的学者们之间虽然稍有分歧，但是在如下一点上达成了共识。即，即使没有直接损害个人宗教信仰的自由，国教制度会仍然在信仰领域对国民产生不当的影响与压迫，从而妨碍个人的信仰自由，伤害个人良心的自由。[②]

　　布伦南大法官在著名的 Schempp 事件判决[③]中指出，美利坚合众国宪法第一修正中的国教禁止条款同时也是保障宗教信仰自由的

---

　　①　後藤光男「政教分離の基礎理論」（成文堂、2018 年）131 頁参照。
　　②　後藤光男「政教分離の基礎理論」（成文堂、2018 年）132－133 頁参照。
　　③　Abington School District v. Schempp, 374 U. S. 203（1963）.

条款，宗教信仰的自由的保障不能脱离政教分离单独实现。由此可见将政教分离与个人信仰的自由紧密联系在一起的理论，在很大程度上是受到了美国宪法理论的影响。

（3）国情说

除上述几种学说之外，近年来，对政教分离理念的普遍性进行质疑的学说也开始出现。比较有代表性的是林知更的主张。林知更认为，近代立宪主义国家中，各国对保障宗教信仰自由已经达成了共识，然而国家和宗教之间的关系应该怎么处理，"并不是由'人类的普遍原理'单方面决定的，而是受到了被各自的政治共同体固有方式所塑造出的历史与传统[①]"的影响。

事实上，北欧三国和英国仍然在形式上保留了国教会制度，德国仍然保留着拥有公法上地位的宗教团体的制度，意大利在处理宗教团体与国家的关系时采用的是政教条约的形式，上述国家的政教制度，都与日本和美国所理解的"政教分离"相去甚远。可见政教分离并不是一个放之四海而皆准的原理。换言之，对国家神道造成的历史悲剧的反思，才是政教分离最主要的目的与意义[②]。

时至今日，关于政教分离性质的争议仍然没有定论。制度性保障理论自津市地镇祭判决登场以来，一直持续地发挥着影响，自卫官合祀诉讼、忠魂碑诉讼等一系列重大案例中，都能看到这一理论的影子，即使是目的效果基准已经被事实上放弃的现在，最高裁仍然在坚持着这一看上去不无荒谬的制度性保障理论。至少在现阶段看来，这一理论还会继续存在相当长的时间。

（四）悬而未决的靖国神社诉讼

日本国宪法 81 条赋予了裁判所违宪审查权，然而对有关违宪审查的发动要件并没有进行明确的规定。警察预备队事件最高裁判决[③]中，最高裁判定，日本的违宪审查权属于裁判所，必须依附于司法权的发动，仅仅在对具体的权利利益纷争解决中才可发动，无法脱离具体的事件对法律和命令等进行抽象的审查，属于"附随型"的违宪审查。

---

① 林知更「政教分離原則の構造」高見勝利ほか編著『日本国憲法解釈の再検討』（有斐閣、2004）116 頁。

② 樋口陽一『憲法（第三版）』（創文社、2007）227 頁参照。

③ 最大判 1952 年 10 月 8 日民集第 6 卷 9 号 783 頁以降。

日本国宪法所规定的政教分离和宗教信仰自由的保障在射程上存在着一定的差异，即一项政府的行为即使违反了政教分离的规定，但并不一定会直接构成对公民个人的信教自由的侵害①。公职身份参拜靖国神社或者向靖国神社供奉玉串料，就是绝好的例证，公职身份进行参拜的行为和向靖国神社进献玉串料的行为具有很高的违宪嫌疑，然而，无论是公职参拜靖国神社的行为或者是向靖国神社进献玉串料的行为本身，在现有立法和判例体系下，并不对任何公民的宪法或法律上的权益产生直接的危害。因此，公民个人以权利受到侵害为理由寻求司法救济的可能性微乎其微。事实上，类似的主张并非没有先例，山口自卫官合祀事件中的原告方就曾经主张合祀行为侵犯了自己的"宗教人格权"，然而这一主张并没有得到认可。随后的诸多针对首相公职参拜靖国神社的诉讼中，这一判断构造基本也得以延续。

在这个意义上，爱媛玉串诉讼和稍早于爱媛玉串诉讼的岩手靖国神社诉讼都具有很强的特殊性。通过事实关系不难看出，爱媛玉串诉讼并不是日本司法制度通常所设想的针对个人的权利利益的"主观诉讼"，那么在这种情况下，除非现行立法有明确规定，否则原则上司法权无从发动。然而日本现行法规规定了三种客观诉讼的样态，即，住民公共财政支出监察诉讼、选举无效确认诉讼和机关诉讼。爱媛玉串诉讼和岩手靖国神社事件，恰恰都符合了住民公共财政支出监察诉讼的要件。因此，在缺乏明确的权利利益侵害的情况下，司法权还是得以发动。随着司法权的发动，裁判所也获得了开展违宪审查的机会，本案的违宪判决最终才得以下达。

然而，首相以公职身份参拜靖国神社的行为，却不在日本现有法律明文规定的客观诉讼的诉讼范围之内。因为日本现阶段并没有任何以国民为要件的国民诉讼制度存在，所以针对首相参拜靖国神社的诉讼都因不符合诉讼要件为理由遭到了驳回。审视许多首相的参拜行为，他们不仅在前往靖国神社时使用了公车，用国家预算购买了供品，有国家公务人员的陪同，还在参拜时堂而皇之地署上了自己总理大臣的头衔。如果遵循岩手靖国诉讼中仙台高裁有关公职

① 芹沢斉等編『新基本法コンメンタール』（日本評論社、2011）165 頁（阪口正二郎執筆部分）参照。

参拜靖国神社的看法或本案中的判断基准，公职参拜的违宪性可以说是极高的。

## 四、结语

爱媛玉串事件判决的重要性来源于两个方面。

首先，爱媛玉串事件最高裁判决是日本有关精神自由（19 条思想良心的自由、20 条宗教信仰的自由与政教分离和 21 条言论自由出版自由结社自由等）的首个违宪判决。其次，该案涉及了神道神社信仰特别是靖国神社的问题，具有很浓重的政治色彩。

从违宪判断的手法和基准上来评价，该判决使用了主要事实不同的手法，但是并没有超出旧有的判例体系所划定的基准，并不涉及判例法理层面的创新。与此同时，地方自治体使用公共财政供奉靖国神社的行为大幅度地减少乃至销声匿迹，在很大程度上就是受到了该判决的影响。

但是，战后与靖国神社相关的宪法案件中，除了涉及地方自治体的行为违宪性的案件，与中央政府或国家机关的行为的违宪性相关的案例，特别是针对首相公职参拜靖国神社行为的案件也占到了相当大的一部分。然而与首相公职参拜靖国神社相关的案件面临的困境是构造性的，即在现行诉讼制度不进行改变的前提下，无法通过单纯的法解释来克服。

不可否认，作为战后首个与政教分离相关违宪判决，爱媛玉串诉讼判决拥有着很高的社会意义，一定程度上遏制住了神道宗教保守势力的反动。然而它既没有改变当时的判断基准构架，也没有能够纠正制度性保障的荒谬结论，更没能打破"假使违宪也无人有权起诉"这一困局。随后的空知太神社判决也仅仅是实现了判断基准的变更，并没有触及上述后两点。虽然同为司法型违宪审查制，然而美国已经通过一系列的判决逐渐建立起了针对政府违反美利坚合众国宪法第一修正的宗教行为的国民诉讼制度。与之相对，日本现阶段并没有积极制定国民诉讼相关法律的立法动向，最高裁本身又受困于司法消极主义的传统和已有判例的约束，对于能否解决这样一个构造性困局，笔者仍然持悲观态度。

（文中省略尊称）

# 立法动向

NEW LEGISLATION

日本继承法修改的动向与课题
——少子高龄化时代的法制创新  杨安丽

# 日本继承法修改的动向与课题
## ——少子高龄化时代的法制创新

**杨安丽**[*]

## 一、前言

日本继承法规定于民法典"第 5 编 继承"中，自 1898 年明治民法施行以来，分别于 1947 年、1962 年及 1980 年进行了三次大修改[①]，而在之后的近 40 年间几乎没有进行过大修改。在此期间，随着人均寿命的延长，日本社会的人口老龄化率由 1980 年的 9.1％不断攀升至

---

* 杨安丽，早稻田大学法学部助手。笔者在本文写作过程中得到导师岩志和一郎教授的悉心指导以及栅村政行教授的宝贵建议，在此表达衷心的感谢！

① 1898 年日本明治民法制定的继承制度，是以嫡长子继承的家督继承制度为中心。随着第二次世界大战后日本宪法的制定，1947 年日本继承法第一次大改，由此进入诸子均分继承的时代。其后，为了顺应时代的变化以及解决实践中的难题，日本继承法分别于 1962 年进行了二次大改，于 1980 年进行了第三次大改。前者新增了同时死亡的推定条款（民法第 32 条之 2）、明确了孙子女以下的直系卑亲属均可代位继承（民法第 887 条、第 888 条）等，后者提高了配偶的继承份额（民法第 900 条）、新设贡献度制度（民法第 904 条之 2）等。日本继承法的历史变迁可参考阿部純一「相続法の軌跡」金融·商事判例 1561 号（2019 年）13－18 頁。此外，继承法个别规定的修改包括：1999 年为了便于视觉或言语功能障碍的人士而修改了公证遗嘱、秘密遗嘱等的形式要件；2013 年删除了非婚生子的继承份额为婚生子的二分之一的相关内容。详见潮见佳男『詳解相続法』（弘文堂、2018 年）8 頁。

2017 年的 27.7％①。于是，当被继承人年老死亡时，其配偶往往也已经是耄耋老人。因此，如何保护老年生存配偶的生活逐渐成为日本社会的重要课题。另一方面，随着时间的迁移，就存款债权是否属于遗产分割对象等问题已经通过判例的累积而得以明确，但与此同时，现行继承法中遗嘱执行人的权限不明确、特留份制度过于繁琐复杂的弊端等也逐渐显现。在这样的背景下，为了应对人口老龄化带来的新问题，并将长期积累的判例法理予以制度化，日本对继承法进行了大修改，并于 2018 年 7 月成立了《修改部分民法及家事事件程序法的法律》（平成 30 年（2018 年）法律第 72 号）以及《关于法务局进行遗嘱保管等的法律》（平成 30 年（2018 年）法律第 73 号。以下简称"遗嘱保管法"）。从规模来看，本次修改被评价为仅次于 1947 年的大修改②。

本文拟着眼于本次日本继承法修改的最新动向，在概述本次修改的过程以及主要内容的基础上，对存在的问题进行简要分析，期望对我国应对人口老龄化以及目前正在编纂的民法典"第五编 继承"的制定有所裨益。

## 二、继承法修改的经过

继承法修改被正式提上日程的契机是 2013 年 9 月 4 日日本最高裁判所大法庭认定差别对待非婚生子继承份额的民法规定违宪的决定③。该决定认定，当时的民法规定中关于"非婚生子的继承份额为婚生子的二分之一"的内容违反日本宪法第 14 条第 1 款"法律面前人人平等"的条款。根据该决定，同年 12 月成立的《修改部分民法的法律》（平成 25 年（2013 年）法律第 94 号）删除了民法中的上述内容（2013 年修改前的民法第 900 条第 4 项但书前半部分）。根据这一修改，非婚生子将享有和婚生子相同的继承份额。但是，非婚生子继承份额的扩大，也意味着对被继承人之配偶（及

---

① 老龄化率是指 65 岁以上人口占总人口的比例。详见「平成 30 年版高齢社会白書」内閣府 HP〈https://www8. cao. go. jp/kourei/whitepaper/w－2018/zenbun/30pdf _ index. html〉2019 年 4 月 12 日アクセス。

② 本山敦「改正の経緯と概観」金融・商事判例 1561 号（2019 年）6 頁。

③ 最大決平成 25 年（2013 年）9 月 4 日民集 67 巻 6 号 1320 頁。

婚生子）保护的后退①。于是，从夫妻一方死亡后如何保障生存配偶生活等角度出发，这一决定引发了日本社会对修改继承法的广泛关注与讨论。

因此，日本法务省于 2014 年 1 月组建了"继承法制讨论工作组"，在整理继承法课题的同时，也对诸外国的继承制度进行调查与研究。2015 年 1 月，该工作组结束工作并公布调查报告②。同年 2 月，法务大臣在法制审议会第 174 次会议上就继承法修改提出了第 100 号咨问③，在此基础上正式开始了继承法修改的相关讨论。同年 4 月 21 日，法制审议会民法（继承相关）部会第 1 次会议召开④。经过 13 次审议后，2016 年 6 月 21 日公布了《关于民法（继承相关）等修改的中间试案》（以下简称"中间试案"）⑤，并向公众征集意见。2017 年 8 月公布了《追加试案》并第二次向公众征集意见⑥。2018 年 1 月，法制审议会在最后的第 26 次会议上全体

---

① 潮見佳男『詳解相続法』（弘文堂、2018 年）8 頁注 18。日本民法规定，存在数名继承人时遗产由其共同所有（第 898 条），且共有物的管理依各共有人所持份额的价格过半数决定（第 252 条）。因此，如果非婚生子的继承份额提高，那么其对共有物也将享有更多的话语权。这样一来，在共有物为房屋的情况下，被继承人的配偶被赶出属于遗产的房屋、或者被要求变卖房屋以支付其他继承人应继份的可能性也会增加。

② 该报告书的内容详见「参考資料 1 相続法制検討ワーキングチーム報告書」法務省 HP〈http：//www. moj. go. jp/shingi1/shingi04900255. html〉2019 年 4 月 8 日アクセス。

③ 第 100 号咨问的内容为：鉴于老龄化社会的发展以及与家庭模式相关的国民意识的变化等社会情况，从关心配偶死亡而独留于世的另一方配偶的生活等观点出发，有必要修改继承相关的规定，故望提出相应纲要。详见「配布資料 2 民法（相続関係）の改正について」法務省 HP〈http：//www. moj. go. jp/shingi1/shingi03500025. html〉2019 年 4 月 8 日アクセス。

④ 历次法制审议会的会议资料均公布于法务省网站，详见「法制審議会—民法（相続関係）部会」法務省 HP〈http：//www. moj. go. jp/shingi1/housei02 _ 00294. html〉2019 年 4 月 8 日アクセス。以下将历次会议资料简称为"部会资料"。

⑤ 《中间试案》的内容详见「民法（相続関係）等の改正に関する中間試案」法務省 HP〈http：//www. moj. go. jp/shingi1/shingi04900291. html〉2019 年 4 月 8 日アクセス。《中间试案补充说明》也可在该网站上阅览。

⑥ 《追加试案》的内容详见「中間試案後に追加された民法（相続関係）等の改正に関する試案（追加試案）」法務省 HP〈http：//www. moj. go. jp/shingi1/shingi04900331. html〉2019 年 4 月 8 日アクセス。

一致确定了《关于民法（继承相关）等修改的纲要案（草案）》<sup>①</sup>，并于 2 月向法务大臣提交了《关于民法（继承相关）等修改的纲要案》<sup>②</sup>。同年 3 月 13 日，阁议决定并向国会提交了《修改部分民法及家事事件程序法的法律草案》以及《关于法务局进行遗嘱保管等的法律草案》。最后，2018 年 7 月 6 日，参议院通过了两草案，前述《修改部分民法及家事事件程序法的法律》<sup>③</sup> 以及《遗嘱保管法》<sup>④</sup> 正式成立。

本次修改原则上自 2019 年 7 月 1 日起施行，但是，其中关于自书遗嘱要件放宽的有关规定自 2019 年 1 月 13 日施行，配偶短期居住权和配偶居住权的内容自 2020 年 4 月 1 日施行，行政机关（法务局）提供自书遗嘱保管服务的制度则自 2020 年 7 月 10 日施行。

## 三、继承法修改的主要内容

本次继承法修改的目的既是为了适应日本社会的变化，也是为了将近 40 年间的判例法理明文化，故本次修改的内容涉及继承法的方方面面。主要内容包括：①新设生存配偶居住权的保护制度；②遗产分割制度的修改；③遗嘱制度的修改；④特留份制度的修改；⑤继承效力的修改；⑥新设特别贡献费制度。以下将围绕这六大修改点的成立背景、内容及意义进行说明。

### （一）新设生存配偶居住权的保护制度

如前所述，引发日本社会关注生存配偶居住权保障问题的是最

---

① 《纲要案（草案）》的内容详见「民法（相続関係）等の改正に関する要綱案（案）」法務省 HP〈http：//www.moj.go.jp/shingi1/shingi04900346.html〉2019 年 4 月 8 日アクセス。

② 《纲要案》的内容详见「民法（相続関係）等の改正に関する要綱案」法務省 HP〈http：//www.moj.go.jp/shingi1/shingi03500030.html〉2019 年 4 月 8 日アクセス。

③ 《修改部分民法及家事事件程序法的法律》的新旧条文对照表可参见「民法及び家事事件手続法の一部を改正する法律新旧対照条文」法務省 HP〈http：//www.moj.go.jp/content/001263585.pdf〉2019 年 4 月 8 日アクセス。

④ 《遗嘱保管法》的内容详见「法務局における遺言書の保管等に関する法律」法務省 HP〈http：//www.moj.go.jp/content/001263530.pdf〉2019 年 4 月 8 日アクセス。

高裁判所大法庭认定非婚生子继承份额为婚生子的二分之一的民法规定违宪的决定。据此，随着非婚生子继承份额的扩大，在被继承人死后的遗产分割过程中，被继承人的生存配偶被其他继承人（如非婚生子）要求搬离已经生活多年的住所，或者被要求变卖住所以支付其他继承人应继份的可能性也随之增加①。但通常情况下，生存配偶往往希望在被继承人去世后，仍能继续居住在已经习惯并承载着自己回忆的住所。其次，对于年事已高的生存配偶而言，离开现在的住所并重新寻找新住所、开始新的生活，将会对其精神和肉体造成双重负担。再次，当被继承人死亡时，老年生存配偶往往也难以再通过自身劳动获取生活来源了②。

因此，为了保障生存配偶的居住权，并为其将来的生活提供一定的物质保障，此次继承法修改为生存配偶新设了①配偶短期居住权（民法第 1037—1041 条。以下如无特别说明，本稿所引用的法条均为本次修改后的民法条文）与②配偶居住权（第 1028—1036 条）。以下将就这两种新设制度进行说明。

1. 配偶短期居住权

新增的配偶短期居住权是对生存配偶临时居住权的保护制度，即被继承人的配偶于继承开始时无偿居住在属于被继承人财产的建筑时，配偶（下文中的"配偶"均指被继承人的配偶）对于因继承或遗赠等而取得该居住建筑所有权的人，享有无偿使用该建筑的权利（如果继承开始时配偶无偿使用的仅是"居住建筑的一部分"时，则配偶居住权成立的范围仅限于该部分。第 1037 条）。配偶短期居住权的终期，分以下两种情形确定：

①配偶在内的共同继承人应当就居住建筑进行遗产分割的情况下，"根据遗产分割确定居住建筑归属之日或者从继承开始时起经过六个月之日中的较晚之日到来前的期间"，享有配偶短期居住权（第 1037 条第 1 款第 1 项）。

②上述①之外的其他情况下，即"配偶不属于共同继承人间就

---

① 可参考本稿"二、继承法修改的经过"的说明。
② 部会资料 1 第 1 页。

居住建筑进行遗产分割的当事人"时①，配偶自因继承、遗赠或者死因赠与而取得该建筑所有权之人申请配偶短期居住权消灭之日起经过六个月的期间，享有配偶短期居住权（第 1037 条第 1 款第 2 项与同条第 3 款）。

需要注意的是，首先，配偶于继承开始时已经对该居住建筑取得配偶居住权②、失去继承人资格③或者因废除失去继承权④时，都无法取得配偶短期居住权（第 1037 条第 1 款但书）。其次，配偶对该建筑所享有的权利仅限于使用，而不可进行收益⑤。配偶使用建筑物需依照从前的用法，尽善管注意义务（第 1038 条第 1 款），不得转让（第 1041 条），也不得未经取得该居住建筑所有权之人的承诺而让第三人使用（第 1038 条第 2 款）。配偶短期居住权属于债权，不具有对抗第三人的效力，如果配偶以外的继承人将其所享有的对该居住建筑的持有份额转让给第三人，则被继承人的配偶可基于该继承人不履行民法第 1037 条第 2 款⑥规定的义务，向该继承

---

　　①　属于以下五种情形之一的，配偶不属于共同继承人间就居住建筑进行遗产分割的当事人：①通过特定财产继承遗嘱（"特定财产继承遗嘱"是本次修改新增的概念，规定于第 1014 条第 2 款，即所谓的"相続させる旨の遗言"，是指将特定财产由特定继承人继承的遗嘱），被继承人已经指定该居住建筑由配偶之外的继承人继承的；②该居住建筑已经通过遗赠或者死因赠与处分给配偶之外的继承人或他人的；③配偶放弃继承的；④遗嘱中指定配偶的继承份额为零的；⑤遗嘱中指定该居住建筑不由配偶继承的。上述①—②情形中，居住建筑物不属于遗产分割对象；③—⑤情形中，配偶不属于遗产分割的当事人。详见潮见佳男『详解相続法』（弘文堂、2018 年）330 页。

　　②　详见下文"2. 配偶居住权"的内容。

　　③　日本民法第 891 条规定了继承人失格的五种情形（例如，故意杀害或欲杀害被继承人、先顺位或同顺位继承人而被处刑者）。

　　④　继承权废除是指，被继承人可根据自己的意思向家庭裁判所请求（或者通过遗嘱表达废除意思并由遗嘱执行人于遗嘱生效后立即向家庭裁判所请求）废除推定继承人的继承资格的制度（第 892 条、第 893 条。"推定继承人"是日本民法在取消法定继承人的继承资格时，对法定继承人的别称）。

　　⑤　原因在于，配偶短期居住权的目的仅在于保护配偶的临时居住，故赋予配偶与继承开始前相同的权利即可（详见《中间试案补充说明》第 5 页以下、部会资料 22—2 第 1 页）。关于居住建筑的"收益"问题，如果能够认定被继承人生前与配偶缔结了以无偿使用收益为目的的合同时，则可以通过使用借贷合同的法理来解决（潮见佳男『详解相続法』（弘文堂、2018 年）322 页）。

　　⑥　该款规定"居住建筑取得者不得通过向第三人转让或以其他方式妨碍配偶使用居住建筑"。

人请求损害赔偿①。更重要的是，配偶因配偶短期居住权而获得的利益，不作为遗产分割时的考量因素②。

日本的判例历来肯定与被继承人共同居住的继承人可以在继承开始之后、遗产分割结束并最终确定居住建筑的所有关系之前的这一段时间内，享有无偿使用居住建筑的权利③。因此可以说，新增的配偶短期居住权实际上是将日本判例中的理念予以明文规定。但是，配偶短期居住权将配偶不属于遗产分割当事人时的情形也进行了明文规定，并明确了各情形下的居住期限④，相较于判例而言，该制度能更稳定地实现对生存配偶的保护⑤。

2. 配偶居住权

让老年生存配偶离开已经习惯了的住所并重新寻找住所、开始新生活将给老人的身心及财产造成极大负担，且继承开始时老年配偶通常已经难以自力获得生活来源⑥。因此，与临时性的配偶短期居住权不同，此次修改新增了具有终身性质的"配偶居住权"（第1030 条）。即"被继承人的配偶于继承开始时便居住于属于被继承人财产的建筑时，对其所居住建筑的全部享有无偿使用及收益的权利"（但是，不包括被继承人于继承开始时与配偶以外的他人共有该建筑的情形。第 1028 条）。根据新增的第 1028 条，配偶居住权可以在以下情形取得：

①通过遗产分割取得配偶居住权时。

②配偶居住权属于遗赠的目的时。

此外，根据新增的第 1029 条，受理遗产分割请求的家庭裁判所可以在以下情形决定配偶取得配偶居住权。

---

① 在第三人的行为满足侵权要件的情况下，被继承人的配偶也可以向该第三人主张侵权损害赔偿（部会资料 21 第 4 页）。

② 《纲要案》第 3 页注 1。

③ 最判平成 8 年（1996 年）12 月 17 日民集 50 卷 10 号 2778 页。

④ 居住期限参考了法国法中的有关规定，即配偶当然地对继承开始时居住的场所及其中配置的动产（家具等）享有 1 年无偿进行使用收益的权利。潮见佳男『詳解相続法』（弘文堂、2018 年）317 頁。

⑤ 与被继承人一起居住的其他继承人的居住问题，仍然可以通过历来的判例法理解决。参见窪田充见「相続法改正（上）」法学教室 460 号（2019 年）62－63 頁、二宫周平『家族法（第 5 版）』（親世社、2019 年）367 頁。

⑥ 部会资料 1 第 1 页、部会资料 6 第 9 页。

③共同继承人间就配偶取得配偶居住权达成合意时。

④配偶向家庭裁判所提出希望取得配偶居住权的情况下，家庭裁判所在考虑了居住建筑所有人所承受的不利益程度，仍认为为了维持配偶的生活而特别有必要时。

配偶居住权具有可用于收益（第 1028 条）、居住建筑所有人就配偶居住权的设定负有登记义务（第 1031 条第 1 款）、配偶对居住建筑负有善管注意义务（第 1032 条第 1 款）、不可转让（第 1032 条第 2 款）、未经所有人承诺不得增改建或让第三人使用或收益（第 1032 条第 3 款）、配偶可对居住建筑进行必要的修缮（第 1033 条第 1 款）等特点。

需要注意的是，由于该权利具有终身性质，故其与前述配偶短期居住权最大的不同在于，配偶因配偶居住权所取得的利益，将作为遗产分割时的考量因素[1]。例如，被继承人 A 与配偶 B 共同居住在 A 个人所有的房屋甲中，二人育有一子 C。A 死亡后，留有一套价值 2000 万日元的房屋甲和 3000 万日元的存款。根据本次修改前的规定，B 与 C 可分别获得 A 留下的遗产的二分之一。那么，如果 B 分得房屋甲，则只能再获得存款 500 万日元。但是，根据本次修改后的继承法的规定，如果 B 取得了配偶居住权，且该权利被评价为 1000 万日元（如何对配偶居住权进行估值，仍需要今后判例的累积），则 B 可另外获得的存款将是 1500 万日元[2]。这样一来，B 不仅可以继续居住在房屋甲中，同时也获得了更多的存款用于养老。

因此，新增的配偶居住权不仅为生存配偶提供了在被继承人死

---

[1]　《纲要案》第 1 "保护配偶居住权的方法对策（配偶者の居住権を保護するための方策）" 2 注 1 指出：配偶取得配偶居住权时，按照配偶继承了与其财产价值相当的价额来处理。

[2]　详见「法務省による民法及び家事事件手続法の一部を改正する法律についてのパンフレット」1 頁法務省 HP〈http：//www.moj.go.jp/content/001285654.pdf〉2019 年 4 月 8 日アクセス。

后保障自身居住权的切实有效的方案①，也有利于生存配偶获得更多的其他遗产（如被继承人的存款等）以保障自身的生活开销。此外，配偶居住权可以通过遗嘱或遗产分割设立，也为遗嘱内容和遗产分割方式增加了更多的选择性和可能性②。

（二）遗产分割制度的修改

关于遗产分割制度的修改内容主要包括：为保护配偶居住权而新增"推定对长期婚姻的配偶实施的赠与等具有免除取回的意思表示"的意思表示推定规则（第 903 条第 4 款）；将判例确立的法理予以明文化而新增"遗产分割前的存款债权的行使"之规定（第 909 条之 2）；便于继承人分割遗产而新增"遗产分割前的遗产处分"之规定（第 906 条之 2）；以及明确了继承人可进行"遗产的部分分割"（第 907 条）。以下将就这四点进行介绍。

1. 推定对长期婚姻的配偶实施的赠与等具有免除取回的意思表示

如果继承人中有人得到了被继承人的遗赠或者生前赠与而获得了特别利益（受益的继承人被称为"特别受益者"），那么不考虑该特别利益而直接对遗产进行形式上的统一分割，将会产生实质上的不公平③。为了消除这一不公平的因素，日本民法规定了"特别受益取回"制度。也就是说，特别受益者因赠与或遗赠所得到的利益，将被暂时"归入"遗产，在此基础上计算出法定继承份额后，从该法定继承份额中扣除该继承人已经得到的特别受益，由此得出该继承人所应享有的具体继承份额（第 903 条第 1 款、第 904 条）④。但是，如果被继承人作出了免除取回这部分特别受益的意

---

① 为了保障生存配偶对居住建筑的终身使用，日本以往是通过"连续遗赠"（如被继承人立遗嘱将房屋留给配偶，同时在遗嘱中规定配偶死后房屋留给子女）或"附条件遗赠"（如被继承人将房屋留给子女，但又同时要求子女许可配偶使用房屋）的方式来保护生存配偶的居住。但是，这两种方式的有效性一直都存在争议。窪田充見「相続法改正（上）」法学教室 460 号（2019 年）60 頁。

② 窪田充見「相続法改正（上）」法学教室 460 号（2019 年）61 頁。

③ 高橋朋子ほか『民法 7 親族相続（第 5 版）』（有斐閣、2017 年）334 頁。

④ 如果特别受益的额度等于或者超过了继承份额的价额，那么该特别受益者就无法得到继承份额（第 903 条第 2 款）。

思表示的，遵照其意思（第 903 条第 3 款）①。

在此基础上，作为保护配偶居住权和继承份额的措施之一，本次新增的第 903 条第 4 款规定："作为婚姻期间为 20 年以上的夫妇一方，被继承人向另一方遗赠或赠与其居住用的建筑或其土地的，推定该被继承人就该遗赠或赠与表示了不适用第一款②之规定的意思。"也就是说，婚姻期间达 20 年以上时，被继承人向另一方实施的建筑或其土地的赠与、遗赠，抑或是通过遗嘱指定了配偶居住权③，都将被推定其作出了"免除取回"的意思表示。

该规定将有利于生存配偶分得更多的遗产。例如，A 与其配偶 B 已经结婚 20 年以上，二人育有一子，A 赠与 B 其居住用的房屋甲（价值 2000 万日元）。A 死亡后，留有遗产房屋乙（价值 3000 万日元）及存款 1000 万日元。根据本次修改前的继承法，应先将房屋甲归入遗产，从而计算出遗产价值为 6000 万日元。B 虽然能分得一半的遗产，但能得到的具体继承份额应当扣除其已经获得的房屋甲的价值，故为 1000 万日元（3000 万日元－2000 万日元）。C 的具体继承份额为 3000 万日元。但是，如果适用本次修改新增的第 903 条第 4 款的规定，对于房屋甲的赠与推定具有免除取回的意思表示时，遗产分割的对象为 4000 万日元，B 与 C 的具体继承份额均为 2000 万日元。这样一来，生存配偶 B 所取得的遗产将会增加。

实际上，第 903 条第 4 款的规定是在本次继承法修改的最终阶段才被列为讨论对象④。本次修改过程中曾有提案主张直接提高配偶的继承份额⑤，但最终没有实现，取而代之的便是新增该免除取回意思表示的推定规则。作为保护配偶居住权及提高配偶可取得的遗产份额的途径，该规则具有重要的意义。

---

① 因特留份制度的修改（详见下文"（四）特留份制度的修改"），第 903 条第 3 款在本次继承法修改中删除了关于特留份的内容。本次修改前本款的内容为：如果被继承人表示了与前两款不同的意思时，该意思表示在不违反特留份有关规定的范围内，具有其效力。

② 即前述第 903 条第 1 款关于"特别受益取回"的规定。

③ 新增的第 1028 条第 3 款规定"配偶居住权的遗赠准用第 903 条第 4 款的规定"。

④ 窪田充見「相続法改正（上）」法学教室 460 号（2019 年）64 頁。

⑤ 《中间试案》第 4－6 页。

2. 遗产分割前的存款债权的行使

2016 年，最高裁判所判定存款债权也应作为遗产分割的对象，而不能当然地分割继承①。但是，依据该判决，所有继承人在遗产分割结束为止均无法就存款债权分别行使权利②。由此可能导致继承人无法为被继承人办理丧葬事宜，或者一直依靠被继承人生活的继承人无法维持自身生活开销的困境。

因此，本次修改分别在实体法和程序法中新设了"存款返还"制度，允许继承人在金额一定的范围内行使存款债权③。新增的民法第 909 条之 2 规定："各共同继承人，以继承开始时属于遗产的存款债权之债权额的三分之一，乘以依照第 900 条及第 901 条的规定计算出的该共同继承人的继承份额④所得出的金额（考虑标准的目前必要的生活费、平均丧葬费及其他情况，并以法务省令规定的各存款债权的债务人的额度为限⑤），可单独行使该权利。此时，行使该权利的存款债权，将视为该共同继承人依遗产的部分分割而

① 由于存款债权属于可分债权，故根据以往的判例，各共同继承人可以根据自己的继承份额，当然地分割并取得存款债权（最判昭和 29 年（1954 年）4 月 8 日民集 8 卷 4 号 819 页）。但是，在各继承人的特别受益份额及贡献度（详见下文"（六）新设特别贡献费制度"）不明确的情况下，各个继承人便可以按照法定继承份额取得存款债权，有可能会损害继承人间的公平，也有可能导致银行等金融机构难以辨明各继承人的具体继承份额而难以操作。在这样的背景下，2016 年，日本最高裁判所判定存款债权也应作为遗产分割的对象（最大决平成 28 年（2016 年）12 月 19 日民集 70 卷 8 号 2121 页），从而否定了历来的当然分割继承原则。于是，为了将判例法理制度化，存款债权相关规定的修改也被纳入了本次法制审议会会议讨论的范围内（部会资料 1 第 4 页）。

② 最判平成 29 年（2017 年）4 月 6 日判时 2337 号 34 页中明确了这一点。

③ 法制审议会中曾就存款返还制度的规定方式进行过讨论，方案一是在民法关于继承的部分进行规定，方案二是在与家庭裁判所相关的程序法中进行规定。最终采取了实体法和程序法同时规定的模式。详见窪田充见「相続法改正（上）」法学教室 460 号（2019 年）66 页。

④ "依照第 900 条及第 901 条的规定计算出的该共同继承人的继承份额"即法定继承份额。日本民法第 900 条是关于法定继承份额的规定，原则上按照以下顺位和比例确定：①第一顺位：配偶与子女共同继承时，配偶的应继份为二分之一，子女为二分之一；②第二顺位：配偶与直系尊亲属共同继承时，配偶的应继份为三分之二，直系尊亲属为三分之一；③第三顺位：配偶与兄弟姐妹共同继承时，配偶的应继份为四分之三，兄弟姐妹为四分之一；④子女、直系尊亲属或兄弟姐妹有数人时，各自的继承份额相等。日本民法第 901 条则是关于代位继承的规定。

⑤ 可请求返还的金额以每个金融机构 150 万日元为上限。法务省 HP「法務省による民法及び家事事件手続法の一部を改正する法律についてのパンフレット」3 頁〈http://www.moj.go.jp/content/001285654.pdf〉2019 年 4 月 8 日アクセス。

取得之。"另一方面，日本的《家事事件程序法》也新增第 200 条第 3 款，规定了家庭裁判所在受理遗产分割审判或者调停申请时，因申请人或相对方为了偿还属于继承财产的债务、支付继承人的生活费以及其他情况而认为有必要时，在不损害其他共同继承人利益的前提下，可根据其申请，将属于遗产的特定存款债权的全部或部分由此人暂时取得。

"存款返还"制度作为存款债权应当进行遗产分割的例外规定，其设立一方面既是为了确保日后遗产分割的公平性，另一方面也是为了应对继承人维持日常生活的需要以及为被继承人办理丧葬事务的需要等。

### 3. 遗产分割前的遗产处分

对于遗产分割前被处分的遗产是否属于遗产分割的对象，一直存在争议。但是，如果这部分被处分的财产不属于遗产分割的对象，则无法妥当地反映各继承人的具体继承份额，也有可能导致围绕遗产的法律关系一直处于不稳定、不明确的状态。因此，根据新增的民法第 906 条之 2 的规定，遗产分割前属于遗产的财产被处分的，共同继承人可依全体同意（无需处分该财产的继承人的同意），将该被处分财产视为于遗产分割时仍然作为遗产存在。新增的第 906 条之 2 的规定，旨在一次性解决遗产分割时存在的不稳定性，进而简化遗产分割的过程。

### 4. 遗产的部分分割

现实中，可能会存在继承人仅就部分遗产达成遗产分割协议的情况。虽然该协议本身并非无效，但在司法实践中，日本的家庭裁判所对于这类明知其所分割的财产仅为部分遗产的行为，往往持消极态度[①]。因此，本次继承法修改将原先的民法第 907 条进行修改，明确了遗产部分分割的效力，即共同继承人"在任何时候均可依其协议进行遗产的全部或部分分割"[②]。

除了改善上述司法实践中存在的家庭裁判所消极对待的问题之外，第 907 条的修改实际上还与存款债权遗产分割的问题息息相

---

① 窪田充见「相続法改正（下）」法学教室 461 号（2019 年）67 页。
② 本次修改在原条文内容的基础上新增加了"全部或部分"的字眼。

关①。也就是说，继承人除了能够依据前述"存款返还"制度（第909 条之 2），于遗产分割前，在三分之一存款债权的额度范围内，根据自己的法定继承比例先行行使存款债权之外，所有继承人也可以依据第 907 条的规定，先就遗产中的存款债权进行分割，并根据分割协议行使各自的存款债权。

（三）遗嘱制度的修改

遗嘱是表达被继承人真实意思最有效的方式，而其中的自书遗嘱则是最经济、便捷的遗嘱方式②。为了促进自书遗嘱的利用率，本次继承法修改不仅简化了自书遗嘱的形式要件（第 968 条），还创设了自书遗嘱保管制度（《遗嘱保管法》）。另一方面，本次修改也进一步明确了遗嘱执行人的权限（第 1007 条、第 1012－1016条）。

1. 自书遗嘱形式要件的简化

对于自书遗嘱，本次修改前的民法要求遗嘱的全部内容、日期及姓名都应当由遗嘱人亲笔书写（第 968 条第 1 款）。但是，当立遗嘱人拥有大量财产时，依次写明财产信息对于高龄的遗嘱人而言是个不小的负担。因此，本次新增的第 968 条第 2 款将财产目录作为自书遗嘱的例外，无需遗嘱人亲笔书写（可打印等），只要求立遗嘱人在该财产目录的每一页上签名并盖章。

2. 自书遗嘱保管制度的设立

自书遗嘱的保管向来由遗嘱人自行负责，但也因此容易发生遗嘱丢失，或者发现遗嘱的继承人隐藏甚至是篡改遗嘱的情况。在现实生活中，继承人难以知晓遗嘱的存在而进行遗产分割的情况，以及发现数份遗嘱而无法判断遗嘱真实性或作成时间而产生纠纷的情况都不少见。因此，为了减少遗嘱有关的纠纷，在修改上述自书遗嘱形式要件的同时，本次修改过程中也另行制定了《遗嘱保管法》，

---

① 窪田充見「相続法改正（下）」法学教室 461 号（2019 年）67 頁。

② 日本的遗嘱方式包括自书遗嘱（第 968 条）、公证遗嘱（第 969 条）、秘密遗嘱（第 970 条）及其他特别方式遗嘱（第 976 条－第 984 条）。其中使用最多的是公证遗嘱，其次是自书遗嘱。根据日本公证人联合会网页显示，2017 年公证遗嘱数为 110191 件；根据家庭裁判所《平成 29 年度司法统计 第 2 表》显示，2017 年自书遗嘱的审查确认数量为 17394 件（虽然自书遗嘱的实际数量难以考证，但民法第 1004 条规定遗嘱的保管人在继承开始后或者继承人在发现遗嘱后，均应及时提交家庭裁判所进行审查确认，故此处提供日本家庭裁判所统计的审查确认数量作为自书遗嘱数的参考）。

以期建立一套由行政机关（日本的法务局）妥善保管自书遗嘱，并及时让继承人知晓该遗嘱存在的制度。也就是说，遗嘱人可以委托法务局保管自书遗嘱的正本。当市区町村的户籍科和法务局之间实现数据信息联网后①，法务局便能够在遗嘱人死亡后，及时通知相关继承人该自书遗嘱的存在及内容。《遗嘱保管法》将自 2020 年 7 月 10 日施行，故其具体的操作规定仍有待进一步的政省令（行政法规）出台。

　　3. 遗嘱执行人权限的明确

　　遗嘱执行人应当为了实现遗嘱人的真实意思而履行遗嘱中规定的事务②，而无需考虑继承人的利益③。但是，本次修改前的民法第 1015 条规定"遗嘱执行人视为继承人的代理人"，该规定容易让人产生误解，以为遗嘱执行人应当为了继承人的利益而执行遗嘱。因此，本次修改删除了该规定，同时在民法第 1012 条第 1 款明确了遗嘱执行人的权限，即"遗嘱执行人负有为了实现遗嘱内容而履行继承财产管理及其他执行遗嘱所必要的一切行为的权利义务"④。同时，本次修改还新增了遗嘱执行人可单独履行遗赠（第 1012 条第 2 款）、遗嘱执行人在权限范围内的行为效果直接归属于继承人（第 1015 条）等规定。

　　（四）特留份制度的修改

　　日本法中的特留份制度是指，即使被继承人通过遗赠或生前赠与等对其财产进行了处分，对于一定范围的继承人，法律仍保障其取得一定比例的被继承人财产的制度⑤。这部分财产即为"特留份"。当仅有直系尊亲属为继承人时，特留份为被继承人财产的三分之一，其他情况为被继承人财产的二分之一（第 1042 条）。这一制度的意义在于，在被继承人可自由处分财产的前提下，保护继承人对遗产的期待、为继承人提供生活保障、肯定生存配偶对被继承

---

　　① 　现在，法制审议会户籍法部会正在就户籍制度的联网进行讨论。详见 2019 年 2 月 1 日召开的法制审议会户籍法部会会议资料，「部会资料 12 户籍法の改正に関する要綱案」4 頁以下法務省 HP〈http://www.moj.go.jp/shingi1/shingi04600029.html〉2019 年 4 月 11 日アクセス。

　　② 　潮見佳男『詳解相続法』（弘文堂、2018 年）439 頁。

　　③ 　参见最判昭和 30 年（1955 年）5 月 10 日民集 9 卷 6 号 675 頁。

　　④ 　在原第 1012 条第 1 款的基础上，增加了"为了实现遗嘱内容"的字眼。

　　⑤ 　二宮周平『家族法（第 5 版）』（親世社、2019 年）470 頁。

人财产形成的贡献、维护共同继承人之间的公平以及防止被继承人因年老或辨识能力下降而立下不合理的遗嘱等①。虽然特留份制度具有其积极意义，但由于该权利具有极强的效力，一旦侵害了特留份，不仅容易衍生出复杂的权利义务关系，甚至可能导致遗嘱无效而违背被继承人的终意。因此，本次继承法修改的最重要的地方就在于对侵害特留份的效果等进行了修改②（第 1042-1049 条）。

1. 将侵害特留份效果变更为债权性质的请求权

本次继承法修改前，对于侵害特留份的遗赠或赠与行为，特留份权利人可以行使"特留份扣减请求权"（本次修改前的民法第 1031 条）。由于特留份扣减请求权具有形成权性质，一旦权利人为扣减请求的意思表示，就当然发生法律上的扣减效力③，具体后果为受赠人或受遗赠人应将扣减范围内的财产原物返还（具有物权效果)④。由此，实务中处理特留份侵权问题十分繁琐，受赠人等和特留份权利人之间容易形成复杂的权利义务关系（受赠人等返还侵害特留份的部分后，将与特留份权利人成为标的物的共有人，形成共有状态，不利于受赠人等对标的物行使权利)，而且可能违背遗嘱人希望将特定财产留给特定对象的意愿。

因此，本次继承法修改删除了原来关于扣减请求权的有关规定，新增民法第 1046 条，将侵害特留份的效果变更为债权性质的请求权，即"特留份权利人及其承继人，对受遗赠人（包括依特定财产继承遗嘱继承财产或被指定继承份额的继承人）或受赠人，可请求支付与特留份侵害额相当的金钱"⑤。据此，侵害特留份的法律效果的金钱债权化，不仅能够避免复杂法律关系的产生，也能够更好地实现遗嘱人自由处分财产的意志⑥。

---

① 二宮周平『家族法（第 5 版)』（親世社、2019 年）471-472 頁。

② 窪田充見「相続法改正（1)」法学教室 460 号（2019 年）67 頁。

③ 参见最判昭和 41 年（1966 年）7 月 14 日民集 20 卷 6 号 1183 頁。关于特留份扣减请求权性质的讨论，可参见中川善之助ほか編『新版注釈民法（28)〔補訂版〕』（有斐閣、2002 年）472 頁以下（中山淳執筆）。

④ 潮見佳男『詳解相続法』（弘文堂、2018 年）510 頁。

⑤ 此外，随着侵害特留份的效力变更为债权请求权，原来民法中"不得违反特留份的相关规定"（本次修改前第 902 条第 1 款）以及免除取回的意思表示"在不违反特留份的相关规定的范围内有其效力"（同第 903 条第 3 款）的内容均被删除。

⑥ 窪田充見「相続法改正（1)」法学教室 460 号（2019 年）68 頁。

2. 新增受遗赠人或受赠人对特留份侵害额的负担顺序及负担额的规定

随着上述修改，为了避免可能产生的纠纷，新增的第1047条就特留份权利人的金钱债权，详细规定了应当由哪一方、以何种顺序承担责任。同时，为了减轻受赠人等的负担，该条第5款规定了"支付延缓"制度，即裁判所可根据受赠人等的请求，对全部或部分债务的支付予以一定期限的延缓。

（五）继承效力的修改

在本次继承法修改前，对于①依继承份额继承的财产（包括法定继承和遗嘱继承）或②依特定财产继承遗嘱继承财产的情形，判例认为属于因继承而当然发生的权利归属，不要求具备对抗要件即可对抗第三人[①]。但是，对于③因遗赠而取得所有权或④因遗产分割而使得取得所有权的部分超过继承份额的情形，因关系到第三人的利益，要求③④情形需具备对抗要件才能对抗第三人。

出于保护交易安全以及保护难以知晓遗嘱的有无及内容的第三人的权利，本次继承法修改将上述①－④的情形进行统一，新增第899条之2第1款，要求对于超过法定继承份额的部分，如果不具备登记等对抗要件，则不可对抗第三人。例如，对于遗产中的不动产，即使继承人依遗产分割而取得了与法定继承份额不一致的权利，但如果该继承人不进行不动产登记，则对于超出法定继承分的部分，无法对抗第三人[②]。

另一方面，根据遗产分割取得的债权如果超过法定继承份额的，如果不满足下列条件之一，则不可对抗债务人（第899条之2第1款、第2款）：①所有共同继承人对债务人作出继承的通知；②超过法定继承份额继承该债权的继承人，在明确遗产分割内容[③]的基础上向债务人作出其继承的通知；③债务人承诺的。

（六）新设特别贡献费制度

对于共同继承人中对被继承人财产的维持或增加有特别贡献的

---

① 最判平成14年（2002年）6月10日家月55卷1号77页。

② 该规定参考了最判昭和46年（1971年）1月26日民集25卷1号90页的判例法理。

③ 明确遗产分割内容的方法包括向债务人出示遗产分割协议书等。潮见佳男『详解相続法』（弘文堂、2018年）310页。

人（如对被继承人的事业提供劳务帮助或给付财产、或对被继承人
进行疗养看护等），日本民法历来承认该继承人可以根据共同继承
人的协商或家庭裁判所的审判，而增加其继承份额（第904条之
2），这被称为"贡献度制度"。需要注意的是，此处仅承认继承人
的特别贡献，而不包括非属于继承人的儿媳、女婿等所作的贡献。
但是，在现实生活中，儿媳等照顾被继承人，对被继承人的财产维
持或增加有所贡献的情形不在少数。虽然日本判例认为儿媳等的贡
献可视为其配偶（即继承人）的贡献，而增加其配偶的继承份
额[1]，但这样的方式却无法将儿媳等付出的贡献所得到的利益直接
归属于其自身。另外，虽然也可以考虑通过财产法法理（如劳动报
酬请求权、事务管理的费用偿还请求权、不当得利请求权等）变相
地将儿媳等付出的贡献归属于其自身，但在具体情形中继承人是否
承认或者裁判是否认可相关法理的适用，仍是一大难题[2]。

因此，为了将儿媳等付出的贡献所得到的利益能够直接归属于
其自身，本次修改新增的第1050条第1款规定了"特别贡献费制
度"。该制度的适用对象是继承人的亲属。即，继承人的亲属中通
过无偿[3]的疗养看护或其他劳务形式，对被继承人财产的增加或维
持有特别贡献的人（被称为"特别贡献者"），可以在继承开始后，
对继承人请求支付与其贡献相当额度的金钱（被称为"特别贡献
费"）。新设立的特别贡献费制度一方面将上述肯定儿媳等所付出的
贡献的判例法理制度化，另一方面又以更为简练的形式将儿媳等所
付出的贡献直接且明确地归属于其自身[4]。

## 四、继承法修改的问题点

本次继承法修改规模庞大，内容几乎涵盖了继承法的各方面，
不仅对继承法的章节进行了调整，新设了第8章"配偶居住的权

---

① 如東京高決平成22年（2010年）9月13日家月63卷6号82頁等，还可参见
谷口知平ほか編『新版注釈民法（27）〔補訂版〕』（有斐閣、2013年）246—248頁（有
地亨＝犬伏由子執筆）。潮見佳男『詳解相続法』（弘文堂、2018年）510頁。
② 窪田充見「相続法改正（下）」法学教室461号（2019年）69—70頁。
③ 如果被继承人已经通过合同或者遗嘱回报了特别贡献人所付出的贡献，则不满
足"无偿"要件。部会資料19第1頁和第8頁。
④ 窪田充見「相続法改正（下）」法学教室461号（2019年）70頁。

利"和第 10 章"特别贡献",对于遗产分割制度、遗嘱制度以及特留份制度等也进行了实质上的大修改。本次修改在保护老年配偶的居住权及生活、促进自书遗嘱的利用、谋求共同继承人间的公平以及便于实务操作等方面具有非常重要的意义。但是,本次修改也存在不少来自学界和实务界的批判,以下将就上述六大修改点中存在的主要问题点,即围绕配偶居住权等对于生存配偶的保护效果有限、遗产分割的长期化与复杂化的可能性、特别贡献费制度的适用对象狭窄这几个问题点进行说明。

（一）生存配偶的保护效果有限

在保护生存配偶的居住权、提高生存配偶能够取得的遗产份额方面,本次修改新设了配偶短期居住权、配偶居住权两种权利,并且规定结婚 20 年以上的夫妻一方对配偶实施的建筑或土地等的赠与或遗赠推定具有免除取回的意思表示。但是,就其中的配偶居住权而言,我们必须认识到,其保护生存配偶的效果是有限的[①]。在第 1028 条与第 1029 条规定的四种可以取得配偶居住权的情形中,仅当"家庭裁判所在考虑了居住建筑所有人所承受的不利益程度,仍认为为了维持配偶的生活而特别有必要时",生存配偶才可以单独凭借自己的意思获得配偶居住权（其他三种情形或者需要其他共同继承人同意,或者需要被继承人将该居住建筑遗赠给配偶）。并且,什么样的事由才属于上述家庭裁判所认可的赋予配偶居住权的情形,仍需要等待今后判例的积累。

此外,关于结婚 20 年以上的夫妻一方对配偶实施的建筑或土地等的赠与或遗赠推定具有免除取回的意思表示,由于这一规定属于意思表示的推定,如果被继承人明确表示自己没有该意思,那么,无论夫妻双方结婚 50 年还是 100 年,配偶都将无法获得该制度下的保护[②]。

（二）遗产分割的长期化与复杂化

关于遗产分割前被处分的遗产,本次修改虽然规定了只要处分遗产的继承人以外的其他继承人同意,即可将被处分的这部分遗产作为遗产分割的对象,由此一次性解决遗产分割时存在的不稳定

---

① 窪田充見「相続法改正（上）」法学教室 460 号（2019 年）61 頁。

② 窪田充見「相続法改正（上）」法学教室 460 号（2019 年）64 頁

性，实现简化遗产分割过程的目的。但是，当处分该财产的继承人就处分行为的有无存在不同意见，或者就被处分财产如何估值及其用途的问题产生争执（如该被处分财产用于支付被继承人的丧葬费用，而其他继承人不同意支付这笔费用的情形），进而诉诸法院时，遗产分割反而可能走向长期化、复杂化的局面①。

（三）特别贡献费制度的适用对象狭窄

本次继承法修改通过新设特别贡献费制度，将儿媳等继承人的亲属对被继承人实施的疗养看护等有利于被继承人财产的维持和增加的贡献，反映在了特别贡献费上，从而将该利益直接归属于该继承人的亲属。这一制度解决了继承人的亲属即使对被继承人有所贡献也难以获得回报，而继承人即使什么都不做也能继承被继承人遗产之间所产生的不平等②。

但是问题在于，新设的特别贡献费制度的适用对象未免过于限定。在法制审议会的讨论过程中，关于特别贡献费制度曾提出过如下三种方案：①反对新设立特别贡献费制度；②在一定的亲属范围内承认其特别贡献；③在不要求亲属关系的前提下，新设立特别贡献费制度③。在最后的审议中，为了避免继承纠纷的复杂化和长期化，最终采取了第②种方案，也就是将适用对象限定为继承人的亲属。

然而，随着婚姻家庭的多样化，照顾被继承人、为被继承人的财产形成作出贡献的，不仅仅是继承人的亲属，也可能是同性伴侣、同居伴侣等具有亲密关系的当事人。尽管对于不属于继承人亲属的当事人而言，仍然可以考虑通过财产法法理（如照顾被继承人的劳动报酬请求权等）为自己的贡献取得回报，但如前所述，实现这一途径并不容易④。因此，将特别贡献费制度的适用对象限定为继承人的亲属，对于被继承人的同性伴侣等而言，将产生制度上的不公平。

---

① 大場浩之「遺産分割前の財産処分（新 906 条の 2）」金融・商事判例 1561 号（2019 年）43-44 頁。
② 梅澤彩「特別の寄与」金融・商事判例 1561 号（2019 年）124 頁。
③ 窪田充見「相続法改正（下）」法学教室 461 号（2019 年）70 頁。
④ 窪田充見「相続法改正（下）」法学教室 461 号（2019 年）70 頁。

## 五、结语

此次日本继承法修改从法务省组建"继承法制讨论工作组"以来历时 4 年多完成，对继承法的内容进行了全方面的修改。通过新设配偶短期居住权、配偶居住权和免除取回的意思表示推定规则，为应对日本社会快速发展的人口老龄化所带来的保障生存配偶生活的问题提供了解决方案。另一方面，遗产分割制度的修改（新设的遗产分割前的存款返还制度等）、促进遗嘱制度的利用（自书遗嘱要件的修改及自书遗嘱保管制度的创设）、侵害特留份效果的金钱债权化、继承效力的修改以及特别贡献费制度的设立，也分别在避免遗产分割纠纷、实现被继承人的真实意思、保护交易安全等方面具有重要的意义。虽然本次继承法修改仍存在些许问题点，有待今后继续探讨以及判例的累积，但是从比较法的观点来看，对于我国应对人口老龄化的问题以及民法典继承编的制定，具有重要的参考价值。

囿于篇幅限制，本文仅就本次日本继承法修改中的六大主要修改点进行考察，对于各修改点未能进行全面而具体的分析，这将作为今后的课题进行研究。

# 学界回顾

## RESEARCH OVERVIEW

# 2018 年日本宪法学研究综述

付彦淇*

本文旨在对 2017 年 10 月到 2018 年 9 月期间日本宪法学研究的状况进行整体概括。本文内容在构成上主要参考同年《法律时报》的学界总结，并同时参考《公法研究》《法学教室》、『法学セミナー』（也称『HOUGAKU Seminar』，以下省略）等刊物①。由于篇幅及笔者学识所限，概而言之或探讨不足之处还望各位读者谅解。

## 一、日本宪法学界研究背景

2017 年正值日本国宪法制定 70 周年。在此背景下，回顾并探讨宪法理论是近两年的一个持续的课题。其中较为突出的是《法律时报》从 2017 年 8 月到 2018 年 7 月间连载了高桥和之、高见胜利等教授的谈话内容。这些谈话内容，整合了宪法学方法论、主权论、民主主义、政治体制、司法审查等诸多问题。《法学教室》从国民主权论、

＊ 付彦淇，大阪大学法学研究科宪法学专业博士研究生。

① 参见尾形健・上田健介・井上武史・櫻井智章・山本健人「特集・学界回顧 2018 憲法」法律時報 90 巻 13 号（2018 年 12 月）4 — 22 頁；毛利透・小山剛・村田尚紀「学界展望 憲法（立憲主義と法治主義の現代的課題）」公法研究 80 号（有斐閣、2018 年）230－257 頁；法学教室 451 号— 459 号（有斐閣、2018 年 4 月— 12 月）；法学セミナー 62 巻 10 号－63 巻 6 号（日本評論社、2017 年 10 月— 2018 年 6 月）。为了尽可能反映 2018 年度学界整体状况，笔者参教上述刊物中考察的时间点及刊物发行的状况。本文内容上带有笔者的主观偏好，为了叙事及注释结构的完整性，文中有部分引用到 2018 年底的论文的情况。

司法权论、议会与内阁权限分配论、表达自由论等论点出发，在 2018 年 5 月刊登了《宪法基本的再确认》的专题文章，重燃宪法理论的思考。宍户常寿与林知更编写的《总览日本国宪法 70 周年》① 中，对宪法典的规定进行了全面的考察。在本文注释中出现较多的 2017 年 12 月的户波江二古稀纪念论文集和 2018 年 9 月的初宿正典古稀纪念论文集，也集中体现了本年度宪法学界的研究成果。

　　2017 年到 2018 年间也不乏典型的宪法判例②，如最高裁判所审理的 2017 年 1 月 31 日被遗忘权案（最判三小平成 29 年 1 月 31 日平成 28（许）45），2017 年 3 月 15 日 GPS 搜查事件（最大判平成 29 年 3 月 13 日刑集 71 卷 3 号 13 頁），2017 年 12 月 6 日 NHK 收费制度的合宪审查案（最大判平成 29 年 12 月 6 日民集 71 卷 10 号 1817 頁），2017 年 9 月 27 日参议院议员选举中投票价值不均衡案（最大判平成 29 年 9 月 27 日裁判所时报 1685 号 1 頁）。除此之外，更多的是下级裁判所判例，如 2017 年 12 月 20 日名古屋地方裁判所审理了停止司法修习生费用供给制度是否违宪的案件（名古屋地裁平成 29 年 12 月 20 日平成 25（行ウ）78），东京高等裁判所 2018 年 5 月 18 日审理了公民会馆内禁止登载宪法第 9 条有关的诗句是否侵犯了人格权的案件（東京高裁平成 30 年 5 月 18 日平成 29（ネ）5012）。

　　当然，宪法学界的探讨也离不开当前政治状况。随着森友学园问题、加计学园问题的持续发酵，安倍政权正在面临着执政窘境，也间接的影响到了安倍政权寻求的宪法改正案的进程。再加上天皇的生前退位、2020 年东京奥运会的财政预算以及东京丰州市场搬迁等问题带来的国民热议，在有"平成"末年之称的 2018 年，如

---

　　① 宍戸常寿・林知更編『総点検日本国憲法の 70 年』（岩波書店、2018 年）。

　　② 参见法律時報臨時増刊『判例回顧と展望 2017』法律時報 90 卷 6 号（2018 年 5 月）3 頁以下；法学教室 459 号（2018 年 12 月）135 頁以下。此外，判例评析有：西土彰一郎「公共放送の財源：NHK 受信料訴訟大法廷判決をうけて［最高裁 2017.12.6］」論究ジュリスト 25 号（2018 年）39－46 頁；横大道聡「NHK 受信料訴訟を考える（3）NHK 受信料大法廷判決から考える憲法上の論点［最高裁平 29.12.6］」判例時報 2383 号（2018 年 12 月）123－129 頁；神田知宏「忘れられる権利：日本での検索結果削除請求を中心に」法とコンピュータ（36）（2018 年 7 月）21－26 頁；神田知宏「グーグル検索結果削除請求事件—最高裁第三小法廷 2017・1・31 決定」法学セミナー 63 卷 3 号（2018 年 3 月）42－47 頁；笹倉宏紀・山本龍彦・山田哲史・緑大輔・稲谷龍彦「強制・任意・プライヴァシー（続）GPS 捜査大法廷判決を読む、そしてその先へ［最高裁平成 29.3.15 判決］」法律時報 90 卷 1 号（2018 年）54－83 頁。

此复杂的政治状况演变成为日本宪法学界讨论的热门话题。

## 二、学会动向

上述学界研究背景在 2018 年学会动向中得到充分体现。日本全国宪法研究会和宪法理论研究会分别于 2018 年 5 月 12 日、13 日召开。其议题分别为"日本国宪法中的'制度设计'和'实践':以人权论为考察中心"(「日本国憲法の『制度設計』と『プラクシス』:人権論を中心に」)和"立宪主义的挑战之宪法的设计"(「立憲主義の挑戦:憲法のデザイン」)。日本公法学会于 2018 年 10 月 13 日、14 日召开。13 日的报告内容为:井上典之《宪法判例与宪法解释:最高裁判所的宪法判断与其先例》(「憲法判例と憲法解釈:最高裁の憲法判断とその先例性」),松本和彦《公法解释中各原理及原则的对抗:宪法学中的比例原则、预防原则、平等原则》(「公法解釈における諸原理·原則の対抗:憲法学から見た比例原則·予防原則·平等原則」)。14 日的报告分为两个会场。第一会场议题为"统治机构中'先例'的意义"(「統治機構における『先例』の意義」),其中有横大道聪以《内阁与先例:以宪法解释为中心》(「内閣と先例:憲法解釈を中心に」)为题的报告。第二会场议题为"'原理·原则'解释论上的对抗"(「『原理·原則』をめぐる解釈論上の対抗」),其中有木村草太以《平等原则与非差别原则:原理·原则的对抗·竞合·协作》(「平等原則と非差別原則:原理·原則の対抗·競合·協働」)为题的报告。2018 年 10 月 15 日日本全国宪法研究会的报告内容为:糠塚康江《议会民主主义:作为 medium 的议员》(「議会制民主主義—〈medium〉としての議員」),本秀纪《和平主义的规范构造及动态:安全保障的"制度设计"与"实践"》(「平和主義の規範構造と動態—安全保障の「制度設計」と「プラクシス」—」),中里实《财政、金融与议会》(「財政·金融と議会」)等①。

---

① 以上内容为部分摘要,具体参见全国宪法研究会 HP〈https://zenkokuken.org/〉2019 年 2 月 5 日アクセス。宪法理论研究会 HP〈http://kenriken.jp.net/information/past_event/〉2019 年 2 月 5 日アクセス。另外日本公法学会的报告内容可参考次年《公法研究》。

另外，宪法学界关于人工智能领域的研究也较多，山本龍彥编《AI 与宪法》、木村草太著《AI 时代的宪法论之人工智能有人权吗?》①便是典型的例子。2018 年 11 月 24 日大阪大学召开了以人工智能与法为题的论坛②。宪法学者的报告为：片桐直人《人工智能网络化下的社会与宪法》（「AI ネットワーク化がもたらす社会と憲法」），松本和彦《人工智能网络化与民主主义走向》（「AI ネットワーク化と民主主義の行方」）。他们指出人工智能在未来参与政治决策方面具有突出的作用，但同时要重视人工智能发展及其运用对近代立宪主义理论的影响。特别是松本和彦将人工智能参与的民主主义的表现形式分为：（1）以人民的代表为统治主体、（2）依照人民意志的统治和（3）为人民利益的统治。在（1）的表述下，统治者可依照人工智能的进言进策决定公务之事，人民可以作为明辨是非的最终审查者。（2）的表述又分成了两个层面。第一，人工智能作为统治进言者或政策提案人时，决定公务之事是统治者的责任，但也同时保留人民决策参与、批判建议的权利。这一层面接近于第一种表述，但侧重点稍有不同。第二，人工智能成为国民意愿的进言者的情况下，大数据信息采集、分析和预测作为人工智能的功能，既有散布信息引发的舆论导向效应，也有基于一定的喜好屏蔽或过度偏向的效果。由此松本和彦便有了"人工智能能否胜任国民意愿的进言者一职"的疑问。（3）的表述中将人工智能视为维护人民利益的工具，但是人工智能在明辨人民利益的能力上是存在缺陷的，因此这也需要面对如何发展人工智能的逻辑，以及排除由情

---

① 山本龍彥『AI と憲法』（日本経済新聞出版社、2018 年）。山本龍彥还从人类尊严的角度对人工智能进行探讨，参见弥永真生・宍戸常寿编集『ロボット・AI と法』（有斐閣、2018 年）。其他相关书籍与论文有：佐藤優・木村草太・山川宏著『AI 時代の憲法論 人工知能に人権はあるか』（毎日新聞出版、2018 年）；山口いつ子「表現の自由と著作権——AI 時代の「ユーザーライツ」概念とそのチェック機能」論究ジュリスト 25 号（2018 年）；宍戸常寿・大屋雄裕・小塚荘一郎・佐藤一郎「AI と社会と法——パラダイムシフトは起きるか?」論究ジュリスト 25 号（2018 年）；福岡真之介『AI の法律と論点』（商事法務、2018 年）；樺島博志「人工知能技術の人間存在への倫理的影響について」初宿正典先生古稀祝賀『比較憲法学の現状と展望』（成文堂、2018 年 9 月）。

② 参见大阪大学高等司法研究科主页〈http://www.lawschool.osaka−u.ac.jp/wp−content/uploads/2018/10/news181124_AI−network−event.pdf〉2019 年 2 月 5 日アクセス。

感化、非理性的人民判断来干预人工智能的问题。总之，在不久的将来人工智能参与统治领域是一个不可回避的课题。

## 三、宪法总论

### （一）宪法总论

同 2017 年一样，立宪主义是 2018 年宪法学界探讨的切入点。江藤祥平在《近代立宪主义与他者》[①] 一书中，为迎接宪法制定 70 周年，整合了其在《国家学会杂志》发表的论文。他认为立宪主义还没有达到渗透日本社会的程度，日本国民没有理解立宪主义是有其原因的。国家可以被视作"强大的个人"（強い個人），因而可以成为公共的代名词。国家作为连接个人与公共的"他者"，应当寻求从个人与公共的逆接关系到顺接联系的突破。江藤祥平指出并批判了"国家他者论"在立宪主义中探讨不足的情况，强调需要思考现代社会中立宪主义的成因。

樋口阳一在《抑制力的宪法》[②] 一书中，整体考察了战后宪法学中的立宪主义理论。对于如何理解日本社会中的立宪主义，他指出日本社会的发展存在着矛盾并反复的现象。本书沿袭其研究共和制的学术视角，从自由主义这一近代宪法学中重要的解释论出发，对了解立宪主义有很大的帮助。

由辻村みよ子编写，2018 年 11 月刊行的《宪法研究》[③] 以《现代宪法与国际立宪主义的课题》为题，着重讲述了现代宪法课题中如何认识和平主义、立宪主义同国际人权法的联系。

### （二）和平主义·安全保障

关于宪法第 9 条的解释论和修正论，比较突出的是水岛朝穗《和平宪法政策论》和木庭显《宪法第 9 条的末路》[④]。水岛朝穗认为在和平宪法的语境下政府过度地强调了军事活动的合理性，比如日本突出的问题是集体自卫权问题。和平发展所寻求的依宪决策是

---

① 江藤祥平『近代立憲主義と他者』（岩波書店、2018 年 6 月）。

② 樋口陽一『抑止力としての憲法——再び立憲主義について』（岩波書店、2017 年 12 月）。

③ 辻村みよ子編『憲法研究第 3 号』（信山社、2018 年 11 月）。

④ 木庭顕『憲法 9 条へのカタバシス』（みすず書房、2018 年）；水岛朝穗『平和の憲法政策論』（日本評論社、2017 年）。

水岛朝穗的出发点。木庭顕在解释宪法第九条时强调了法的作用。宪法第 9 条第 1 项中放弃武力的内容并没有足够限定能够扩张解释自卫目的的情形，因此要结合宪法第 9 条第 2 项的内容分析。他指出，适用第 2 项之时应当警惕破坏内部的政治体系，如果政治体系不能正常地运行便不能有效的控制实权统治下的军事组织，以致其渗透进国民社会生活中，军事活动也变得不透明。因此，防止滥用自卫权，就应当防止基于实权统治下的政治错位。

（三）宪法修正·宪法保障

山本龍彦在《无主权者的宪法变动》[①] 中指出，现如今从某些判例（国会议员法案提出权的限制等）可以看出即便没有主权者，即国民的参与也可以产生宪法变动的效果。与日本相反，为警惕形成宪法典时政府专制的现象，美国在宪法变动中承认了国民参与的重要性。他认为日本应当参考美国去确认国民在宪法变动时的资格与责任，以及着眼于改善宪法教育、宪法报道的状况。另外，稻正树主张发挥宪法学者对宪法修正的作用，向各地市民传递国民主权、尊重基本人权、和平主义等宪法原理[②]。

学界对宪法第 9 条的修正问题的研究依然保持着热情，2018 年 6 月的『法学セミナー』登载了题为《宪法第 9 条修正的近况》的特集，内有针对宪法改正等诸多论文[③]。

（四）天皇制

平成天皇的生前退位一直是热议的话题。2017 年 6 月，日本

---

① 山本龍彦「主権者なき憲法変動――日本国憲法秩序のアイデンティティ」論究ジュリスト 25 号（2018 年）。

② 稲正樹「憲法問題・改憲問題と憲法研究者の役割」法律時報 90 巻 7 号 63－68 頁。

③ 本秀紀「憲法をめぐる情勢と安倍改憲の問題点」法学セミナー 63 巻 6 号（2018 年 6 月）13－31 頁；森英樹「憲法 9 条と非軍事平和主義：9 条を変更せず原意を維持する案がある理由」法学セミナー 63 巻 6 号（2018 年 6 月）32－37 頁；青井未帆「武器の購入、開発・輸出と憲法 9 条」法学セミナー 63 巻 6 号（2018 年 6 月）38－43 頁；城野一憲「憲法改正と自衛隊・防衛法制」法学セミナー 63 巻 6 号（2018 年 6 月）44－49 頁；桐山孝信「不戦のための国際的な組織・ルールとは」法学セミナー 63 巻 6 号（2018 年 6 月）50－58 頁；其他相关论文有：清水雅彦「「立憲的改憲論」の問題点」法と民主主義 527 号（2018 年 4 月）23－27 頁；山内敏弘「「護憲的改憲論」または「立憲的改憲論」についての疑問」独協法学（106）（2018 年 8 月）21－51 頁；山尾志桜里編『立憲的改憲：憲法をリベラルに考える 7 つの対論』（筑摩書房（ちくま新書）、2018 年）。

国会通过了《关于天皇退位的皇室典范特例法》，完善了法律的空白。2017 年 11 月的《法律时报》有象征天皇制生前退位的专题①，其中高桥和之在《天皇公务的混乱》中详细地分析了象征天皇制的特质和功能，并以此为前提对天皇的公务行为进行探讨。他提出象征型的公务活动与宪法中的国事活动存在较大的差异，因此如何解读《关于天皇退位的皇室典范特例法》的意义，不仅要明确生前退位中存的双刃剑效果，也需要甄别金森德次郎、佐藤功等先学大家的主张。

（五）国际宪法

探讨国家与宪法的意义，是国际宪法主要的论题。西土彰一郎《国际宪法的备忘录：参考宪法社会学》② 中，着重考察国际法的宪法化状况并论述了国际宪法的必要性。他从规范系统理论出发，援引德国社会学家尼可拉斯卢曼（Niklas Luhmann）理论，从人

① 高橋和之「天皇の「公務」をめぐる混迷」法律時報 89 巻 12 号（2017 年）56－62 頁；小幡純子「有識者会議での議論と天皇の退位等に関する皇室典範特例法」法律時報 89 巻 12 号（2017 年）63－69 頁；植村勝慶「イギリスの王位継承ルール：日本の皇位継承ルールとの対比で法律時報 89 巻 12 号（2017 年）70－75 頁；西村裕一「近代憲法史の中で見た天皇の生前退位」法律時報 89 巻 12 号（2017 年）76－81 頁。在 2018 年 11 月的《法与民主主义》杂志上同样提到了天皇制的问题，参见森英樹「改元と改憲のビミョーな関係」法と民主主義 533 号（2018 年）3－7 頁；横田耕一「憲法原則と「象徴天皇制」」法と民主主義 533 号法と民主主義 533 号（2018 年）8－13 頁；植村勝慶「退位・新天皇即位と憲法：皇位継承の作法と効用」法と民主主義 533 号（2018 年）14－17 頁；植竹和弘「天皇制のシンボル・「日の丸・君が代」の強制」法と民主主義 533 号（2018 年）18－21 頁；志田陽子「象徴天皇制とジェンダー」法と民主主義 533 号（2018 年）22－25 頁；澤藤統一郎「元号制の欠陥と、その本質」法と民主主義 533 号（2018 年）26－29 頁；高良鉄美「沖縄と天皇制：憲法史の視点から」法と民主主義 533 号（2018 年）30－33 頁；須賀博志「宮沢俊義「国家神道」像の批判的検討」初宿正典先生古稀祝賀『比較憲法学の現状と展望』（成文堂、2018 年 9 月）。

② 西土彰一郎「グローバル憲法についての覚書—憲法社会学を参考にして」戸波江二先生古稀記念『憲法学の創造的展開（上巻）』（信山社、2017 年）。相关的论文为西土彰一郎「トランスナショナル憲法の可能性」浦部法穂先生古稀記念『憲法理論とその展開』（信山社、2017 年）111－137 頁；伊藤一頼「私的規範形成のグローバル化がもたらす正統性問題への対応——国内公法理論からの示唆に着目して」論究ジュリスト 23 号（2017 年 11 月）8－13 頁；山田哲史「国内法の国際法適合的解釈の意義」論究ジュリスト 23 号（2017 年 11 月）20－26 頁；山田哲史「グローバル化時代に公法学の可能性は残されているか」初宿正典先生古稀祝賀『比較憲法学の現状と展望』（成文堂、2018 年 9 月）。

权角度论证法律体系与政治体系构造相互结合的可能性。他认为尊重世界范围的各种社会体系必然会引发一系列的社会问题，在法律层面的探讨有助于开拓人权保障的途径。

（六）日本宪法史

对于尚未被修正的日本国宪法来讲，学界与政界都较为关注宪法修正的相关问题。宪法修正的概念与宪法改正的概念息息相关。宪法改正不仅是统治阶层的责任还是全日本国民必须要面对的任务。在此，国民对宪法的认知将会起到很重要的作用。境家史郎在《宪法与舆论》① 中，收集整合了日本战后关于宪法的社会舆论，在历史的进程中探讨了国民宪法意识的变迁。其主张特别是分析支持宪法改正的舆论变动可以更好地理解宪法第 9 条修正的意义。另外小林武《冲绳战前史与明治宪法》② 一文对研究战前宪法史有很大的帮助。

## 四、人权总论

### （一）人权基础理论

户波江二古稀纪念论文集中有很多关于人权理论的文章③。小

---

① 境家史郎『憲法と世論——戦後日本人は憲法とどう向き合ってきたのか』（筑摩書房、2017 年）。相关论文有：境家史郎「日本人の憲法観」判例時報 90 巻 9 号 131-135 頁。

② 小林武「沖縄の戦前史と明治憲法」愛知大学法学部法経論集 213 号（2017 年 12 月）187-218 頁。其他相关资料为：荒邦啓介『明治憲法における「国務」と「統帥」：統帥権の憲法史的研究』（成文堂、2017 年）；齋藤康輝「明治憲法とドイツ各邦憲法：日本におけるプロイセン憲法およびドイツ系諸憲法の継受」東洋法学 61 巻 3 号（2018 年 3 月）163-182 頁；鈴木敦「帝国議会秘密会議事速記録の公開経緯・再考（2・完）芦田小委員会速記録の公開問題を中心として」山梨学院大学法学論集 80 号（2017 年）139-203 頁；清野幾久子「福田徳三のシュタイン継受と「もう一つの立憲主義」」戸波江二先生古稀記念『憲法学の創造的展開（上巻）』（信山社、2017 年）

③ 千國亮介『私人間効力論議に関する覚書』戸波江二先生古稀記念『憲法学の創造的展開（上巻）』（信山社、2017 年）；武市周作「外国権力による基本権侵害と保護義務」戸波江二先生古稀記念『憲法学の創造的展開（上巻）』（信山社、2017 年）；玉蟲由樹「基本権制約はなぜ比例的でなければならないのか」戸波江二先生古稀記念『憲法学の創造的展開（上巻）』（信山社、2017 年）；中野雅紀「価値・原理・統制」戸波江二先生古稀記念『憲法学の創造的展開（上巻）』（信山社、2017 年）；小山剛「エバーハルト・グラビッツの基本権論」戸波江二先生古稀記念『憲法学の創造的展開（上巻）』（信山社、2017 年）。

山刚在 2018 年 5 月发行《法学教室》中探讨了宪法权利的私人间效力问题。他指出私人间效力中的主流的"间接适用说"存在缺陷。最近的学界学说兴起了对"间接适用说"的再加工，但是这些学说依然存在问题。最后，他为私人间效力设定情景，在侵害民事协议的不法行为中，法院履行基本权保障义务的同时可以产生私人间效力①。

（二）自己决定权（自决权）

上田宏和在《自己决定权的构造》② 一书中，在承接美国学理和判例的基础上明确了自决权的构造、意义、保护内容和保护理论，为日本自决权的发展提供一定的参照价值。事实上，此书中所引用的劳伦斯诉德克萨斯州案③，也反映了学界对同性恋者性自由权的关注。又如，依照 2017 年 5 月 24 日中国台湾地区大法官第 748 号解释承认了同性婚姻。借此机会，日本宪法学界开始探讨涉

---

① 小山剛「憲法上の権利の私人間効力」法学教室 452 号（2018 年 5 月）30－33 頁。其他论文有：夏見英明「憲法と公法私法論：私人間効力論の混乱の一因」法学研究論集 47 号（2017 年）57－77 頁；高橋和之ほか「戦後憲法学の 70 年を語る：高橋・高見憲法学との対話（3－3・第 9 回）私人間効力論」法律時報 90 巻 4 号（2018 年）90－98 頁；平松直登「ステイト・アクション法理と水平的効力（1）合衆国憲法の権利条項の名宛人と私人間における人権保障のあり方」法学研究論集 48 号（2017 年）41－62 頁；我国学者的译著有［日］高桥和之（著）陈道英（译）:《"宪法上人权"的效力不及于私人间——对人权第三人效力上的"无效力说"的再评价》，载《财经法学》2018 年第 5 期，第 64 页。

② 上田宏和『「自己決定権」の構造』（成文堂、2018 年）。

③ Lawrence v. Texas, 539 U. S. 558（2003）.

及人权的同性婚姻问题。在 2017 年 10 月的『法学セミナー』① 中，三輪晃義点评了日本国内外同性婚姻的状况，认为日本社会依然存在对同性婚姻歧视的问题，例如若无婚姻的缔结则不利于继承关系的确立、子女的养育等切实的问题。保障由宪法第 13 条、14 条、24 条分别规定的个人尊严、平等、婚姻自由都亟须确立同性婚姻制度。

（三）隐私权

上述自决权在某种程度上可以用隐私权理解。山本龍彦在《思考隐私权》② 一书中明确了隐私权阶段性的发展过程。他不仅从语言构成上区别了个人信息在被收集时权利侵害带来的"痛感"（「激痛」）和在不知情的情况下自我控制、利用个人信息时带来的不安中的"痛感"（「鈍痛」），而且借此主张建立以保障人权为前提的法

---

① 三輪晃義「同性婚と人権保障」法学セミナー 62 巻 10 号 （2017 年 10 月） 17 －21 頁；立石結夏「セクシュアルマイノリティと暴力」法学セミナー 62 巻 10 号 （2017 年 10 月） 22－26 頁；田中太郎「アメリカはなぜ同性婚を実現できたのか」法学セミナー 62 巻 10 号 （2017 年 10 月） 27－30 頁；清水皓貴・鈴木朋絵「トランスジェンダーをめぐる法的問題」法学セミナー 62 巻 10 号 （2017 年 10 月） 31－34 頁；中川重徳・横山佳枝・熊澤美帆「LGBT と子ども：教育現場における問題点」法学セミナー 62 巻 10 号 （2017 年 10 月） 35－38 頁；山下敏雅・服部咲「LGBT と子の繋がり」法学セミナー 62 巻 10 号 （2017 年 10 月） 39－42 頁；大畑泰次郎「LGBT の人権保障の基本法をめぐる歴史と現在」法学セミナー 62 巻 10 号 （2017 年 10 月） 43－45 頁；志田陽子「LGBT と自律・平等・尊厳：なぜ憲法問題なのか」法学セミナー 62 巻 10 号 60－63 頁等。其他相关论文有：松田和樹「同性婚か・あるいは婚姻制度廃止か：正義と承認をめぐるアポリア」国家学会雑誌 131 巻 5・6 号 （2018 年 6 月） 369－432 頁；渡邊泰彦「ドイツにおける同性婚導入」京都産業大学総合学術研究所所報 13 号 （2018 年 7 月） 1－30 頁；白水隆「同性婚と日本国憲法」初宿正典先生古稀祝賀『比較憲法学の現状と展望』（成文堂、2018 年 9 月）。

② 山本龍彦『プライバシーの権利を考える』（信山社、2017 年）；村上康二郎『現代情報社会におけるプライバシー・個人情報の保護』（日本評論社、2017 年）；指宿信『GPS 捜査とプライバシー保護：位置情報取得捜査に対する規制を考える』（現代人文社、2018 年）；棟居快行「プライバシー権の来し方・行く末」戸波江二先生古稀記念『憲法学の創造的展開（上巻）』（信山社、2017 年）；毛利透「憲法訴訟の実践と理論（第 5 回）アンケート調査による個人情報取得とプライバシー権・表現の自由」判例時報 2334 号 （2017 年 8 月） 138－146 頁；中曽久雄「GPS 捜査とプライバシー権」愛媛大学教育学部紀要 64 号 （2017 年 12 月） 241－253 頁；玉蟲由樹「捜査機関の情報活動とプライバシー：憲法学の立場から」犯罪と刑罰 27 号 （2018 年 3 月） 135－153 頁；山田隆司「被疑者実名報道と名誉毀損・プライバシー侵害－報道機関の見解、司法判断を手がかりに－」創価法学 48 巻 1 号 （2018 年 7 月） 87－120 頁。

律制度。山本龍彦的隐私权论不同于以往的保障个人信息私密性的研究，而是从信息的收集、管理、应用等各个方面的法律制度设计和信息取得管理的技术上进行分析，以达到宪法学层面的理论构建。

（四）平等权

平等权问题涉及选举、家庭、雇佣等诸多问题，因篇幅有限，笔者单以日本学界热议的美国 2018 年 6 月 4 日蛋糕店案①为例进行说明。暂且搁置此案是否违背表达自由的原理，若被告主张契约自由是否可以免责？本案其实也涉及了如何协调宪法上的平等权与经济自由（私人自治）的问题。对此，高桥正明在《宪法上的平等原则与私人自治》② 中认为契约自由（私人自治）须让位于公共利益，禁止公共空间中的歧视问题具有很高的必要性。

2018 年 1 月 30 日，宫城县的一位 60 岁的女性提起了国家赔偿诉讼。起因是她接受了 1948 年成立并于 1996 年废止的《优生保护法》规定的强制避孕手术导致其至今不能结婚生子，同时也遭受到了社会的歧视。自此之后，为了救济旧《优生保护法》实施过程中产生的侵权问题，出现了大量的原告及援助律师团队，进而涌现

---

① Masterpiece Cakeshop, Ltd. v. Colorado Civil Rights Commission，138 S. Ct. 1719（2018）.

② 髙橋正明「憲法上の平等原則と私的自治：パブリック・アコモデーションにおける差別を巡る議論を手がかりに」帝京法学 31 巻 1・2 号（2018 年 3 月）189 — 303 頁。与平等权相关的其他论文为：安西文雄「間接差別と憲法」明治大学法科大学院論集 20 巻（2017 年 9 月）1 — 22 頁；大野友也「平等保護における合理性審査の厳格適用について」戸波江二先生古稀記念『憲法学の創造的展開（上巻）』（信山社、2017 年）；西原博史「遺族年金差別訴訟に見る平等権領域における立法裁量の位置づけ」戸波江二先生古稀記念『憲法学の創造的展開（上巻）』（信山社、2017 年）；秋葉大志「差別と公人・公的機関の役割：「平等」と「個人の尊厳」の実現のために」法学セミナー 63 巻 2 号（2018 年 2 月）26 — 31 頁；西川理恵子「アメリカにおける家族の変容と同性婚」法学研究 91 巻 2 号（2018 年 2 月）99 — 122 頁；木村草太「平等権と違憲審査基準：適切な権利の使い分け」法学教室 452 号（2018 年 5 月）34 — 38 頁；井上一洋「日本国憲法 14 条 1 項の「法の下の平等」の実体的価値について」広島法学 42 巻 1 号（2018 年 7 月）234 — 216 頁；蟻川恒正「家族への法的介入と憲法：夫婦同氏強制を素材として」法律時報 90 巻 11 号（2018 年 10 月）10 — 17 頁；「ドイツ憲法判例研究（211）「第三の性」決定：インターセクシュアルの性別登録と一般的人格権・平等権［ドイツ連邦憲法裁判所第一法廷 2017.10.10 決定］」自治研究 94 巻 12 号（2018 年 12 月）144 — 152 頁。

了更多寻求救济的诉讼。与此同时，议员的批评、指责和抗议团体的活动促使政府积极采取对策。正如栋居快行所言，旧《优生保护法》作为一个侵犯人权的宪法问题是不容忽视的①。

## 五、人权各论

### （一）思想自由、信教自由·政教分离

奥野恒久在《关于思想良心自由的现存问题》② 中，探讨了齐唱国歌时不起立以至于被处分的问题和行政机关发起的署名活动引发的问题。他通过探讨上述行政机关诱导或阻碍国民自由意识形成的判例，倡导尊重人权的思想。本年度关于思想良心自由的文章较多提到了已故宪法学者西原博史的研究成果。西原博史的研究成果依然是研究思想良心自由的扛鼎之作，值得更深入的研究。

2017 年和 2018 年《宗教法》③ 杂志从墓地埋葬法制出发，探讨了地方自治体的任务和宪法学上的信教自由。这一杂志也突出反

---

① 新里宏二「旧優生保護法による強制不妊手術·謝罪と補償を」法と民主主義 529 号（2018 年 6 月）30 — 33 頁；棟居快行「優生保護法と憲法学者の自問」判例時報 90 巻 9 号 1—3 頁。

② 奥野恒久「思想·良心の自由をめぐる今日的問題」龍谷政策学論集 7 巻 1·2 号（2018 年 3 月）151 — 162 頁。其他相关的论文有：竹嶋千穂「憲法第 19 条「思想及び良心の自由」の再考一成立背景からの一考察一」社学研論集 30 巻（2017 年 9 月）60 — 72 頁；木下智史「憲法訴訟の実践と理論（10）思想及び良心の自由をめぐる実践と理論の課題：国歌斉唱強制事件を素材として〔大阪地裁 2017.5.10 判決，東京地裁 2015.5.25 判決〕」判例時報 2355 号（2018 年 2 月）120 — 128 頁；竹嶋千穂「思想及び良心の自由の法理に関する一考察一知性と精神の領域」から一」社学研論集 32 巻（2018 年 9 月）17 — 30 頁。

③ 大石眞「フランスの墓地埋葬法制：公法的観点から」宗教法 36 号（2017 年）171 — 194 頁；田近肇「イタリアの墓地埋葬法制：公営墓地制度を通じた「死者への敬愛」の実現」宗教法 36 号（2017 年）195 — 217 頁；片桐直人「ドイツ·オーストリアの墓地埋葬と憲法」宗教法 36 号（2017 年）219 — 238 頁；竹内康博「日本の墓地法制：課題と展望」宗教法 36 号（2017 年）239 — 261 頁；成瀬トーマス誠「判例紹介 宗教法判例のうごき〔平成 28 年·公法〕」宗教法 36 号（2017 年）295－308 頁；棟久敬「憲法の前提としての宗教？：公法上の社団たる要件に関する検討を素材として」宗教法 37 号（2018 年）25—50 頁；成瀬トーマス誠「判例紹介 宗教法判例のうごき〔平成 29 年·公法〕」宗教法 37 号（2018 年）243 — 256 頁。

映了大石真、片桐直人等学者的研究成果①。诸根贞夫《宪法的现状及政教分离、靖国神社问题》② 分析了日本国宪法中皇权观念与宗教的关系，提到了近年来热议的皇室祭祀皇室典范、教育敕语、死者的尊严等问题，在分析系列参拜神社的判例中得出尊重历史、严守政教分离原则的结论。

（二）表达自由

2018 年度关于表达自由的研究非常丰富。2018 年 2 月『法学セミナー』的专题探讨了差别言论（即歧视性言论，以下省略）的现状和规制。曾我部真裕等学者又探讨了各个国家对差别言论的规

---

① 以大石真为代表的课题组（「国法と宗教法人の自治規範との対立・調整に関する研究：非営利法人の位置づけ再考」基盤研究（B）17H02474），从宪法学的角度探讨宗教法人自治权的内在及外延。此研究成果值得期待。〈https://kaken.nii.ac.jp/ja/grant/KAKENHI-PROJECT-17H02474/〉2019 年 2 月 5 日アクセス。

② 諸根貞夫「憲法の現況と政教分離・靖国問題について」龍谷法学 50 巻 3 号（2018 年 2 月）149 頁以下。相关论文还有：蟻川恒正「ロー・アングル 論点解説「信教の自由と政教分離」」法学セミナー 62 巻 12 号（2017 年 12 月）50—57 頁；神尾将紀「砂川政教分離訴訟の読解」早稲田法学 93 巻 3 号（2018 年）27—75 頁；古川純「天皇退位・即位儀式の憲法的精査 高齢譲位にともなう儀式の簡素化と政教分離の徹底」現代の理論（2018 年）128—131 頁。

制问题以及网络上和通信中的差别言论对策①。

　　在媒体法与信息法相关的表达自由问题中，学界有研究毁损名誉权的法制与案例评析，有宪法与刑法、民法、著作法等相邻法学

_____

　　① 小谷順子「人種差別主義に基づく憎悪表現（ヘイトスピーチ）の規制と憲法学説」法学セミナー 63 巻 2 号（2018 年 2 月）12 － 17 頁；金尚均「刑法改正、ヘイトスピーチ解消法改正の可能性」法学セミナー 63 巻 2 号（2018 年 2 月）18 － 25 頁；秋葉丈志「差別と公人・公的機関の役割：「平等」と「個人の尊厳」の実現のために」法学セミナー 63 巻 2 号（2018 年 2 月）26 － 31 頁；田島義久「「大阪市ヘイトスピーチへの対処に関する条例」の運用状況と課題」法学セミナー 63 巻 2 号（2018 年 2 月）32 － 33 頁；師岡康子「川崎市によるヘイトスピーチへの取組みについて：公共施設利用ガイドラインを中心に」法学セミナー 63 巻 2 号（2018 年 2 月）34 － 36 頁；中村英樹「ヘイトスピーチ解消法を受けた地方公共団体の取組みと課題」法学セミナー 63 巻 2 号（2018 年 2 月）37 － 42 頁；上瀧浩子「反ヘイトスピーチ裁判：李信恵さんの 2 つの裁判をめぐって」法学セミナー 63 巻 2 号（2018 年 2 月）43 － 49 頁；冨増四季「徳島県教組襲撃事件：ヘイト「クライム」対応に関する考察対象として」法学セミナー 63 巻 2 号（2018 年 2 月）50 － 54 頁。其他相关的论文有：小谷順子「憎悪表現（ヘイトスピーチ）への対応と憲法」比較憲法学研究 29 号（2017 年）1 － 23 頁；大日方信春「アメリカにおける「ヘイトスピーチ規制」について」比較憲法学研究 29 号（2017 年）25 － 52 頁；奈須祐治「イギリスにおける憎悪煽動（ヘイトスピーチ）規制の歴史と現状」比較憲法学研究 29 号（2017 年）53 － 76 頁；曽我部真裕「フランスにおけるヘイトスピーチ規制：宗教冒涜にも触れつつ」比較憲法学研究 29 号（2017 年）77 － 92 頁；上村都「ドイツにおける「ヘイトスピーチ」規制」比較憲法学研究 29 号（2017 年）93 － 109 頁；文公輝「大阪市ヘイトスピーチ対処条例とインターネット上のヘイトスピーチ」ヒューマンライツ 356 号（2017 年 11 月）25 － 30 頁；鈴木秀美「インターネット上のヘイトスピーチと表現の自由」戸波江二先生古稀記念『憲法学の創造的展開（上巻）』（信山社、2017 年）；松本和彦「大阪市ヘイトスピーチへの対処に関する条例」ジュリスト 1513 号（2017 年 12 月）81 － 86 頁；奈須祐治「カナダの州人権法によるヘイト・スピーチ規制（1）」西南学院大学法学論集 50 巻 2・3 号（2018 年 1 月）101 － 134 頁；奈須祐治「カナダの州人権法によるヘイト・スピーチ規制（2）」西南学院大学法学論集 50 巻 4 号（2018 年 3 月）143 － 179 頁；奈須祐治「カナダの州人権法によるヘイト・スピーチ規制（3・完）」西南学院大学法学論集 51 巻 1 号（2018 年 7 月）1 － 43 頁；中川律「改めて憲法を考える（40）差別問題の構造：ヘイトスピーチをめぐる議論を手がかりに」時の法令 2049 号（2018 年 5 月）55 － 60 頁；遠藤比呂通「BOOK REVIEW 金尚均『差別表現の法的規制：排除社会へのプレリュードとしてのヘイト・スピーチ』」法律時報 90 巻 11 号（2018 年 10 月）114 － 118 頁。

的综合评价，还有着眼于网络平台的表达自由问题①。特别是在信息法领域，最高裁判所关于 NHK 收费制度的判决引发了学界对公

---

① 前田聡「イギリス名誉毀損法における「公的関心事の公表」の抗弁について」流通経済大学法学部流経法學 17 巻 1 号（2017 年 9 月）207 － 215 頁；平地秀哉「放送・インターネットにおける名誉毀損」論究ジュリスト 25 号（2018 年）54 － 60 頁；太田洋・河合優子「まとめブログの記事掲載と名誉毀損：大阪地判平成 29 年 11 月 16 日に接して」NBL1116 号（2018 年 2 月）12 － 19 頁；張晶「インターネット上の転載による名誉毀損と転載者の責任」岡山大学大学院社会文化科学研究科紀要 45 号（2018 年 3 月）155 － 173 頁；山田隆司「名誉毀損の成否と「表現の自由」―最高裁判所の判断に変化の可能性―」創価法学 47 巻 3 号（2018 年 3 月）97 － 130 頁；金原宏明「「保護されない言論」の法理とその根拠について」熊本学園大学経済論集 24 巻 1-4 号（2018 年 3 月）255 － 272 頁；市川正人「表現の自由：表現内容規制・内容中立的規制二分論」法学教室 452 号（2018 年 5 月）22 － 25 頁。長谷部恭男・柿崎明二・中野晃一・豊秀一「権力・メディア・憲法 座談会」論究ジュリスト 25 号（2018 年）4 － 23 頁；齊藤愛「マスメディアの表現の自由：再訪」論究ジュリスト 25 号（2018 年）24 － 31 頁；玉蟲由樹「取材源秘匿の現在」論究ジュリスト 25 号（2018 年）32 － 38 頁；曽我部真裕「「インターネット上の情報流通の基盤」としての検索サービス［最高裁平成 29.1.31 決定］」論究ジュリスト 25 号（2018 年）47 － 53 頁；山口いつ子「表現の自由と著作権：AI 時代の「ユーザーライツ」概念とそのチェック機能」論究ジュリスト 25 号（2018 年）61 － 67 頁；木下昌彦「研究不正と営利的言論の法理：ディオバン事件における薬事法 66 条 1 項の解釈論争を素材として」論究ジュリスト 25 号（2018 年）68 － 75 頁；鈴木秀美「公正な刑事司法 vs. 公正な民事司法――取材資料の目的外利用の禁止と取材の自由」論究ジュリスト 25 号（2018 年）76 － 83 頁；浜田純一「メディアの自由・自律と第三者機関」論究ジュリスト 25 号（2018 年）84 － 91 頁。

共放送制度的宪法上的深度思考①。

（三）集会自由・结社自由

木下智史和市川正人选取了下级裁判所的判例，分析了集会场所的特质②。长冈彻选取了公园、广场等传统的信息交流场所为对象，讨论了日本缺乏保障此类场所中的言论自由的成因③。横大道聪在纪念大泽秀介教授退休论文中探讨了公益法人和 NPO 法人制度改革、结社自由与法人人格取得的关系、税制优待政策所面临的

---

① 長谷部恭男「自律・公平・高支持の公共放送財源制度を NHK と諸外国の制度を比較して考える」New media36 巻 3 号（2018 年 3 月）21 — 23 頁；鈴木嘉一「NHK は「合憲」判決にあぐらをかくな：「受信料訴訟」の最高裁判決をめぐって」New media36 巻 3 号（2018 年 3 月）24 — 26 頁；土屋英雄「深刻化する NHK 受信料問題：最高裁大法廷判決は受信料問題を解決しない［2017.12.6］」マスコミ市民：ジャーナリストと市民を結ぶ情報誌 591 号（2018 年 4 月）46 — 51 頁；宍戸常寿・音好宏・鈴木秀美・山本和彦「座談会 NHK 受信料訴訟大法廷判決を受けて［最高裁平成 29.12.6］」ジュリスト 1519 号（2018 年 5 月）14 — 31 頁；鈴木秀美「NHK 受信料判決と放送法 公共放送は「知る権利」に寄与 新時代の制度構築に国民的議論を［最高裁 2017.12.6］」Journalism336 号（2018 年 5 月）60 — 67 頁；高池勝彦「NHK 受信料制度について：最大判平 29・12・6 を受けて」判例時報 2365 号（2018 年 6 月）18 — 26 頁；木下智史「NHK 受信料訴訟を考える（1）NHK 受信料最高裁大法廷判決について：憲法学の観点から［平成 29.12.6］」判例時報 2373 号（2018 年 8 月）3 — 7 頁；高橋正明「判例評釈 NHK 受信料制度の合憲性：最高裁平成 29 年 12 月 6 日大法廷判決」帝京法学 32 巻 1 号（2018 年 10 月）395 — 427 頁；近江幸治「NHK 受信料訴訟を考える（2）NHK 受信契約の締結強制と「公共放送」概念」判例時報 2377 号（2018 年 10 月）121 — 129 頁；片桐直人「判例批評 NHK 受信料訴訟大法廷判決［最高裁平成 29.12.6］」民商法雑誌 154 巻 5 号（2018 年 12 月）1051 — 1071 頁。

② 木下智史「憲法訴訟の実践と理論（2）——集会の場所の保障をめぐる事例——」判例時報 2324 号（2017 年 5 月）3 — 10 頁；市川正人「公共施設における集会の自由に関する一考察：金沢市役所前広場訴訟を素材に」立命館法學 373 巻（2017 年）1 — 33 頁。

③ 長岡徹「公園・広場と集会の自由」法と政治 69 巻 1 号（2018 年 6 月）25 — 59 頁. 其他相关的论文还有：志田陽子「地方自治体と市民の"基礎体力"：「集会の自由」の意味を考える」議会と自治体 234 号（2017 年 10 月）80 — 90 頁；岡田俊幸「集会の自由とイベント文化」日本法學（2017 年 12 月）578 — 620 頁；岡田俊幸「ドイツ基本法における「集会」の概念をめぐる最近の議論」法学研究 91 巻 1 号（2018 年 1 月）203 — 225 頁。

困境①。

（四）经济的自由

随着网络书籍与电子书籍的普及，书店的营销模式也随之改变。大野悠介从评析法国、美国的制度出发，分析了日本书籍贩卖中自由定价与书籍再贩卖规制之间的宪法问题②。平良小百合《财产权的宪法保障》一书结合了小山刚等学者的观点，从财产权的"原形"出发考察了融合了多种法律制度中涉及财产权问题，从财产权内容形成上一窥宪法问题③。

另，2018 年 11 月 14 日大阪高等裁判所审理了纹身技师是否需要医师从业证书的案件（大阪高裁 2018 年 11 月 14 日平成 29 年（う）第 1117 号）也引起了学界的广泛关注④。

---

① 横大道聡「公益法人制度改革・法人格取得・結社の自由」法学研究 91 巻 1号（2018 年 1 月）145 — 169 頁。与结社自由相关的论文还有：岡田順太「エージェンシー・ショップと結社の自由 ：Friedrichs 判決を契機として」法学研究 91 巻 1 号（2018 年 1 月）311 — 333 頁；岡村等「フランス革命期における反結社法の役割に関する研究（1）」早稲田法学会誌 68 巻 1 号（2017 年 10 月）123-178 頁。

② 大野悠介「書籍流通制度と憲法理論・試論」慶應法学 39 号（2018 年 2 月）23 — 57 頁。

③ 平良小百合『財産権の憲法的保障』（尚学社、2017 年 12 月）。

④ 对于本案的讨论，参见：辰井聡子「医行為概念の検討：タトゥーを彫る行為は医行為か」立教法学 97 巻（2018 年 3 月）285 — 253 頁；小山剛「憲法訴訟の実践と理論（第 11 回）職業と資格：彫師に医師免許は必要か」判例時報 2360 号（2018 年 4 月）141 — 146 頁；濱口晶子「最新判例演習室 憲法 彫り師のタトゥー施術行為と職業選択の自由［大阪地裁平 29.9.27 判決］」法学セミナー 63 巻 8 号（2018 年 8 月）120 頁；「判決紹介 医師免許なく業としてタトゥー施術を行なった被告人に医師法 17条違反として罰金 15 万円が言い渡された事例［大阪地裁平成 29.9.27 判決］」年報医事法学 33 号（2018 年 8 月）239 — 244 頁；曽我部真裕「医師法 17 条による医業独占規制と憲法」初宿正典先生古稀祝賀『比較憲法学の現状と展望』（成文堂、2018 年 9月）。

（五）社会权

1. 生存权

由尾形健编著的《福祉权保障的现代展开》①一书，从生存权理论的现状与开展、生存权与勤劳义务的展开、福祉理论、教育支援制度、自然灾害中生活保障、残疾人权利保障、财政与福祉权保障等方面介绍了现代福祉国家所面临的多种问题。土屋仁美等学者从生命健康权出发，探讨了医疗给付与健康权的关系、食品安全与健康权的关系等问题②。

2. 受教育权·学术自由

受教育权和学术自由的问题中大学改革是一个持续性的问题，因此大学自治与学术自由问题是学界关注的重点③。其次，教育差别化问题、校园暴力、宪法教育、教育无偿化问题也得到了广泛的

---

① 尾形健編『福祉権保障の現代的展開』（日本評論社、2018 年 6 月）。生存権相关论文还有：松本奈津希「生存権の自由権的側面による最低生活保障：ドイツ連邦憲法裁判所の判例を素材として」一橋法学 17 巻 1 号（2018 年 3 月）65 — 148 頁；奥野恒久「生存権福祉政策と民主主義論（1）」龍谷政策学論集 7 巻 1・2 号（2018 年 3 月）87 頁；尾形健「生存権：「権利」であるとはどういうことだろう?」法学教室 452 号（2018 年 5 月）26 — 29 頁；永田秀樹「ドイツにおける生存権保障とハルツ Ⅳ 判決」法と政治 69 巻 1 号（2018 年 6 月）129 — 164 頁；齋藤康輝「憲法における生存権：「権利」の意味の考究とともに」日本法學 84 巻 2 号（2018 年 10 月）227 — 270 頁。

② 土屋仁美「食品安全分野における消費者の生命・健康権の保障の優先性：自己決定権の促進による市場メカニズムの活用の限界」法政法学 29・30 号（2018 年 3 月）1 — 35 頁；井上英夫「人権としての社会保障・健康権と尊厳を掲げて」国民医療 339 号（2018 年）66 — 69 頁；石塚壮太郎「「健康権」の法的性質：ニコラウス決定と基本権ドグマーティクの揺らぎ」法学研究 91 巻 1 号（2018 年 1 月）507 — 532 頁。

③ 2017 年初学界对大学自治的讨论非常活跃，如松井直之「国立大学改革と大学の自治」：『国立大学法人等の組織及び業務全般の見直しについて』をめぐって」横浜法学 25 巻 3 号（2017 年 3 月）75 — 99 頁；宮本憲一「危機に立つ日本社会と民主主義：沖縄・大学の自治権を中心に」住民と自治 648 号（2017 年 4 月）27 — 32 頁。2017 年底的论文有：高橋雅人「大学の自治と民主主義原理」戸波江二先生古稀記念『憲法学の創造的展開（下巻）』（信山社、2017 年）；齋藤芳浩「わが国における大学の自治制度の経緯について」初宿正典先生古稀祝賀『比較憲法学の現状と展望』（成文堂、2018 年 9 月）；中山茂樹「憲法問題としての研究倫理」初宿正典先生古稀祝賀『比較憲法学の現状と展望』（成文堂、2018 年 9 月）；

关注①。

（六）人身的自由及反恐对策法制

对于本文宪法学界研究背景中提到的 GPS 搜查判例，学者以刑诉法学与宪法学的对话的形式分析了宪法学中人身自由的问题②。大泽秀介在其编写的《变化的恐怖主义与法》③ 中介绍了时隔 911 事件 15 年后的各国反恐对策，并从法制与司法判断的角度进行了详细的比对。永山茂树等学者则为我们探讨了在紧急状态下的宪法应当如何运用的问题④。

① 荒牧重人「子どもの権利条約と教育への権利保障」戸波江二先生古稀記念『憲法学の創造的展開（下巻）』（信山社、2017 年）；丹羽徹「朝鮮学校への自治体による補助金の支給と在学生の教育を受ける権利」龍谷法学 50 巻 4 号（2018 年 3 月）2047—2066 頁；小林孝生「大学授業料無償化は可能か？：「一八歳選挙権」「財政」「教育を受ける権利」の授業の導入として」民主主義教育 21 12 号（2018 年 4 月）158—164 頁；内野正幸「人権・差別と教育法：とくに部落問題をめぐって」日本教育法学会年報 47 号（2018 年）33—36 頁；青井未帆「憲法改正と憲法教育論」民主主義教育 21 12 号（2018 年 4 月）5—13 頁；松澤一真「いじめ防止対策推進法の立法過程に関する研究—前決定過程（pre－decision making process）に焦点を当てて—」共栄大学教育学部研究紀要 3 号（2018 年 8 月）59—74 頁；梁邵英「「教育格差」社会における憲法第 26 条の「教育を受ける権利」に関する考察」初宿正典先生古稀祝賀『比較憲法学の現状と展望』（成文堂、2018 年 9 月）；横田守弘「ドイツ連邦憲法裁判所と就学義務」初宿正典先生古稀祝賀『比較憲法学の現状と展望』（成文堂、2018 年 9 月）。

② GPS 搜查可以参照本文隐私权的部分。对 GPS 搜查涉及到刑诉法上的强制处分主义的解析，可参照：實原隆志「「刑事訴訟法 197 条 1 項但書きの趣旨」の予備的考察」福岡大學法學論叢 62 巻 3 号（2017 年 12 月）559—594 頁；實原隆志「「GPS搜查」の憲法上の問題：比較対象としてのアメリカ国内の議論」福岡大學法學論叢 63 巻 1 号（2018 年 6 月）1—37 頁；松田岳士「強制処分概念をめぐる最近の議論について［最高裁平成 29.3.15 判決］」阪大法学 67 巻 6 号（2018 年 3 月）1097—1126頁。

③ 大沢秀介・新井誠・横大道聡編『変容するテロリズムと法——各国における〈自由と安全〉法制の動向』（弘文堂、2017 年 10 月）。

④ 永山茂樹「緊急事態条項の試的註解：自民党「憲法改正草案」98 条 1 項のばあい」大東ロージャーナル 14 号（2018 年 3 月）103—114 頁；榎澤幸広「自民党の緊急事態条項議論を過去から問い直す意味」法と民主主義 527 号（2018 年 4 月）17—22 頁；糠塚康江「議会による執行府のコントロール：緊急事態による事例演習」法律時報 90 巻 5 号（2018 年 5 月）44—49 頁；山岸喜久治「ドイツ憲法と緊急事態法：連邦国防軍の役割」宮城学院女子大学研究論文集 126 号（2018 年 6 月）13—37 頁。

## 六、统治机构总论

### （一）主权・权力分立・代表制

赤坂幸一在『法学セミナー』中以《探访统治构造论》① 为题连载的论文值得关注。他从委任立法的目的、内容、范围，议会保留，权力分立与正统性，民主统治，制定法律，预防性规范统制，透明性原理等切入点全面分析统治构造中的问题点。

田代滉贵从分析德国宪法法院解析德国宪法第 20 条第 2 项时运用的民主正统化原则出发，以判例评析的手法揭示了自治行政、权限委任、合议制机关的编成中存在的问题②。

### （二）选举权・选举制度

"一票格差"问题依然是本年度突出的问题。日本选举制度参考美国按人口比例换算议会席位的方式，但是依然存在格差扩大化的问题。2017 年 10 月 22 日的众议院选举结果产生的诉讼中，除了名古屋高等裁判所认定违宪之外，包括众多下级裁判所在内，2018 年 12 月 19 日最高裁判所认定 1.98 倍的格差合宪（16 例判决中 15 例的判决结果是合宪。参见最判大平成 30 年 12 月 19 日平成 30 年（行ツ）第 153 号）。关于投票价值平等的课题得到学界广泛

---

① 赤坂幸一「ロー・クラス 統治機構論探訪（第 5 回）委任立法の「内容・目的・範囲」」法学セミナー 62 巻 9 号（2017 年 9 月）61－70 頁。截至本稿完成，赤坂幸一以「統治機構論探訪」为题共发表了 21 次的论文，在此省略其 2017 年 10 月之后的相关论文。

② 田代滉貴「判例理論としての民主的正統化論：ドイツ連邦憲法裁判所判例研究」法政研究 84 巻 2 号（2017 年 10 月）341－398 頁。其他相关论文有：憲法学の 70 年を語る：高橋・高見憲法学との対話（1－3・第 3 回）国民主権からデモクラシーへ：ドイツ憲法研究とフランス憲法研究（2）」法律時報 89 巻 11 号（2017 年 10 月）135－143 頁；青柳卓弥「選挙活動規制立法と国民主権原理：「ロック主義への高度な回想」から見た政治的表現の自由の保障」法学研究 91 巻 1 号（2018 年 1 月）227－260 頁；松井茂記「国民主権を理解する」法学教室 452 号（2018 年 5 月）10－13 頁；山本龍彦「「睡眠」の質と憲法：「国民主権」から基本法制定を考える」中央公論 132 巻 5 号（2018 年 5 月）66－69 頁；只野雅人「政治過程における民意の制度化：代表・統治・対抗」公法研究 79 号（2017 年）1－24 頁；大河内美紀「カウンターデモクラシー・制度・民意」公法研究 79 号（2017 年）98－108 頁；

关注①。

日本选举学会 2018 年 6 月发行的《选举研究》详细介绍了

---

① 判例分析有：加藤隆佳「平成二十八年七月十日執行の参議院選挙区選出議員選挙に係る定数訴訟の最高裁判決について［平成 29.9.27］」選挙時報 67 巻 2 号（2018 年 2 月）25—45 頁；中丸隆「最高裁大法廷時の判例［平成 29.9.27 判決］」ジュリスト 1514 号（2018 年 1 月）83—91 頁；大竹昭裕「平成 28 年参議院議員選挙と投票価値の平等［最高裁平成 29.9.27 判決］」青森法政論叢 19 号（2018 年）104—111 頁；齊藤愛「平成 28 年参議院議員選挙と投票価値の平等［最高裁大法廷平成 29.9.27 判決］」法学教室 450 号（2018 年 3 月）44—50 頁；原田一明「平成 29 年衆議院議員選挙と投票価値の平等［名古屋高裁平成 30.2.7 判決］」法学教室 453 号（2018 年 6 月）137 頁；只野雅人「参議院選挙区選挙と投票価値の平等［最高裁大法廷平成 29.9.27 判決］」論究ジュリスト 24 号（2018 年）198—206 頁；合原理映「参議院議員通常選挙に対する選挙無効訴訟：最高裁判所平成 29 年 9 月 27 日大法廷判決」千葉商大論叢 56 巻 1 号（2018 年 7 月）1—16 頁；上田健介「公職選挙法一四条、別表第三の参議院（選挙区選出）議員の議員定数配分規定の合憲性：平成二八年参議院議員選挙投票価値較差訴訟大法廷判決［最高裁平 29.9.27］」判例時報 2377 号（2018 年 10 月）148—154 頁；工藤達朗「参議院（選挙区選出）の議員定数配分規定の合憲性［最高裁平成 29.9.27 判決，最高裁平成 29.9.27 判決］」民商法雑誌 154 巻 3 号（2018 年 8 月）510—526 頁；新井誠「参議院議員選挙の都道府県選挙区制をめぐる最高裁判決の動向：最高裁平成二九年九月二七日大法廷判決を素材として」広島法学 42 巻 1 号（2018 年 7 月）69—86 頁；櫻井智章「公職選挙法の選挙無効訴訟における違憲主張の制限［最高裁平成 29.10.31 判決］」民商法雑誌 154 巻 2 号（2018 年 6 月）363—367 頁；君塚正臣「公職選挙法の規定で一定の年齢に達しない者につき被選挙権を制限していることの憲法適合性について、公職選挙法二 四条の選挙無効訴訟において選挙人らが被選挙権の制限に係る当該規定の違憲を主張してこれを争うことは可能であるか（消極）［最高裁平 29.10.31 判決］」判例時報 2377 号（2018 年 10 月）155—160 頁；工藤達朗「衆議院議員選挙と投票価値の平等」判例時報 2383 号（2018 年 12 月）130—135 頁。与选举相关的书籍和论文有：大林啓吾・白水隆編『世界の選挙制度』（三省堂、2018 年 3 月）；山谷清志「参加型評価と参加型予算：ポピュリズムと 18 才選挙権」同志社政策科学研究 19 巻 1 号（2017 年 10 月）191—205 頁；倉田玲「強制投票の普通選挙：オーストラリア選挙法の不文の基礎」立命館法学 373 巻（2017 年）34—82 頁；宮内紀子「選挙権にみる国家と個人のつながりの多様性：イギリスの国籍法と国民代表法との関係から」法と政治 69 巻 1 号（2018 年 6 月）389—427 頁；菅原真「日本における「定住外国人」の地方選挙権」南山法学 41 巻 3・4 号（2018 年 8 月）179—200 頁；只野雅人「普通選挙と選挙裁判所：フランスにおける投票の真正（sincérité）の概念をめぐって」一橋法学 17 巻 2 号（2018 年 7 月）23—40 頁；堤英敬「合区の下での参院選：徳島県・高知県選挙区を事例として」香川法学 37 巻 3・4 号（2018 年 3 月）241—267 頁；新井誠「議会上院の選挙制度構想：参議院議員選挙区選挙の合区解消に向けた一考察」法学研究 91 巻 1 号（2018 年 1 月）285—309 頁；毛利透「投票価値較差訴訟の現状と課題」判例時報 2354 号（2018 年 2 月）134—144 頁；空井護「選挙制度」公法研究 79 号（2017 年）109—120 頁。

2017 年英美法德等国家的选举动向，也加入了境家史郎、糠塚康江等学者所编著的书籍的书评①。对研究选举制度有很大的帮助。迁村みよ子编写的《宪法研究》中，以特集《世界宪法变动与民主主义》详述了各国选举情况②。

## 七、统治机构各论

### （一）国会·立法权

针对安倍政权长期执政期间引发的"一强多弱"现象，本年度学界集中分析了在野党在议会民主中的意义。2017 年 12 月『法学セミナー』中有以《议会制民主主义的危机》为题的特集③。其中只野雅人指出森友学园问题和加计学园问题突出地反映了安倍政权"一强"的性质。"一强"是病态的权力集中构造的体现，而首相拥有自由解散众议院的权限恰恰对反映民意造成了阻碍。在野党势弱则难以发挥反对或对抗的作用，这一问题突出地反映在了日本政局中。

①　日本選挙学会編集『選挙研究』第 34 卷 1 号（木鐸社、2018 年 6 月）。目录可参见：〈http://www.bokutakusha.com/books/2018/4.html〉2019 年 2 月 5 日アクセス。另外，日本選挙学会的历年活动状况可参见：〈https://www.jaesnet.org/about/newsletter.html〉2019 年 2 月 5 日アクセス。

②　江島晶子「イギリスにおける 2016 年国民投票および 2017 年総選挙—「EU 離脱」をめぐる民意と代表」、吉田徹「フランス大統領選とナショナル・ポピュリズム」、只野雅人「2017 年フランス国民議会選挙と憲法・選挙制度」、植松健一「ドイツの民主政の現状と課題—2017 年連邦議会選挙を挟んで」、大林啓吾「ソロンのディカステリア—アメリカの大統領制とポピュリズム」、國分典子「朴槿恵大統領弾劾と韓国の民主主義」、岡田信弘「選挙制度改革の課題—参議院の議員定数不均衡問題を中心に—」辻村みよ子編『憲法研究第 2 号』（信山社、2018 年 5 月）。

③　只野雅人「議会制民主主義の「危機」？：日本の議会制民主主義の「今」を考える」法学セミナー 62 卷 12 号（2017 年 12 月）6—11 頁；中北浩爾「政治改革と安倍政権」法学セミナー 62 卷 12 号（2017 年 12 月）12—18 頁；上田健介「選挙・内閣・アカウンタビリティ：「ウェストミンスター・モデル」と日本」法学セミナー 62 卷 12 号（2017 年 12 月）19—25 頁；德永貴志「議会における審議と立法：審議過剰なフランス議会と審議過少な日本の国会」法学セミナー 62 卷 12 号（2017 年 12 月）26—31 頁；新井誠「政府の統制：与党（多数党）と野党（少数党）」法学セミナー 62 卷 12 号（2017 年 12 月）32—37 頁。

2018 年 5 月《法律时报》以《议会制现状及改革的方向性》①
为题，探讨了代议制民主制、国会运营、参议院存在的意义等方面
的内容。其中村西良太分析了在野党与执政党对抗关系并提出"政
府统制主体究竟为谁"的论题。他将此处的统制理解为在宪法权限
下行使的机能，也就是依照宪法的规定国会通过正确行使其权限
（如法律制定权、预算议定权、国政调查权、质询权）对政府加以
统制的效果。在野党在国会的权限可理解为在野党批评及要求说明
型的统制形式，可以从质询权中得到体现。在此，他认为不妨参照
政权中在野党少数派统制的德国制度从而有助于理解日本的政府统
制问题。

（二）内阁·行政权

针对 2017 年 9 月 28 日众议院解散事件，高田笃在讨论首相解
散权时认为宪法规定众议院议员的任期为 4 年，众议院解散的同时
缩短了议员的任期。他借此提出了上述情形是否与宪法规定相抵触
的疑问。他以基于法律解释的宪法规定及形成构造为出发点，主张
建立规范的解散权制度并重申限制解散权的重要性。

岩切大地通过探讨英国 2011 年制定的《议会会期固定法》给
予了日本一定的启示。他认为日本众议院解散权的界限在于政治道
德，也在于宪法习律。而保障良好的宪法习律的生成需要确定的标
准，并可从实体法角度（如宪法 69 条规定）出发探讨解散权，重

---

① 村西良太「少数派·反対派·野党会派：政府統制の主体に関する覚書」法律
時報 90 巻 5 号（2018 年 5 月）25 — 30 頁；山本英弘「代議制民主主義と社会運動」法
律時報 90 巻 5 号（2018 年 5 月）4 — 9 頁；川人貞史「国会運営の比較政治的特徴」法
律時報 90 巻 5 号（2018 年 5 月）10 — 17 頁；毛利透「参議院の存在意義」法律時報
90 巻 5 号（2018 年 5 月）18 — 24 頁；山田哲史「グローバルな法形成への国会の関
与」法律時報 90 巻 5 号（2018 年 5 月）38 — 43 頁；糠塚康江「議会による執行府のコ
ントロール：緊急事態による事例演習」法律時報 90 巻 5 号（2018 年 5 月）44 — 49
頁；植松健一「軍事·諜報に対する議会統制」法律時報 90 巻 5 号（2018 年 5 月）50
— 55 頁。其他相关的书籍与论文有：大西祥世『参議院と議院内閣制』（信山社、2017
年 11 月）；白井誠『政党政治の法構造』（信山社、2017 年 11 月）；茅野千江子『議員
立法の実際—議員立法はどのように行われてきたか—』（第一法規株式会社、2017 年
10 月）；宮村教平「立法の拡張形式についての考察：「参照」を素材として」阪大法
学 67 巻 6 号（2018 年 3 月）1203 — 1229 頁；前硲大志「議会審議非公開の憲法原理の
省察（1）ドイツ連邦議会の委員会審議を例として」阪大法学 67 巻 5 号（2018 年 1
月）919 — 943 頁；前硲大志「議会審議非公開の憲法原理の省察（2·完）ドイツ連邦
議会の委員会審議を例として」阪大法学 67 巻 6 号（2018 年 3 月）1265 — 1284 頁。

视政府在此的说明责任①。

（三）裁判所·司法权

　　本小节所涉及的问题包括：司法权、违宪审查制度、宪法诉讼理论。对司法权进行探讨一般是从三权分立理论出发，除此之外还有通过分析宪法判断的现状、裁判员制度与民主主义的关系等方

　　① 高田篤「首相の解散権」法学教室 451 号（2018 年 4 月）52 — 57 頁；岩切大地「解散権の制限：イギリスにおける実例から検討する」法律時報 90 巻 5 号（2018 年 5 月）31 — 37 頁。其他相关的论文有：高橋和之・高見勝利・宍戸常寿・林知更・小島慎司・西村裕一「戦後憲法学の 70 年を語る：高橋・高見憲法学との対話（2 — 1・第 4 回）55 年体制をどう考えるか：議院内閣制（1）」法律時報 89 巻 12 号（2017 年 11 月）88 — 98 頁；高橋和之・高見勝利・宍戸常寿・林知更・小島慎司・西村裕一「戦後憲法学の 70 年を語る：高橋・高見憲法学との対話（2 — 2・第 5 回）統治構造の分析視角：議院内閣制（2）」法律時報 89 巻 13 号（2017 年 12 月）256 — 264 頁；大山礼子「審議回避の手段となった衆議院解散権 — 2017 年解散総選挙と議会制民主主義 —」辻村みよ子編『憲法研究第 2 号』（信山社、2018 年 5 月）；植村勝慶「解散権制約の試み — イギリス庶民院の解散制度の変更 —」辻村みよ子編『憲法研究第 2 号』（信山社、2018 年 5 月）；加藤一彦「憲法と政治の相克：首相大権化した衆議院解散権の課題」歴史評論 819 号（2018 年 7 月）90 — 99 頁；植松健一「議院内閣制の現状に対する憲法的診断・2018：「質問を封じられた国会」と「質問に答えない政府」」法学館憲法研究所報 19 号（2018 年 11 月）18 — 34 頁。

法①。学界在违宪审查制度方面主要从国际条约与宪法解释、违宪审查的机制构想出发进行讨论。

关于宪法诉讼理论，近期君塚正臣编著的《司法权与宪法诉讼论》全面地介绍了宪法诉讼理论②。其次，有从行政裁量与宪法权利的关系出发的学说，也有从体现顺应时代变化的立法事实出发考察裁判所与法律制定机关的关系③。再次，参照司法审查的舶来国美国的相关标准，进行比对分析，为日本宪法诉讼的实务提供有益

① 木下昌彦「最高裁における憲法判断の現況：調査官解説を踏まえた内在的分析の試み」論究ジュリスト 23 号（2017 年 11 月）165 — 173 頁；麻妻和人「刑事手続における救済としての憲法判断の遡及効について：近時の合衆国最高裁判所判例の展開を中心として」桐蔭法学 24 巻 1 号（2017 年 11 月）25 — 50 頁；佐藤寛稔「行政不服審査における"憲法判断"の可能性」秋田法学 59 号（2018 年）27 — 49 頁；青井未帆「憲法判断をめぐる司法権の役割について：安保法制違憲国賠訴訟を題材に」学習院法務研究 12 号（2018 年 1 月）1 — 78 頁；笹田栄司「司法過程と民主主義：司法組織のあり方を中心に」公法研究 79 号（2017 年）50 — 73 頁；見平典「最高裁判所と民主主義：最高裁判所裁判官人事を中心に」公法研究 79 号（2017 年）209 — 222 頁；山崎友也「裁判員制度の憲法的正当化について：国民主権（民主主義）原理との関係」金沢法学 61 巻 1 号（2018 年 7 月）111 — 131 頁；角田猛之「裁判員裁判の現状の一端と問題点」関西大学法学論集 68 巻 3 号（2018 年 9 月）626 — 657 頁；柳瀬昇「裁判員裁判の判決に対する上訴審の審査をめぐる正統性の問題」日本法學 84 巻 2 号（2018 年 10 月）271 — 330 頁；根ブ健「ドイツ連邦憲法裁判所裁判官選任手続と民主的正当性」戸波江二先生古稀記念『憲法学の創造的展開（下巻）』（信山社、2017 年）；渡辺康行「最高裁判官と「司法部の立ち位置」」戸波江二先生古稀記念『憲法学の創造的展開（下巻）』（信山社、2017 年）；川又伸彦「緊急事態憲法と憲法裁判」戸波江二先生古稀記念『憲法学の創造的展開（下巻）』（信山社、2017 年）；櫻井智章「時の変化」大林啓吾・柴田憲司編『憲法判例のエニグマ』（成文堂、2018 年 4 月）；太田航平「行政裁量統制」大林啓吾・柴田憲司編『憲法判例のエニグマ』（成文堂、2018 年 4 月）。
② 君塚正臣『司法権・憲法訴訟論〈上〉〈下〉』（法律文化社、2018 年 1 月）；千國亮介「憲法解釈論の構造（1）」総合政策 19 巻（2018 年 3 月）101 — 115 頁；渋谷秀樹「司法権と違憲審査権：客観訴訟の審査対象」判例時報 2375・2376 号（2018 年 9 月）3 — 13 頁。
③ 巽智彦「事実認定論から見た行政裁量論：裁量審査の構造に関する覚え書き」成蹊法学 87 号（2017 年 12 月）178 — 148 頁；堀口悟郎「行政裁量と人権：君が代懲戒処分事件判決における人権論の領分」法学研究 91 巻 1 号（2018 年 1 月）479 — 506 頁；栗田佳泰「行政裁量統制における憲法上の権利と憲法的価値に関する序論的考察」法政理論 50 巻 1 号（2018 年 2 月）209 — 235 頁；武田芳樹「立法事実の審査に関する一考察」戸波江二先生古稀記念『憲法学の創造的展開（下巻）』（信山社、2017 年）；赤坂正浩「適用違憲論を考える」戸波江二先生古稀記念『憲法学の創造的展開（下巻）』（信山社、2017 年）。

的见解①。

（四）财政

德国语境下的财税政策是 2018 年的研究重点。其中，三宅雄彦②在《租税国家原理与德国财政宪法的构造转换》中探讨了德国租税国家原理的含义，特别是对企业国家（企业国家）和费用国家（料金国家）作出了概念上的区别。他在分析租税国家原理在与企业国家和费用国家的对抗关系的过程中，探讨了是否需要构建财政宪法的问题。石森久広在《财政规律的研究》③一书中，分析了德国公法学中公债规定的变迁，并以财政规律中的黄金律为题分析了 1989 年和 2007 年判决，着重对导入债务刹车（Schuldenbremse）的德国国内和国际背景、成立的过程以及与会计审委会的关系等进行分析。

---

① 山本龍彦・大林啓吾編『違憲審査基準：アメリカ憲法判例の現在』（弘文堂、2018 年 4 月）；伊藤健「目的審査に関する違憲審査基準（1）" compelling" と" important" の実質的区別に向けて」法学論叢 181 巻 2 号（2017 年 5 月）153 — 174 頁；伊藤健「目的審査に関する違憲審査基準（2）" compelling" と" important" の実質的区別に向けて」法学論叢 181 巻 4 号（2017 年 7 月）103 — 129 頁；伊藤健「目的審査に関する違憲審査基準（3・完）" compelling" と" important" の実質的区別に向けて」法学論叢 181 巻 5 号（2017 年 8 月）78 — 106 頁；茂木洋平「アメリカ合衆国裁判所における厳格審査と敬譲（1）高等教育機関による人種区分と司法審査基準」桐蔭法学 24 巻 2 号（2018 年 3 月）1 — 72 頁；茂木洋平「アメリカ合衆国裁判所における厳格審査と敬譲（2・完）高等教育機関による人種区分と司法審査基準」桐蔭法学 25 巻 1 号（2018 年 9 月）1 — 46 頁；川鍋健「人民のための違憲審査：ポストとシーゲルの民主的立憲主義論について」一橋法学 17 巻 3 号（2018 年 11 月）521 — 573 頁。

② 三宅雄彦「租税国家原理とドイツ財政憲法の構造転換」法律時報 90 巻 2 号（2018 年 2 月）84 — 89 頁。

③ 石森久広「財政規律の研究—ドイツ憲法上の起債制限」（有信堂、2018 年 2 月）。与财政相关的其他论文有：柏﨑敏義「納人規定と予算の性格」東洋法学 61 巻 3 号（2018 年 3 月）183 — 198 頁；柏﨑敏義「明治初期・立憲体制直前の財政法令」戸波江二先生古稀記念『憲法学の創造的展開（下巻）』（信山社、2017 年）；片桐直人「公債発行と憲法 85 条」初宿正典先生古稀祝賀『比較憲法学の現状と展望』（成文堂、2018 年 9 月）；上田健介「独立財政機関と憲法」初宿正典先生古稀祝賀『比較憲法学の現状と展望』（成文堂、2018 年 9 月）。

2018年11月发行的《比较宪法学研究30号》[①]，以“财政规律与宪法：寻求控制财政赤字的宪法秩序之路”为题，分析了日英德法各国的财政制度，具有很高的学术参考价值。

（五）地方自治

夏澤幸広在《离岛与法》[②]中，描绘了构成日本国土的6千多个小岛上岛民生活的轨迹。本书的主要论点为，如何在远离日本本土的地方使宪法发挥保障人权的功用。另外，更多的研究成果集中在分析德国制度上。例如笛木淳在探讨德国联邦与联邦州之间行政权限分配的问题时评价了委托行政下的联邦“指示权”[③]。

## 八、总结

本年度日本宪法学动向在较大程度上承接了上一年度宪法学的研究内容[④]，既有着眼于日本本土的理论研究，也有从比较国外制度出发评价现有日本宪法学的不足和改进方向。在笔者看来，宪法理论与宪法应用是本年度学会动向的重点，本年度的学界理论的特色不仅体现在探讨宪法学与部门法学之间的联系，并且随着科技时代的变化，学界亦对新出现的人工智能相关问题开展了研究，这也是宪法学适应当下社会发展需求的体现。

本文仅从局部观察宪法学动态，采用以要点列举的形式突出问

---

① 片桐直人「日本国憲法下における財政赤字のコントロール」比較憲法学研究30号（2018年）1—22頁；上田健介「イギリスにおける財政規律と憲法」比較憲法学研究30号（2018年）23—43頁；上代庸平「ドイツにおける財政規律と憲法」比較憲法学研究30号（2018年）45—67頁；木村琢磨「フランスにおける財政規律と憲法：財政均衡に関する制度を中心に」比較憲法学研究30号（2018年）69—84頁。

② 榎澤幸広『離島と法——伊豆諸島・小笠原諸島から憲法問題を考える』（法律文化社、2018年5月）。

③ 笛木淳「ラントに対する連邦の指示権：法律実施過程における中央—地方関係の憲法学的考察」阪大法学67巻6号（2018年3月）1315—1339頁。其他相关论文有：渡邊亙「ドイツにおける条例制定権の限界に関する理論状況」名城法学67巻3号（2017年）1—40頁；芦田淳「地域国家における自治立法権：イタリアを素材として」自治総研44巻5号（2018年5月）31—47頁；大石眞「二元代表制下の統治機構をめぐる諸問題」初宿正典先生古稀祝賀『比較憲法学の現状と展望』（成文堂、2018年9月）。

④ 参见洪驥：《2017年日本宪法学研究综述》，载《日本法研究》2018年第4卷，193—216页。

题点。其次，从综述的角度，有些研究成果体现在判例研究中，但本文并没有全面介绍本年度的宪法判例研究，个别判例及其评析需要在今后持续性地关注。

最后，就宪法学研究的方法论而言，以笔者的理解，信息收集是宪法学研究的重要部分。笔者在旁听松本和彦的特别讲义时，对其描述的宪法研究好比日本的传统建筑深以为然。日本的传统建筑是用楼梯贯通的上下两层结构①，从研究方法来看，研究调查可以为宪法理论和宪法实践提供很多帮助，发挥着楼梯贯通上下的作用。但如何对数量庞大且繁杂的内容甄别是研究调查面临的难点。本文中，笔者在构思与成文时深有体会。不可否认，日本宪法学关注的热点（如天皇制、和平主义）或许无法赢得我国学界的共鸣，但在宪法理论研究和研究方法上不妨视日本宪法学为"它山之石"。

---

① 宪法学二层构造的比喻，参见林知更『現代憲法学の位相——国家論・デモクラシー・立憲主義』（岩波書店、2016 年 5 月）；林知更「藤谷・西村書評への応答」判例時報 90 巻 9 号（2018 年 8 月）102 頁以下。

# 2018 年日本行政法学研究综述

莫 也[*]

## 一、导言

### （一）本文的对象及范围

本文参照日本《法律时报》第 90 卷第 13 号（特集·2018 年学界回顾·行政法）和《公法研究》第 80 号学界展望部分的相关内容，对 2018 年日本行政法学界举办的主要学会、学术研究成果进行概括性介绍。[②]

### （二）本文的构成

本文将从学会动向和研究动向两个方面对 2018 年日本行政法学研究动态进行介绍。学会动向方面，除了对本刊历年学界回顾中介绍的公法学会、行政法研究论坛两大公法学学会进行介绍外，对第 13 届东亚行政法学会，和第一届信息法制学会研究大会的报告内容亦进行简要介绍。研究动向方面，本文将分成教科书、纪念论文集以及代表性研究成果三个部分进行介绍，主要集中于 2017 年下半年至 2018 年发表以及出版的书籍刊物和研究论文，尤其将侧重于第三部分代表性研究成果的梳理。

　* 莫也，大阪大学法学研究科环境法专业博士研究生。本文的写作得到日本公益财团法人野村财团的资助。

　② 下山憲治·福永実·日野辰哉·中嶋直木「特集·学会回顾 2018·行政法」法律時報 90 巻 13 号（2018 年）23 頁以下。正木広長·中原茂樹·大橋真由美「行政法·学会展望」日本公法学会編『公法研究』（有斐閣、2018 年）80 号。

## 二、学会动向

### （一）公法学会

第 83 届公法学会于 2018 年 10 月 13、14 日在专修大学召开，本次会议的主题为"公法解释中的先例与原理、原则"。山本隆司和须藤阳子分别在总会上以《关于行政法法理、解释的裁判所先例》和《日本法中的比例原则》为题作了报告。第 1 分会以"统治机构与先例的意义"为主题，报告者与报告标题分别为：佐伯佑二《省厅中的"先例"》、田中孝男《自治体行政中的"先例"》。第 2 分会以"围绕原理、原则在解释论上的对抗"为主题，报告者与报告标题分别为：木村琢麿《行政与效率性原则》、渡井理佳子《行政活动与信义诚实原则》。最后今年的会议评论人仲野武志与原岛良成分别就《内阁与先例》《作为宪法规范的补完性原理》作出了评论。①

### （二）行政法研究论坛

第 18 届行政法研究论坛于 2018 年 7 月 28 日在西南大学召开，本次会议的主题为"海洋、大地与行政法"。本次论坛共有 4 位学者做了报告，分别为洞泽秀雄《关于海洋的公物法、环境法》、三浦大介《地热开发的法课题》、内藤悟《关于太阳光发电设施的自治体行政事务的现状与课题》、岛村健《再生能源与环境法、公物法理论》。②

### （三）东亚行政法学会

第 13 届东亚行政法学会于 2018 年 11 月 24、25 日在大阪召开，会议选取了 2 个主题，分别为"个人信息保护"与"环境"。第一个主题相关的报告人与报告标题分别为：日本学者丰岛明子

---

① 山本隆司「行政法の法理・解釈に関する裁判所の先例」、須藤陽子「日本法における比例原則」、佐伯祐二「省庁における『先例』」、田中孝男「自治体行政における『先例』」、木村琢麿「行政にける効率性原則」、渡井理佳子「行政活動と信義誠実の原則」、仲野武志「内閣と先例」、原島良成「憲法規範としての補完性原理」公法研究 80 号（2018 年）。

② 洞澤秀雄「海をめぐる公物法・環境法」、三浦大介「地熱開発の法的課題」、内藤悟「太陽光発電施設をめぐる自治体行政実務の現状と課題」、島村健「再生エネルギーと環境法・公物法理論」公法研究 80 号（2018 年）。

《日本个人信息保护制度的展开与法学课题》、韩国学者郑准铉《物联网和个人信息保护的法律问题》、中国大陆学者周汉华《个人信息保护法与激励相容机制构建》与台湾地区学者范姜真媺《检视被遗忘权在现行法制下实现之可能》，第二个主题的相关报告人与报告标题分别为日本学者野田崇《人口减少时代之都市与都市环境之保全》、韩国学者金钟甫《韩国重建、在开发工程的开展过程》、中国台湾地区学者刘如慧《台湾都市空气污染现况、争议及对策》、中国大陆学者朱芒《城市环境治理中的行政法学课题—以公众参与为考察对象》。①

（四）信息法制学会

信息法制学会第 1 届研究大会于 2017 年 12 月 16 日在一桥大学召开，报告人与报告标题分别为：池田毅《活用大数据、AI 在竞争法上的课题》、实原隆志《德国 SNS 法》、谷川和幸《加拿大著作权法中的"利用者权利"保护》。② 第 2 届研究大会于 2018 年 12 月 16 日在伊藤国际学术研究中心召开，本届大会的报告人与报告标题分别为：水谷瑛嗣郎《出版自由与报道价值—着眼个人化信息过滤》、高崎晴夫《隐私的经济学》、实积寿也《网络中立性的现状》。③

从 2018 年学界动向可以看出，各学会不仅关注对行政法原理、原则等基础理论的回顾与发展，亦重视对环境领域以及信息规制领

---

① 豊島明子「日本における個人情報保護制度の展開と法的課題」、鄭準鉉（檀國大學校法科大學教授）「IoT と個人情報保護の法的問題」、周漢華「個人情報保護と利用促進の両立に向けた法制度の構築」、范姜真媺「現行個人情報保護法における忘れられる権利の実現に関する一考察」、野田崇「人口減少時代の都市と都市環境の保全」、金鍾甫（ソウル大學校法学専門大學院教授）「韓國における再建築および再開発事業の展開過程」、劉如慧台湾における都会大気汚染の現状、紛争とその対策」、朱芒「都市環境ガバナンスにおける行政法の課題—公衆参加を対象に—」。

② 池田毅「ビッグデータ・AI の活用における競争法上の課題」、實原隆志「ドイツの SNS 法」、谷川和幸『カナダ著作権法における「利用者の権利」の保護』情報法制研究第 2、3 号。

③ 加藤尚徳「地方自治体における個人情報保護条例制定経緯の歴史的変容に関する一考察」、上机美穂「個人に関する情報の収集とプライバシー侵害～不法行為法の観点から」、久末弥生「災害時の国土安全保障法制と情報—アメリカ法からの示唆—」、水谷瑛嗣郎「プレスの自由と報道価値—フィルターバブルを見据えて」、高崎晴夫「プライバシーの経済学」、実積寿也「ネット中立性の現状」。

域的前沿课题的研究、探讨。尤其是东亚行政法学会为东亚地区各国（地区）之间行政法、环境法研究搭建了沟通借鉴的桥梁。

## 三、研究动向

### （一）教材、体系著作

2018 年新出版的体系性教科书较少，主要有：村上武则兼修、横山信二编《新·应用行政法》（有信堂）。高桥滋的《法曹事务行政法入门（5）－（12）》（判时 2335、2338、2342、2346、2349、2352、2355、2359）；原田大树的《行政法年代记（6）－（17）》（《法学教室》444－455）。[①]

### （二）研究性著作

1. 纪念论文集

以下主要介绍木村弘之先生与铃木庸夫先生的古稀纪念论文集以及其他刊行在各大学纪要中的退休纪念号。

（1）木村弘之亮先生的古稀纪念文集《公法的理论与体系思考》（信山社）于 2017 年 8 月刊行，该纪念文集分为租税法与行政法两个部分，分别收录了受木村教授一贯的研究态度："创意即学问"（Wissenschaft ist eine neue Idee）而影响的论文。行政法部分的收录论文有：首藤重幸《核能发电站民事诉讼排除论的若干检讨》、石川敏行《航空事故调查与若干国际比较》、山本敬生《行政行为的附款论的再构成》、手塚贵大《行政法总论中的政策指向理论的实际情况与位相》。[②]

（2）铃木庸夫先生古稀纪念文集《自治体政策法务的理论和课题》（第一法规）于 2017 年 12 月刊行，该论文集分为 5 个主题，共收录了 25 篇承继、发展铃木教授研究成果的论文。[③] 第一部分

---

① 高橋滋「法曹実務のための行政法入門（5）－（12）」判時 2335、2338、2342、2346、2349、2352、2355 号（2018 年）、原田大樹「行政法クロニクル（6）－（17）」法学教室 444－455 号（2018 年）。

② 木村弘之亮先生古稀記念論文集編集委員会編『公法の理論と体系思考――木村弘之亮古稀記念』（信山社、2017）。此论文集收录：首藤重幸「原発民事訴訟排除論の若干の検討」、石川敏行「航空事故等調査と若干の国際比較」、山本敬生「行政行為の附款論の再構成」、手塚貴大「行政法総論における政策指向理論の内実と位相」。

③ 北村喜宣編集『自治体政策法務の理論と課題別実践――鈴木庸夫古稀記念』（第一法規、2017 年）。

主题为"政策法务基础理论研究"，收录了木村琢麿《法国土地征用判例动向—以手续规律为中心的日德比较研究摘要》、金井利之《福岛受灾地自治体的避难指示》、田中孝男《政策法务主体像》等五篇论文。① 第二部分主题为"自治体组织政策法务"，收录了稻叶馨《公共设施制定管理者制度与条例》、田村达久《自治体政治改革下自治体监察制度改革的探讨》等论文。②第三部分主题为"自治立法的政策法务"，收录了礒崎初仁《法令过剩过密与立法分权的可能性－迈向分权改革第三阶段》、松井望《课题设定与自治体政策法务—以防止被动吸烟规制的检讨过程为例》等论文。③ 第四部分主题则为"确保实效性的政策法务"，收录了田中良弘《确保环境犯罪追溯与环境法实效性—抑制违反渔业调整规则与自治体职员的职责》、北村喜宣《略式代执行④的费用征收—以空家法为

---

① 　第一部分收录了以下论文：金井利之「多治体法務論——フクシマ被災地自治体の避難指示」、木村琢麿「フランスにおける土地収用に関する判例の動向——手続的規律を中心とする日仏比較研究に向けた覚書」、田中孝男「政策法務における主体像」、田村泰俊「建築基準法 43 条但書許可と自治体実務の動向——「通路協定」の法的性格序論」、吉田勉「私債権と判示された使用料に対する督促・延滞金規定の適用」。

② 　第二部分收录了以下论文：出石稔「自治体法務知識の標準化と人材育成—『自治体法務検定公式テキスト（政策法務編）』の編纂に係る経緯と考察」、稲葉馨「公の施設の指定管理者制度と条例—その理論と実務」、大石貴司「自治体における PDCA サイクルの効用——条例の見直しにおける展開へ」、田村達久、「自治体ガバナンス改革下における自治体監査制度改革の検討—「政策法務としての自治体財務」論研究序説」、千葉実「大規模災害等の対策と地方自治法上の事務委託」、鑓水三千男「指定管理者制度の一断面—公立図書館への指定管理者制度導入の諸問題」

③ 　第三部分收录了以下论文：礒崎初仁「分権改革・第 3 ステージに向けて」、神・一郎「地方議会の立法機関性—議会による立法事実の構築・審査の視点から」、小泉祐一郎「自治体の事務の区分と条例」、小林明夫「自治立法過程への市民参加のあり方試論—市民と議員に期待される役割」、名和田是彦「条例による都市内分権再論」、松井望「課題設定と自治体政策法務—受動喫煙防止規制の検討過程を事例に」。

④ 　"略带式执行"：日本于 2015 年 5 月施行的「空家等対策の推進に関する特別措置法」（平成二十六年法律第百二十七号），根据该法，地方自治体对有倒塌危险的建筑物所有人得以发出行政指导、行政命令使其对房屋进行修缮或拆除。当该空置不动产所有人拒绝该行政命令或所有权人无法确认时，地方自治体所采取的一种行政代执行的方式，其费用由各地方自治体自行承担。

素材》等论文。① 最后第五部分主题为"自治体诉讼有关政策法务"，收录了山本未来《行政不服审查法改正后的裁定干预现状和课题》、山口道昭《信息公开法制与民事诉讼记录阅览》等论文。②

（3）此外，各大学纪要中也刊行了对行政法领域做出了长期贡献的各位先生的退休纪念号。主要有石崎诚也教授退休纪念号③、稻叶馨教授退休纪念号④、纸野健二教授退休纪念论

---

① 第四部分收录了以下论文：北村喜宣「略式代執行の費用徴収—空家法を素材にして」、田中良弘「環境犯罪の訴迫と環境法の実効性確保—漁業調整規則違反の抑止と自治体職員の役割」、藤島光雄「政策手法としての公表制度」、山本博史「多面的機能を有する立入りに関する実務的考察—千葉県ヤード適正化条例を題材に」。）

② 第五部分收录了以下论文：下井康史「公務員労働組合事務所としての庁舎使用—大阪市役所事件判決の分析」、藤原静雄「情報公開法制と民事訴訟記録の閲覧」、山口道昭「国地方係争処理委員会の成立と運用」、山本未来「行政不服審査法改正後の裁定的関与の現状と課題」。

③ 『石崎誠也教授退職記念』法政理論 50 巻 1 号（2018 年）。收录的论文有西埜章「沖縄戦被害と公法上の危険責任」、和泉田保一「建築行為に対する用途地域制限及び形態規制の設定と適用の法的意義についての考察」、南眞二「自治体における合理的政策決定：住民投票からの考察」、田中良弘「著作権法上の罰則規定に関する一考察：わが国における行政罰の各論的検討（1）」、今本啓介「アメリカ合衆国における自治体破綻法制の現状と課題（1）連邦倒産法第 9 章（チャプターナイン）の手続を中心に」。

④ 『稲葉馨教授退職記念号）』法学 81 巻 6 号（2018 年）。该纪念号收录了以下论文：飯島淳子「行政組織とその構成員の責任に関する一考察」、米田雅宏「国家賠償法一条が定める違法概念の体系的理解に向けた一考察（1）職務義務違反説の可能性」、和泉田保一「開発許可処分の法的効果の意義についての考察」、北島周作「一級建築士事件最高裁判決後の理由提示裁判例の展開」、斉藤徹史「PFI 法と行政法」、澁谷雅弘「財産の評価ルールに関する研究ノート」、高橋正人「判断過程審査を巡る学説・判例実務」、中嶋直木「自治体の国政参加論の今日的意義：個別法型の国政参加と絶対的手続権保障」、中林暁生「憲法と公立図書館との関係についての予備的考察（1）[最高裁 2005.7.14 判決]」、中原茂樹「個人情報保護制度における開示請求対象に関する一考察」、西田幸介『規制権限の不行使と国家賠償：「規制不作為違法定式」の判断構造』、米田雅宏「国家賠償法一条が定める違法概念の体系的理解に向けた一考察（1）職務義務違反説の可能性」。

文集①与滨川清教授退休纪念号②。

2. 企划型论文集

以下主要介绍 2018 年度四个企划论文集，分别为《超越日本型法治主义》、行政法研究 20 号（特集：行政法课题）、行政法研究 24 号，以及法律时报 90 卷（特集：最高裁判所行政法解释学）。

高桥明男编著的《超越日本型法治主义》，提出了"日本是否实现了真正意义上的法治主义"这一疑问，认为推动贯彻法治主义的并非议会也非裁判所，而是行政内部的法律中坚人才。③ 该论文

---

① 『紙野健二教授退職記念論文集』名古屋大学法政論集 277 巻（2018 年）。该纪念号收录了以下论文：稲葉一将「ネットワークに依存する国家行政と国家行政のネットワーク化」、門脇美恵「機能的自治に関して基本権が有する意味の諸相」、安田理恵「日本における政府出資株式会社の資材調達に関する法的コントロール」、下山憲治「里山保全の協働的取組みと合意形成手法」、豊島明子「福祉サービスの供給体制論・再論：「地域包括ケアシステム」を視野に入れて」、山田健吾「環境行政領域法における参加手続の適正化について」、大沢光「ドイツ社会法における記録閲覧権と自己情報の開示をめぐって：ドイツ社会法典第 10 編 25 条 2 項の解釈論の現在」、林倖如「高齢者福祉利用者の法的位相に関する一考察」、劉宗徳「台湾のたばこ害防止法におけるたばこ製品の包装規制の合憲性と合法性」、許順福「中国における行政復議制度の改革：行政復議の対象を中心に」。

② 『浜川清教授定年退職記念号』法學志林 115 巻 4 号（2018 年）。该纪念号收录了以下论文：交告尚史「フランス行政法における例外的決定の理由付記」、高橋滋「地方分権改革の現状と課題：第二次地方分権改革後の動き」、西田幸介「法定抗告訴訟と無名抗告訴訟の選択基準：厚木基地第四次訴訟の最高裁判決を機縁として」、氏家裕順『土壌汚染対策法三条に基づく通知の処分性：有害物質使用特定施設使用廃止等通知取消請求事件最高裁判決を素材に［平成 24.2.3]』。

③ 高橋明男編『日本型法治主義を超えて―行政の中の法の担い手としての法曹・公務員』（大阪大学出版会、2018）。该论文集收录了以下论文：高橋明男「行政の中の法の担い手と法治主義のあり方」、折登美紀「公的部門の法律専門家の養成と大学教育」、三阪佳弘「近代日本における行政官任用資格試験と法的専門性」、南川和宣「地方公共団体と法科大学院の協働」、田中孝和「イギリス法曹養成における大学・法科大学院の位置付けとその役割」、竹中浩「ロシアの公的部門と法律専門家」、Jan Ziekow「ドイツ、フランス、EU の省庁レベルの立法過程における法律専門家の役割」、Gavin Drewry「イギリス中央政府における法律専門家」、阪田雅裕「日本の立法過程と法律専門家」、倉田哲郎「日本の地方公共団体における立法過程と法律専門家」、青山竜治「指定都市における法の執行過程と法学既修者」、松浦弘明「豊中市職員に求める法的素養について」、北村和生「フランスの地方公共団体における法律専門家の役割」、佐藤英世「日本の地方公共団体における不服審査体制と法律専門家」、恩地紀代子「ドイツ連邦州の不服審査と法曹」、佐伯彰洋「アメリカの行政不服審査制度」。

集聚焦行政内部法律专业人才的培养和法律形成过程，以比较研究法和事例分析法，探求如何确保行政决定中的专业合理性。其中高桥明男《行政中的法律专业人才与法治主义的理想状态》、折登美纪《行政部门法律专家的培养与大学教育》、三阪佳弘《近代日本行政官任用资格考试与法律专业性》《地方公共团体与法科大学院的合作》通过回顾日本行政人员选拔与法律素养的关系，强调了在高等教育中法律专业性人才培养以及与地方行政联合培养的重要性。竹中浩《俄罗斯行政部门与法律专家》、恩地纪代子《德国联邦州不服审查与法律界》、佐伯彰洋《美国行政不服审查制度》则通过介绍国外相关法律人才养成制度和经验，对法律形成过程中法律专业人士所发挥与应发挥的作用进行了探讨。

　　行政法研究 20 号（特集：行政法课题）的内容涵盖了行政法各个重要领域，试图以多种角度提出研究课题，其中原田大树《国际化课题》概括了国际化论的现状以及提出了国际化的各个课题；野口贵公美《行政立法课题》对行政立法不同阶段进行了分析；大桥洋一《行政手续课题》中回顾了行政法体系的功绩，提出了行政手续瑕疵和处分效力的课题；藤原静雄《信息法制的课题》中以《公文书管理法》的制度分析为切口探讨了行政手续法理的进展；北村喜宣《环境法的课题》对美国法学院开设的环境法科目进行了介绍，提出了气候变动、能源与环境、农业与环境以及环境法执行等课题。① 行政法研究 24 号则围绕日本的"空家"问题进行了比

---

① 宇賀克也編『行政法研究第 20 号，特集：行政法の課題』（信山社，2018 年）。该纪念号收录了以下论文：原田大樹「グローバル化の課題」、野口貴公美「行政立法の課題」、大橋洋一「行政手続の課題」、藤原静雄「情報法制の課題」、曽和俊文「行政の実効性確保の課題」、碓井光明「行政不服審査法の課題」、山本隆司「行政訴訟法の課題」、宇賀克也「国家補償法の課題」、松戸浩「行政組織法の課題」、下井康史「公務員法の課題—職務命令に対する服従義務について」、三浦大介「公物法の課題」、斎藤誠「地方自治の課題—自治体の組織構成，特に二元代表制をめぐって」、北村喜宣「環境法の課題」、前田雅子「社会保障における行政法の課題」、友岡史仁「経済行政法の課題」、中川丈久「消費者行政法の課題—行政法理論への 10 の挑戦」。

较法研究，收录 5 篇论文和一篇判例解说。① 该特集不仅介绍了日本“空家”问题出现的社会背景，针对该问题所采取的法律对策，并且通过比较美国、法国和德国在“空家”问题上不同的对策手法，为日本解决空家问题提供了借鉴经验。②

法律时报 90 卷（特集：最高裁判所行政法解释学）围绕“平等原则与比例原则”“信义则和权力滥用”“原告适格中的个别保护利益性”等 7 个主题，对近年最高裁行政法有关判例进行分析，指出最高裁判决中能窥见的变化及背景，揭示最高裁判所在判决工作中采取的行政法解释方法。③

（三）代表性著作

除了上述纪念文集和特集中所收录的论文以外，2018 年行政法领域还有以下代表性著作。

1. 行政法基础理论

北岛周作在《行政上的主题与行政法》一书中讨论了随着规制改革以及国际化趋势，负责国家行政事务的主体由单一的行政主体，逐渐呈现多元化趋势，因此需要采取必要的行政法对策。该书参考了英国法的相关经验，强调了当某个领域无法适用公法进行规

① “空家”根据日本「空家等対策の推進に関する特別措置法」第二条之定义是指处在非居住或非使用常态的建筑物、附着物以及土地（由国家、地方自治体所有或管理的除外）。空家问题是指随着日本的人口老龄化以及总人口的减少导致无人居住、管理的建筑物、附着物以及土地数量增加，以及由其产生的防止灾害、卫生管理以及景观上的相关问题。

② 宇賀克也編『行政法研究』24 号（信山社、2018 年）。该号收录了以下论文：北村喜宣「空家法制定後の条例動向」、角松生史「日本における空き家問題の登場と法的対応」、ジェームス・J・ケリー・ジュニア「アメリカの市町村における空き家対策」、ロマン・ムロ「フランスにおける空き家の収用―住環境が劣悪な住宅を事例に」、アルネ・ピルニオク「ドイツ法における空き家問題管理の中心的手段としての都市建設上の発展構想」、原田大樹『行政法ポイント判例解説：じん肺管理区分決定の法的性格「最一小判 2017・4・6 民集 71 巻 4 号 637 頁」』。

③ 法律時報 90 巻 8 号（日本評論社、2018）。该号收录了以下论文：亘理格「最高裁の行政法解釈学――解説と試論」、渡辺康行「行政法と憲法――行政裁量審査の内と外」、原田大樹「平等原則と比例原則」、中川丈久『行政法における「信義則」と「権利濫用禁止」の概念――例外的な規範か、それともユビキタスな規範か』、野口貴公美「審査基準・処分基準と理由の提示――平成 23 年判決の再読」、深澤龍一郎「裁量審査の密度と方法――裁量学説と最高裁の法解釈」、神橋一彦「原告適格における個別的保護利益性――サテライト大阪判決再読を手がかりに」、高木英行「処分性判断における仕組み解釈」。

制时，应当重视、发挥私法规范的作用，打破对公法规范的内容和范围的固化理解，重新探讨公法私法规范之间的关系。①

仲野武志《法治国家原理与公法学的课题》一书收录了涉及法治国家原理的相关论文，在区分公益私益及其中间利益概念的基础上，对法律保留、行政过程论、中间利益（不可分利益）、取消诉讼手续的排他性、判断过程审查、国家赔偿违法等行政法古典、基础以及前沿课题进行了探讨。②

林晃大《英国环境行政法中的市民参加制度》对英国在环境行政领域践行《奥胡斯公约》落实市民参加的制度设计进行了介绍。③《奥胡斯公约》的三个基本权利为：信息获取权、决策参加权和获取司法救济权，虽然意思决定阶段的参加在现阶段受"行政决定效率化"的制约，但是除了行政机关的信息提供和开示，英国另外构建了有效的信息获取制度以及在司法救济上积极认可原告适格，该书评价道英国行政法的市民参加制度整体上来看几乎接近《奥胡斯公约》的理想状态。④

亘理格《行政行为和司法统治》：与日本与德国所采用的静态、分节的行政行为论不同，法国行政行为论为动态、过程论。本书以对 20 世纪初行政判例划时代的转变以及促成其转变的法国宪法学者莫里斯·奥里乌的理论（对行政决定与其执行的事实进行比较的同时，掌握两者一元化的行政过程）进行了介绍，解明了法国行政行为论特有的逻辑和意义。该书的另一个核心则是关于违法性是否得以承继的问题，其以机能主义思考为基础，通过对法国个别法的详细分析探讨了考虑要素和各要素之间的相互关系及加权条件，明确了各个基准，给日本法提供了有益的借鉴。⑤

斋藤健一郎在《近来关于法令过渡措施的诸问题》一文中，为确认法令附则的过渡规定的实际意义，分别就指定法令的实施日

---

① 北村周作『行政上の主体と行政法』（弘文堂、2018）

② 仲野武志『法治国家原理と公法学の課題』（弘文堂、2018）。

③ 1998 年 6 月 25 日，联合国欧洲经济委员会在第四次部长级会议上通过了《在环境问题上获得信息公众参与决策和诉诸法律的公约》，即《奥胡斯公约》，该公约于 2001 年 10 月 31 日生效。

④ 林晃大『イギリス環境行政法における市民参加制度』（日本評論社、2018）。

⑤ 亘理格『行政行為と司法的統制』（有斐閣、2018）。

期，存续地位等与新法的适用关系、狭义过渡措施等内容，对近来法令的过渡措施进行了具体介绍和讨论。①

多贺谷一照《信息通信与行政法理论》② 一文论述了信息通信对行政法整体以及行政行为论的影响，网络空间上平台事业者等在事实上担任着公权力的职能，也因此享受着信息自由原则。文章对此进行了批判，从法律角度探讨了网络信息的传播流程以及如何对其进行管理，以此解决恣意的权力行使问题。

原田大树《所有权的内在制约》一文以"地域管理"与"地域再生"有关的实体法为素材，探讨了所有权的内在制约论，通过与其他制约类型（合意制约或社会制约）进行比较，指出内在制约论的意义在于，为集团利益实现时行政介入和经济负担提供了正当化依据。本文还展望了以此实现行政法与民事法的协作可能性，以及行政法学与其外延的"社会管理作用"等问题的关联性。③

横田光平《家事事件手续法与行政法》则从行政法学的视点解读了家事事件手续法。具体表现在，该文通过比较行政法中的"实体法上的法律地位"与家事事件手续法中的"形式的当事者"，行政组织与司法组织、以及"寻求裁判救济权"之概念，讨论了家事审判中的手续保障、裁量统制和国赔等问题，从行政法学的新视点探讨了家事事件手续法并实现了两者间的沟通对话。④

## 2. 行政裁量

加藤佑子《法国裁量统制学说的新潮流》一文围绕重新讨论裁量统制中行政、司法作用分配的非正当性审查的问题，介绍并分析了裁判官得以统制非正当性的法国学说动向。日本边野古最高裁判中提示了裁判所审查非正当性问题的可能性，本文为近来非正当性

---

① 斎藤健一郎「昨今における法令の経過措置をめぐる諸問題」商学討究 68 巻 4 号（2018 年）；斎藤健一郎「遡及立法における経過規定の解釈問題」商学討究 68 巻 2・3 号（2017 年）。

② 多賀谷一照「情報通信と行政法理論」行政法研究 22 巻（2018 年）。

③ 原田大樹「所有権の内在的制約（上）（下）」NBL1122 号、1124 号（2018 年）。

④ 横田光平「家事事件手続法と行政法：「行政的裁判」・家庭裁判所・実体法上の法的地位」行政法研究 22 巻（2018 年）。

审查的发展提供了头绪。① 榊原秀訓《行政裁量的审查密度》补足了行政法学中关于"裁量统制中人权的意义"的研究，有力论述了宪法规范、法令和行政处分的立体关系。②

3. 行政作用

在行政立法方面，米田雅宏《抽象危险与危险防御命令》讨论了通过个别具体的措施进行规制，与通过行政立法为实现危险防御的理想状态。作者通过明确应由行政立法解决的"抽象危险"的概念构造，提出了对"发生损害的认定方法以及危险防御命令的内容形成"有关裁量判断进行有意义且合适规制之可能性。③

在行政行为方面，桑原勇进《收益处分取消限制法理的理论基础》：基于信赖保护原则，依据职权取消违法收益处分的行为受到限制，而该文在介绍德国学说的基础上，探询更高层次（宪法）的理论根据，进一步解明为何信赖需要被保护。文中指出，无论以什么理论出发探讨信赖保护（例如法治国家原理、基本权利和信义则），都很难令援引行政主体的信赖保护的行为正当化。④ 巽智彦《卡尔·科曼的国家行为论》，如题所示论述了对日本行政行为论形成极大影响的卡尔科曼国家行为论，卡尔·科曼明确了行政行为作为一种法律行为，具有其拘束性，即使该行为违法，在被取消之前仍然有效，进而提出拘束性机能使得司法裁判所的审理权限受到限制。⑤

实效性确保手段方面，须藤阳子在《美浓部达吉〈行政罚〉变迁的意义》以及《〈行政罚〉与〈秩序罚〉的形成与定型》中，就行政罚的概念，通过比较美浓部说的变迁与佐佐木说，指出佐佐木将"行政罚"视为立法政策的产物，而美浓部在观念论上将"行政

① 加藤祐子「フランス裁量統制をめぐる学説の新潮流：活動行政と行政裁判所との間の役割配分論に関する序説的考察」早稲田法学会誌 68 巻 2 号（2018 年）

② 榊原秀訓「行政裁量の審査密度：人権・考慮事項・行政規則」行政法研究 23 巻（2018 年）。

③ 米田雅宏「抽象的危険と危険防御命令：危険防御を目的とした行政立法の実体的統制行政法研究」19 巻（2017 年）。

④ 桑原勇進「授益処分取消制限法理の理論的基礎：信頼保護の憲法の位置づけについて」行政法研究 21 巻（2017 年）。

⑤ 巽智彦「カール・コルマンの国家行為論：行政行為の効力論における実体と手続の再結合」成蹊法学 88 巻（2018 年）。

罚（行政犯）与"刑罚（刑事犯）"进行区分，出现了理论上的难点，与实体法也有违和之处。①

行政手续方面，《条解行政手续法》针对 2014 年行政手续法修改的部分对该书第一版进行了全面的改正，2017 年刊行了第二版。②铃木庸夫《说明义务之渠道－－"说明理由"制度》中陈述了"说明理由"为行政处分和诉讼手续的症结之处，其认为基于法的支配以及法治主义原则，行政机关（答责者）应就该处分的法律正当性向被处分人负有说明理由的义务，说明义务的瑕疵即为实体法的瑕疵。③ 田部井彩《关于附记理由意义之考察》：附记理由具有抑制恣意和使不服审查便宜化的功能，因此附记理由存在瑕疵得以取消该处分，然而其认为需对两者之间的因果关系加以说明，因此对昭和 38 年（1963 年）最高裁判例以及之前的低审级的判例进行了分析。④

4. 行政诉讼

在司法权、裁判体系方面，西上治《机关诉讼的法律上的争诉性》评议了严格区分"权利"与"利益"，主张因其保护"利益"的目的一致而否定同一行政主体内部的行政机关间的纠纷（典型机关诉讼）的法律上的争诉性这一观点（权利权限型）。作者在相对地区分"权利"与"利益"的基础上，主张行政机关的"权限"一旦具备一定自律性和独立性则应被包含在"权利"之内，且裁判所作为宪法秩序（不仅限于保护私益）中实现公益的机构，即使由行政机关提起诉讼，其仍处于法律上诉讼的中心位置。⑤ 山岸敬子《客观诉讼和上告制度》：以依据行政诉讼法第 7 条提起民事诉讼为例，可知行政诉讼法的上告制度采取当事者主义。但客观诉讼以维持客观的法律秩序为目的，其与辩论主义有所乖离，文章通过分析

① 須藤陽子「美濃部達吉『行政罰』変遷の意義」立命館法學 372 巻（2017 年）。

② 高木光、常岡孝好、須田守著「条解行政手続法（第 2 版）」（弘文堂、2017 年）。

③ 鈴木庸夫「アカウンタビリティ・チャネルとしての「理由提示」制度」（河村寛治教授・白杵知史教授・加賀山茂教授退職記念号）明治学院大学法学研究 104 号（2018 年）。

④ 田部井彩「理由付記の趣旨に関する一考察：最高裁昭和 38 年 5 月 31 日第二小法廷判決をめぐって」中央学院大学法学論叢 31 巻 2 号（2018 年）。

⑤ 西上治『機関争訟の「法律上の争訟」性』（有斐閣、2017 年）。

"砂川政教分离"之最高裁判判决，就客观诉讼的本质展开了解释论与立法论。[1] 加藤亮《权利的实现与救济（1－3）》中参照美国选举法的讨论情况和判例的发展，主张日本"纠正投票价值不平等"之诉讼，并非为事后确认选举无效诉讼，而是作为主观诉讼的事前诉讼手法。[2]

在诉讼类型方面，春日修《当事者诉讼的机能和展开》一书首先详细地回顾了 2004 年行政诉讼法改正前后，关于"事实上的当事者诉讼"从"不要论"到"活用论"形成这一转变的历史发展。随后依照类别对行政诉讼法改正后下级裁判所的判例进行分析，诉讼要件在一定程度上得以明确，主张裁判所判定"行为违法确认"的可能性也存在，因此没有必要执着于"处分性扩大论"。进而说明鉴于行政关系具有通过法令约束个人自由这一特殊性，"事实上的当事者诉讼"能适用行政法的一般原则，也因此与民事诉讼具有不同的独特意义。[3] 山岸敬子《选举无效诉讼、事情判决、间接强制》针对裁判所在选举无效诉讼中即使作出"违宪状态"的司法判断，却被轻视以致裁判所的威信受到损害这一问题，提出为担保"事情判决"实效性，裁判所应具有令现任国会议员每人承担一定担保代替措施（作者称之为"代偿金"）的权限，以强化无效诉讼的作用。[4]

在诉讼要件方面，凑二郎《都市计划争诉的现状与课题》在介绍德国法研究的基础上，围绕都市计划提起诉讼时的重要论点进行讨论，即都市计划决定的处分性、提起当事者诉讼（确认诉讼）的可能性、都市计划决定的违法性审查（裁量统制以及手续违法性），对至今发表过的都市计划争诉制度等立法论进行了分析和评价。[5] 吉冈郁美《原告适格论与德国联邦制（1－2）》，通过最近与德国纪念物保存法领域的原告适格有关的联邦行政裁判所的判例，讨论了

---

① 山岸敬子「客観訴訟と上告制度」行政法研究 25 巻（2018 年）。

② 加藤亮「権利実現と救済（1-3）」神奈川法学 50 巻 3 号（2018 年）。

③ 春日修『当事者訴訟の機能と展開：その歴史と行訴法改正以降の利用場面』（晃洋書房、2017）。

④ 山岸敬子「選挙無効訴訟・事情判決・間接強制：裁判遵守の公益性保護」明治大学法科大学院論集 19 号（2017 年）。

⑤ 湊二郎「都市計画を争う訴訟の現状と課題」立命館法學 4 号（2017 年）。

因联邦与州的立法管辖复合，联邦法具有的补充机能，以及司法管辖分配导致的基本权的规范外效果（州法之外直接生效的效果）与基本权的规范内效果（补充法规解释的效果）。该文章以联邦制下的规范体系这一新视点丰富了至今关于基本权法规的充填解释。[①]

5. 国家补偿

武田真一郎《续·国家赔偿的违法性与过失》，从结论来说，作者以国赔法第 1 条违法性的多元化为前提，提出与证明违法性相比，不如严密地证明一元化的过失更加能实现国赔法的理念。[②] 另外，清水晶记《福岛核电站事故中不行使规制权限能否构成国家赔偿责任》一文，以围绕不行使规制权提起的福岛核电站事故国赔诉讼为素材，讨论了源于行政资源的有限性的行政裁量的存在（例如大东水害诉讼最高裁判决中提到的财政制约论）对是否构成国赔责任所产生的理论及实际上的影响。[③]

6. 行政组织、改革与地方自治

洞泽秀雄《协议会的法考察（1－2）》从行政法的视点，讨论了近年以来"法定协议会"发挥行政计划中的行政作用的相关立法例有所增加的现象。文章将实体法中关于协议会的制度概括性的列举，根据其目的、权限等规定进行分类，并从公私协动的视点考察了协议会的法统制，以及行政计划中协议会的地位。[④] 小林博志《自治体提起诉讼的历史性研究》整理了从战前至今，与市町村提起的确定市町村界线之诉讼中行政主体的不服申述权、提起诉讼的权利；以及自治体提起诉讼与议会的关系；合并市町村以及与界线诉讼有关的学说和判例。该书鲜活地描写了从战后至昭和 40 年代（1965 年左右）在学说以及判例上得到广泛认可的状况，最后提出

---

① 吉岡郁美「原告適格論とドイツ連邦制（1）ドイツ記念物保存法に係る裁判例の分析（1－2）」自治研究 93 巻 10 号、12 号（2017 年）。

② 武田真一郎「続・国家賠償における違法性と過失について」成蹊法学 88 号（2018 年）。

③ 清水晶紀「福島原発事故をめぐる規制権限不行使に対する国家賠償責任の成否：五地裁判決が示唆する「行政リソースの有限性」論のインパクト」自治総研 44 号（2018 年）。

④ 洞澤秀雄「協議会に関する法的考察：公私協働，行政計画の視点から（1－2）」南山法学 41 巻 2，3，4 号（2018 年）。

了 "宝冢市赌博游戏厅条例" 最高裁判例应当进行变更的结论。[①] 驹林良则《自治体基本构造的法议论记录》一文中，就近来地方分权改革和理论动向，以自治体作为统治机构，地方议会作为发挥统制作用的立法机关的立场进行了讨论。文章就组织法制改革的方向性，用原理论展开摸索区别 "执政" "执行" 的统制之理想模式，用机能论探讨内部统制制度，即长官和议会的角色位置，文章指出议会在自治体内部统制中的意义要相对较低，但同时也确认了其宪法上的住民代表机关的意义。[②] 最后，围绕边野古诉讼这一课题，有以下研究：加藤佑子《行政诉讼中适当与非适当的问题之新的展开》、武田真一郎《边野古填海认可撤回的问题点》、村上博《翁长冲绳县知事的具体化地方自治》以及本多滝夫《行政法与地方自治法的交错》等等[③]。

---

① 小林博志『自治体の出訴の歴史的研究』（中川書店、2018 年）。

② 駒林良則「自治体基本構造の法的議論に関する覚書」立命館法學 373 号（2017 年）。

③ 加藤祐子「行政訴訟における当・不当の問題の新展開：辺野古訴訟最高裁判決を素材として」早稲田大学大学院法研論集 165 号（2018 年）、武田真一郎「辺野古埋立承認撤回の問題点について」成蹊法学 87 号（2018 年）、村上博「辺野古新基地差止訴訟と「法律上の争訟」：那覇地裁 2018 年 3 月 13 日判決・決定評釈」法律時報 1124 号（2018 年）。

# 2018 年日本刑法学研究综述

许尚楸*

## 一、引言

本文是基于 2017 年秋季至 2018 年年底在日本境内所发表或出版的刑法学论文、著作，对该年度的日本刑法学理论发展状况所做的一个简要综述。为了真实反映日本刑法学界的研究关心，本文主要参考了法律时报第 90 卷第 13 号刊载的《特集·学界回顾 2018》① 中所罗列的重要文献。沿用以往惯例，本文分为总论、各论以及特别刑法这三大板块，以学者个体为单位对该年度的研究状况展开介绍。

众所周知，日本的法学特别是刑法学的研究历来受德国法的影响较深，该影响首先体现在，日本刑法理论研究中以德国法为参照系进行比较法研究的论文居多，且这一特征 2018 年度的刑法学文献中也得到体现。同时，将德国刑法研究扩展至欧洲所有使用德语的国家即"德语圈"刑法，以及参照英国、美国、甚至澳大利亚、新西兰等国的比较法研究也有增加的趋势。这也可以窥得日本刑法学

* 许尚楸，东京大学法学政治学研究科综合法政专攻、刑法学专业博士研究生。本文的写作由日本政府文部科学省奖学金资助。

① 城下裕二·長井長信·小名木明宏·松尾誠紀「刑法（特集·学界回顧 2018）」法律時報 90 卷 13 号（2018 年）39—55 頁。

界在面临新时代的各种各样社会问题时，比较法研究的需求日渐增长，其比较法视野也在不断拓宽的发展特征。

为了方便读者理解以及日后的文献查找，本文在正文中将作者名与文献名译为中文，并以脚注的形式附上日文原文的文献信息。若本文能为关心日本刑法学的读者提供一些参考，笔者将不胜荣幸。

## 二、总论

### （一）刑法的基础理论

高桥直哉在题为《刑法基础理论的可能性》① 的个人论文集一书中，通过"刑法的基础""刑罚的诸问题"以及"犯罪预防的视角"三大部分展开探讨。作者称其为针对"在'基于自由认同共通价值且自律并具有理性的主体所构成的共同体'这一前提之下，刑法在其中究竟能发挥怎样的作用？"这一问题意识所进行的思想实验。该著作有意识地结合以英美政治哲学为代表的相邻研究领域展开探讨，可以说是一本具有跨学科研究特色的刑法学研究著作。

浅田和茂的以"刑事法的立法、判例以及学说"② 为题的立命馆大学的纪念讲稿中，从"立法与学说"的对立关系以及"判例与学说"的对立关系出发，围绕立法、判例和学说这三者的健康互动关系的实质内容展开了探讨。该文以刑法条文的全面修正与共谋罪为例，探讨了立法与学说的对立关系、以及基于裁判员裁判中的正当防卫以及共谋共同正犯的问题探讨了判例和学说的对立关系。

### （二）行为论・构成要件论

奥田菜津在《作为与不作为的区别：与作为义务的根本论据的关系》③ 一文中，将区别论的机能划分为两种。一种是①以要件论作为前提，为了区分作为义务有无的自身所具有的机能（即基于自然的要素进行判断）；另一种则是，②作为义务的根据论的指针性

---

① 高橋直哉『刑法基礎理論の可能性』（成文堂、2018 年）。
② 浅田和茂「刑事法における立法、判例と学説」立命館法学 375・376 号（2017 年）474—498 頁。
③ 奥田菜津「作為と不作為の区別：作為義務の根拠論との関係」同志社法学会 69 巻 5 号（2017 年）1777—1844 頁。

机能（即基于规范的要素进行判断）。在此基础上，进一步探讨作为与不作为的区别是否符合"若无该行为主体，如此程度的危险性也不会存在"这一判断基准。就该基准能够最大限度限缩模糊判断的范围这一点来说，在满足机能①所要求的明确化区别的基础之上，机能②所要求的要件论以及作为义务论的利便也能得以实现。虽然区别论一直以来是多数说，但该文着眼于区别论的自身机能，通过两阶段的构成发展出新的判断基准这一点是非常值得关注的。

铃木彰雄在《基于先行行为的作为义务》①一文中，将保障人的地位的理论根据类型化为"作为保护者的保障人"以及"作为监护者的保障人"这两种，并将先行行为作为后者的事由之一。进而，在合法的先行行为中，由基于允许的风险行为·正当防卫行为在相当因果关系的范围内产生的法益危殆化而否定行为人的保障者地位，紧急避险的场合下第三者的生命之外的法益危殆化的情形也采用同样的结论。近年，作为义务根据论的相关探讨也仅将先行行为限定在间接考虑的范围之内，而这篇文章将创出新的危险源视为作为义务的根据之一，通过尝试对明确的处罚范围进行限定解释，对今后的进一步的探讨具有一定的唤起意义。

冈部天俊在题为《身份犯概念的再构成与其具体内容的考察》②的连载论文中，对身份犯进行了网罗性且具横断性的探讨，认为应当将"赋予行为者特征要素的身份"作为身份犯的构成要素之一，而非构成要件符合行为本身。该文还参考了澳大利亚的"特别犯"这一概念，由此推论出身份性判断的下位判断基准。

（三）因果关系论·客观的归属论

井田良在《刑法的因果关系论》③一文中，论述了为了拯救陷入危机的相当因果关系说，"提出了相当因果关系说的修正和补充提案，但因该尝试存在局限最终还是选择放弃"的学者们最后提出了应当转移到危险现实化的立场这一观点。他们重新指出了相当因

---

① 铃木彰雄「先行行為に基づく作為義務」高橋則夫〔ほか〕編集『刑事法学の未来：長井圓先生古稀記念』（信山社、2017 年）。

② 岡部天俊「身分犯概念の再構成とその具体的な内容をめぐる考察（1）（2）完」北大法学論集 68 巻 4・5 号（2017・2018 年）。

③ 井田良「刑法における因果関係論をめぐって」慶応法学 40 号（2018 年）1—21 頁。

果关系说的问题点，并探讨了危险现实化理论下的因果关系判断方法，界定了判断危险的基础事由。该文对于最高裁判所的立场也进行了详细的理论分析，并最后在结尾处提示"即使采用危险现实化理论，也仍然存在判断困难的实际事例"这一结论。

（四）违法论

山川秀道在《不法和司法判断层面的违法性》① 一文中，围绕违法性的本质，以法律范围内的自由领域作为切入点，探讨了裁判所对于违法性的判断方法与基于一般市民观点的法律判断的区别。同作者在题为《违法论的历史的考察》② 的连载论文中，对违法论的展开进行了历史的概览，主张应当明确不法的具体内容，并应将其作为违法性论探讨的主要方向展开理论探索。

围绕被害者同意和承诺的相关问题，论文专题《被害者的意思·参与与刑法解释》③ 探讨了个别犯罪类型中被害者的意思内容，以及与被害者参与程度的关联性。此外，菊地一树的《法益主体的"真意"与犯罪的成立与否》④ 一文，针对法益主体在获得正确信息后依据自己的真实意思行动的场合，以侵入住宅罪为例探讨了此类情形下的犯罪认定问题。

关于治疗行为的正当化，天田悠的《治疗行为与刑法》⑤ 一文，着眼于专断的治疗行为，为了明确"伤害罪的保护法益与自己意思决定的关系"以及"如何对治疗行为进行刑法评价"的问题，对"德语学术圈"的讨论状况进行了系谱性且理论性的梳理。该文指出，伤害罪所保护的核心是现实的且有事实基础的"身体的基质"这一利益。并且，该文从患者的自己意思决定权是通过身体的基质进而影响法益的要素这一基本视点出发，围绕治疗行为的法律评价展开了探讨。此外，冈崎颂平在《关于母体保护法与刑法的考

---

① 山川秀道「不法及び司法判断としての違法性」広島法学 41 卷 2 号（2018 年）17－36 頁。

② 山川秀道「違法論の歴史的考察（1）（2）完」広島法学 41 卷 3・4 号（2018年）。

③ 和田俊憲ほか「特集/被害者の意思・関与と刑法解釈」刑法雑誌 57 卷 2 号（2018 年）。

④ 菊池一樹「法益主体の『真の意思』と犯罪の成否」早稲田法学 93 卷 2 号（2018 年）。

⑤ 天田悠『治療行為と刑法』（成文堂、2018 年）。

察（1）》① 一文中，旨在解决不通过指定医师的堕胎行为的处罚问题，探讨了母体保护法的立法过程。

关于正当防卫，三代川邦夫在《防卫行为的相当性与目的手段审查》② 一文中，围绕防卫行为的相当性判断中目的及手段的审查方法，参考德国宪法学中的比例原则以及美国宪法的事例判断基准，给出了判断框架。同作者的《正当防卫的海域》③ 一文论述了类似紧急避险等违法阻却事由所基于优越性原理的正当化，以及如正当防卫般保护自己的权利及利益不受侵害的正当化这两种正当化类型，为负有侵害回避义务或者退避义务的情形以及不负有该义务的情形下的判断提供了理论基础。此外，柏崎早阳子在《关于正当防卫的限制的考察》④ 一文中，关于正当防卫以及紧急救助的限制问题，立足于正当防卫的情形下是否能适用罪刑法定主义这一问题意识，围绕德国刑法的正当防卫的条文与基本法的罪刑法定主义的相关规定的关系展开了探讨，并推导出正当防卫具有内在的限制这一观点。同作者在其《正当防卫的内在的限制》⑤ 一文中，介绍并探讨了德国的权利滥用理论，为解决涉及挑衅的事例提供了一定的方向性。

关于家庭内的暴力冲突，木崎峻辅在《家庭内的暴力冲突中正当防卫状况的判断基准》⑥ 一文中，介绍了德国以及美国关于该情形下正当防卫是否成立的探讨，并主张只有在"故意将家庭内部作为进行不法暴力冲突的场所并加以利用"的场合，才能否认正当防卫的成立。该作者在另一篇题为《与被侵害者的态度相对应的正当

① 岡﨑頌平「母体保護法と刑法に関する一考察（1）」秋田法学 58 巻（2017 年）103—120 頁。

② 三代川邦夫「防衛行為の相当性と目的手段審査」立法法務研究 11 号（2018 年）132—155 頁。

③ 三代川邦夫「正当防衛の海域」立教法学 97 号（2018 年）184—119 頁。

④ 柏﨑早陽子「正当防衛の制限に関する考察」法学研究論集 47 号（2017 年）21—36 頁。

⑤ 柏﨑早陽子「正当防衛の内在的制限」法学研究論集 48 号（2017 年）83—100 頁。

⑥ 木崎俊輔「家庭内での暴力の闘争における正当防衛状況の判断基準」筑波法政 71 号（2017 年）69—100 頁。

防卫事例的类型化》① 一文中，将"通常的"涉及正当防卫认定的相互冲突情形划分为"回应型"与"突发型"，就不同类型情形下正当防卫的成立与否展开了探讨。

关于紧急避险，远藤聪太在《紧急避险论的再探讨》② 一文中，着眼于损害的均衡要件，介绍了围绕日本刑法中规定紧急避险的第 37 条起草时的讨论状况。同时，该文还与德国法进行了比较研究，探讨了与紧急避险相关条文的立法目的，明确了作为紧急避险理论基准的三种规范理论并验证了该理论的妥当性。在前述基础之上，该论稿提出了在"超过既存法律制度所预测范围之外的利益冲突状况"的例外情形下，基于损害最小化的违法"减少"以及作为心理压迫的责任"减少"这两种根据，应将日本刑法第 37 条解释为可阻却行为可罚性的条文。此外，同作者的以《紧急避险论再探讨》③ 为题的连载论文，以及《关于紧急避险中"危险"的判断方法》④ 一文也均为围绕紧急避险展开探讨的研究成果，在日本刑法学界具有一定的影响力。

（五）责任论

就责任的意义而言，连载于法律时报的《关于责任意义的多角度探讨》⑤ 的论文特辑并未仅仅停留在着眼于理论刑法学的立场探讨"责任"这一概念，而是从量刑的实务，哲学理论以及精神医学的专业观点等多方面的视角展开了探讨。

围绕机器人的刑事责任以及处罚可能性，根津洸希在《关于对机器人的处罚可能性的探讨现状》⑥ 一文中，在介绍了德国理论的基础之上，主张处罚机器人的无意义性。

---

① 木崎俊輔「被侵害者の態度に応じた正当防衛状況が問題となる事案の類型化」筑波法政 72 号（2017 年）77—109 頁。

② 遠藤聡太「緊急避難論の再検討」刑法雑誌 57 巻 2 号（2018 年）212—228 頁。

③ 遠藤聡太「緊急避難論の再検討（1）　（6）」法学協会雑誌 131 巻 1 号　133 巻 5 号（2014—2016 年）。

④ 遠藤聡太「緊急避難における『危難』の判断方法について（1）」法学 79 巻 6 号（2016 年）495—512 頁。

⑤ 安田拓人ほか「特集/『責任』の意義の多角的検討」法律時報 90 巻 10 号（2018 年）112—116 頁。

⑥ 根津洸希「ロボットの処罰可能性を巡る議論の現状について」比較法雑誌 51 巻 2 号（2017 年）145—179 頁。

关于责任能力，绪方あゆみ在《关于进食障碍与扒窃的一系列考察》① 一文中，围绕由进食障碍所引起的扒窃惯犯行为是否具有可罚性，探讨了就责任能力有无的问题具有争议的判例，并且介绍了将进食障碍受刑者纳入防止盗窃再犯的刑事设施成员的设置方案，探讨了今后应当开展的研究课题。此外，该作者的《痴呆症与刑事责任能力》② 一文，介绍并探讨了以"痴呆症患者是否具有刑事责任能力"为争点的地方判例，强调了痴呆症患者所面临的固有的困难处境以及考虑该类人群的处境的必要性。

瀬川行太在《关于犯罪论的同时存在原则》③ 一文中，提出不应仅停留在责任能力问题的探讨，而是聚焦在"故意"和"实行行为"同时存在，以及"实行行为"与"犯罪构成要素"同时存在的问题意识，将自招侵害和构成要件的推迟实现等问题作为考察对象。该文章的前三章围绕原因自由行为，介绍了德国的相关判例以及学说并展开了探讨。另外，德永元在其《关于原因自由行为的一系列考察》④ 一文中，参考了德国的否定说理论，且批判了日本的肯定说，认为日本的可罚性肯定说的理论根据不够充分，进而强调对规范的责任论与消极的责任论进行再度探讨的必要性。

关于实施实行行为的途中责任能力丧失并减退的情形，吉川友规在《"一系列行为"与承继的责任无能力》⑤ 一文中，围绕基于故意的实行行为的事例对日本以及德国的判例、学说展开了探讨，并把该问题置于体系性的地位，并进行分类化处理，以具体的事例为素材展开了理论探讨。

（六）故意·错误论

在特别刑法的研究领域中，围绕故意的内容展开探讨的论文不

---

① 绪方あゆみ「摂食障害と万引きに関する一考察」同志社法学 69 巻 7 号（2018 年）3215—3245 頁。

② 绪方あゆみ「認知症と刑事責任能力」中京ロイヤー 28 号（2018 年）1—13 頁。

③ 瀬川行太「犯罪論における同時存在原則について（1）－（4）」北大法学論集 67—69 巻（2018 年）。

④ 德永元「原因において自由な行為に関する一考察」法政研究 84 巻 3 号（2017 年）135—157 頁。

⑤ 吉川友規「『一連の行為』と承継的責任無能力」同志社法学 69 巻 3 号（2017 年）993—1050 頁。

在少数。例如南由介在《关于"无许可"的故意》①一文中，将明确意思认识的内容作为研究内容之一，探讨了物品税法所规定的无申告制造罪以及公众浴场无许可营业罪等犯罪的故意内容。此外，小池直希在《药物犯罪案件中对"违法的药物"的认识意义》②一文中，就判例对"违法药物"的认识的意义认定展开了分析探讨。

关于故意的认定，以《故意的认定》③为题的论文特辑探讨和确认了各种犯罪类型中进行故意认定的认识要素内容，并在此基础之上详细探讨了判例中所展示的认定故意的方法。进一步，樋笠尧士在《故意的推定对象与未必的故意的要素》④一文中，将围绕未必的故意的探讨中所出现的"特别的情形"这一概念作为线索，详细分析了日本的判例，主张了该概念与德国理论中关于杀人行为的未必的故意的阻止阈理论所发挥的机能具有一致性。

本间一也在《"概括的故意事例群"和共犯的成立与否》⑤一文中，着眼于韦伯的概括的故意的代表性事例，针对后行为干预第二行为的情形，尝试对错误论以及共同正犯论的解决方案分别展开分析。此外，樋笠尧士在《正当防卫中的方法错误》⑥一文中，就正当防卫中的第三者侵害问题，结合日本和德国的判例学说进行了论述和探讨，就结论而言，该文显示了应当采用具体符合说解决该问题的立场。

（七）过失犯论

关于过失犯的问题，樋口亮介在题为《以注意义务内容的确定

---

① 南由介「『無許可』の故意について」鹿児島大学法学論集 52 巻 2 号（2018年）83—114 頁。

② 小池直希「薬物事犯における『違法な薬物』の認識の意義」早稲田大学大学院法研論集 165 号（2018 年）149—175 頁。

③ 半田靖史ほか「特集/故意の認定」刑事法ジャーナル 53 号（2017 年）4—12頁。

④ 樋笠堯士「故意の推認対象と未必の故意の要素」大学研究年報・法学研究科篇 47 号（2018 年）。

⑤ 本間一也「『概括的故意事例群』と共犯の成否（3）」法政理論 49 巻 2 号（2017 年）41—92 頁。

⑥ 樋笠堯士「正当防衛における方法の錯誤」嘉悦大学研究論集 60 巻 1 号（2017 年）63—80 頁。

过程为基础的过失犯判断框架》[①] 的连载论文中，以近三年具有代表性的两份最高裁决定[②]为例，着眼于过失犯的判断框架的重要性，并以此判断框架为基础探讨和分析了以往的判例以及学说。该文指出要避免将因果关系、作为义务、预见可能性等问题割裂开探讨，并应当在认识到每个要素的紧密关联性的前提下明确注意义务的内容，且需认识到故意论的参照可能性。在以此观点基础之上，该文以发生在东京涩谷的松涛女性专用温泉设施爆炸事件为例，展开了案例分析探讨。此外，森川智晶在《关于过失犯的特别知识与特别能力的探讨》[③] 一文中，针对拥有一般人水平之上的知识与能力却不行使该知识和能力的行为是否违反注意义务这一问题，以该行为人是否负有使用该知识与能力的义务这一问题（即"投入义务论"）为切入点，介绍并分析了日本和德国的理论探讨现状。该文认为无论是全面否定还是全面肯定投入义务的存在均不妥当，而应该结合行为人在案件中的作用及地位进行谨慎判断。

谷井悟司在《关于过失的竞合案件中结果回避可能性的判断》[④] 一文中，围绕过失的竞合案件中结果回避可能性的判断，介绍了德国的相关判例和学说，并列举出了与回避可能性判断相关的三种分析方法，为该类案例的解决提供了方向性。

（八）未遂论

原口伸夫的《未遂犯论的诸问题》[⑤] 一书中，围绕未遂犯的问题展开了探讨。该书结集了作者以往有关未遂犯理论探讨的论文，全体由"第 1 部 实行的着手"，"第 2 部 中止未遂"，"第 3 部 不能未遂"这三部分构成。虽然该书所收录的论文基本上与发表时一致，但在前述每部分的"现状与课题"中介绍了论文发表后的判例展开状况，也即在原有基础上添加了新的研究内容。

---

① 樋口亮介「注意義務の内容確定プロセスを基礎に置く過失犯の判断枠組み（1）～（3）」法曹時報 69-70 巻（2017-2018 年）。

② 该最高裁决定分别为"平成 28 年 5 月 25 日决定"和"平成 29 年 6 月 12 日决定"。

③ 森川智晶「過失犯における特別知識と特別能力の考慮について（1）　（3）完」関西大学法学論集 67 巻 2、4、6 号（2017-2018 年）。

④ 谷井悟司「過失の競合事案における結果回避可能性判断について（1）（2）完」法学新報 124-125 巻（2018 年）。

⑤ 原口伸夫『未遂犯論の諸問題』（成文堂、2018 年）。

（九）正犯论・共犯论

关于间接正犯，市川启在《关于间接正犯概念的渊源以及发展・概论》① 一文中，从对间接正犯展开历史性考察进行着手，整理了围绕"无目的无身份且具有故意的道具"所展开的探讨，在分析正犯概念的同时也探讨了目的犯以及义务犯的意义。就结论而言，该文主张应当从"基于直接行为者的归属欠缺所实施的幕后管辖"这一视角把握并理解"间接正犯"这一概念。

就一般共犯论而言，小岛阳介在《关于共犯的心理因果性的序论性考察：共犯者之间的交流所具有的意义》② 一文中，指出了因果关系理论中的客观归属理论与共犯论的问题相接点，基于重视共犯者之间的意思交流的立场，特别围绕饮酒驾驶中的同乘行为是否构成危险驾驶致死罪的帮助犯这一问题展开了判例的分析。市川启在《关于扩张的共犯论》③ 一文中，针对将多数成立间接正犯的情形视为教唆犯的现象，就关西的学者们围绕共犯论的讨论展开了历史性的分析和探讨。该文章指出了这一问题的意义并展开了具体探讨，并从对通说进行批判的立场出发，强调了展开该理论探讨的重要性。此外，照沼亮介在《"共谋的射程"与"教唆的射程"》④ 一文中，探讨了理论上仍具有模糊性的"共谋的射程"这一概念，主张应当在共同正犯的因果性以及正犯性的各要件之下，考察与"共谋的射程"这一概念相关的理论问题。

关于承继的共犯，林干人在《关于承继的共犯》⑤ 一文中，将最高裁于平成 24 年 11 月 6 日作出的裁判决定置于共犯论的整体之中进行分析，并着眼于其与当下备受关注的电话诈骗事例之间的关系以及不同的共犯参与形态，探讨了承继的共犯的内涵。该文主张不应仅在客观的要素中探讨机会同一性，还应将主观的要素纳入探

---

① 市川啓「間接正犯概念の淵源とその発展について・概論」立命館法学 1 号（2018 年）124－155 頁。

② 小島陽介「共犯における心理的因果性に関する序論的考察：共犯者間の『コミュニケーション』が持つ意味（1）」金沢法学 60 巻 1 号（2017 年）91－106 頁。

③ 市川啓「いわゆる拡張的共犯論について」立命館法学 375 号（2017 年）58－79 頁。

④ 照沼亮介「いわゆる『共謀の射程』と『教唆の射程』」増田豊古稀『市民的自由のための市民的熟議と刑事法』（勁草書房、2018）。

⑤ 林幹人「承継的共犯について」立教法学 97 号（2018 年）107－118 頁。

讨范围。此外，尾棹司在《关于日本的共犯理论》① 一文中，以最高裁平成 24 年的决定为契机，详细分析了以承继的共犯理论为问题意识的判例、裁判例以及学说，并就共犯的处罚根据作为基本论点展开了探讨。该文支持效果因果说，主张无须在构成要件该当性判断的每个要素中考虑因果性，仅需要求构成要件结果的发生即可。

关于共同正犯，松本圭史在《共同正犯的违法性的连带性与正当防卫的成立与否》② 一文中立足于①共同正犯中违法性的连带是否存在，以及②对未实施加担行为的主体进行的正当防卫是否成立这两个问题点，论述了共犯的从属性与违法性的连带关系。此外，该文探讨了与共同正犯和其违法性的连带性相关的扣除说与加算说，指出了由扣除说所带来的体系性的问题。在此基础之上，对各共同正犯者的正当防卫是否成立这一问题，该文强调了进行个别探讨的必要性。

关于共谋共同正犯，黄士轩于题为《与共谋共同正犯相关的基础研究》③ 的系列连载论文中，介绍了日本、德国以及中国台湾地区的相关理论。该文指出如日本的共谋共同正犯的犯罪参与类型不论是在德国还是在日本通说上均被认为是正犯。此外，就实务方面，该文确认了日本、德国和中国台湾地区学者以综合主客观的事实要素为正犯性的判断前提，且在共同正犯的成立范围认定上基本没有差别这一点，进一步探讨了德国关于间接正犯的理论中所残留的课题。

关于过失共同正犯，前嶋匠在题为《基于合意决定的犯罪》④ 的连载论文中，特别探讨了过失共同正犯中的董事责任，并纳入因果关系理论，从宏观的视点出发展开了探讨。该文主张与过失的共同正犯一样，若参与合议决定的主体在违反董事义务的决议中创造

① 尾棹司「わが国における承継的共犯論について」法学研究論集 48 号（2017年）183−204 頁。

② 松本圭史「共同正犯における違法性の連帯性と正当防衛の成否」早稲田法学 93 巻 1 号（2017 年）163−203 頁。

③ 黄士軒「共謀共同正犯に関する基礎的研究（1）〜（6）完」法学協会雑誌 134 巻 3〜6、9 号。

④ 前嶋匠「合議決定に基づく犯罪（1）（2）完」愛知大学法学部法経論集 214−215 号（2018 年）。

了不被允许的风险，且该风险最终实现的场合，该董事对于该结果必须承担共同的责任。

关于狭义的共犯，滨田新在《关于不作为的帮助的处罚范围限定》① 一文中，从以未阻止儿童虐待行为的事例为问题点的横滨地方裁判所平成 23 年 9 月 22 日的判决进行切入，探讨了不作为的帮助行为，并强调了为了限定该不作为的帮助行为的成立，须对作为义务进行精查的必要性。

（十）罪数论・量刑论・刑罚论

本村稔在《关于事后的并合罪的余罪的裁决方法》② 一文中，以名古屋地方裁判所平成 27 年 12 月 15 日的判决为题材，讨论了与并合罪相关的法律规定以及事后的并合罪的裁决方法。该文特别强调在包含死刑的场合下处理事后的并合罪的余罪时，不应当给予死刑的处罚。

在量刑论的探讨上，安田拓人在《关于存在精神障碍影响的事例中的量刑判断的序论性考察》③ 一文中，指出存在虽然精神障碍存在的事实对责任能力的认定并无显著影响，但对犯罪实行行为产生一定影响的情形，并围绕该事实对于量刑的判断究竟起到何种作用这一问题意识展开了理论探讨。该文特别介绍了德国和奥地利的理论探讨现状，并在调和仅有刑罚却无保安处分制度的日本刑法制裁制度这一意义上，肯定了日本刑法第 39 条第 2 项的排除适用的可能性。

刑罚论的方面，以《刑罚论的现代的意义》④ 为题的论文特辑，着眼于报应刑罚论且围绕刑罚的正当化根据对理论和实务进行了横向的考察。此外，本庄武在《自由行的单一化》⑤ 一文中，整理了与伴随旨在废止惩役刑与禁锢刑区别的单一化所出现的问题点

---

①　濱田新「不作為による幇助の処罰範囲の限定について」信州大学経法論集 2号（2017 年）145−171 頁。

②　本村稔「事後的併合罪の余罪の処断方法について」立命法学 375 号（2017）384−395 頁。

③　安田拓人「精神の障害が一定の影響を及ぼした事案における量刑判断のあり方に関する序論的考察」法学論叢 182 巻 1 号（2017 年）160−180 頁。

④　高橋直哉ほか「特集/刑罰論の現代的意義」刑事法ジャーナル 54 号（2017年）4−10 頁。

⑤　本庄武「自由刑の単一化」法律時報 90 巻 4 号（2018 年）36−41 頁。

的相关探讨，并对该单一化的实现路径，刑法典如何通过条文实现该单一化，以及今后的改革路径展开了讨论。

关于死刑的探讨，长井圆在题为《生命的法的保护冲突：围绕死刑的正当化事由》① 一系列连载论文中，强调了现行刑法制定之时，展开死刑存废论的意义及其重要性，强调了为了适应现代社会的发展，死刑应当被废除的立场。

## 三、各论

### (一) 财产犯以外的针对个人法益的犯罪

针对生命以及身体的犯罪，山下裕树在《关于遗弃罪的诸概念的内容》② 一文中，以围绕遗弃、不保护、保护责任人这一系列的概念的争论作为主题，将上述概念之间的相互关联性以及作为义务的发生根据作为切入点进行了深入探讨。

关于同时伤害的特例，以最高裁平成 28 年 3 月 24 日的决定为契机，出现了大量相关的论稿。玄守道在《关于刑法 207 条（关于同时伤害特例的规定）的适用要件以及适用方法》③ 一文中，详细比较了最高裁平成 28 年的决定以及此前的先例，认为在具有不存在意思联络的客观共同性的事例中，应当积极地肯定刑法第 207 条的适用。高桥省吾在《关于同时伤害的特例的问题点》④ 一文中，从实务的视点出发分析前述最高裁决定，围绕刑法第 207 条的适用要件，适用范围，以及和承继的共同正犯的关系，参照并详细探讨了迄今为止的裁判案例以及学说。

对于侵害自由的犯罪行为，多数论文以最高裁平成 29 年 11 月 29 日的大法庭判决以及性犯罪的改正为契机展开了理论探讨。首

---

① 長井圓「生命の法的保護の矛盾撞着（1）（2）完：死刑の正当化事由をめぐって」中央ロー・ジャーナル 14 巻 1 号・15 巻 1 号（2018 年）。

② 山下裕樹「遺棄罪の諸概念の内容について（1）」関西大学法学論集 67 巻 5 号（2018 年）1013－1029 頁。

③ 玄守道「刑法 207 条（いわゆる同時傷害の特例）の適用要件とその適用方法について」立命館法学 375 号（2017 年）321－334 頁。

④ 高橋省吾「同時傷害の特例を巡る問題点」山梨学院ロー・ジャーナル 12 号（2017 年）27－82 頁。

先，奥村徹在《最高裁大法庭平成 29 年 11 月 29 日判决的背景》[①]
一文中，从律师实务的视角对该案件以及与其相关联的猥亵犯罪进
行了解说。小林宪太郎在《关于最高裁平成 29 年 11 月 29 日的大
法庭判决》[②] 一文中，以段落为单位对该判决文书进行了详细的分
析。该文特别针对"将行为者的目的等主观内容作为个别具体事情
的判断要素是可能的"这一点，提出了性的意图绝不应当被纳入前
述判断要素这一主张。此外，佐藤拓磨在《最大判平成 29 年 12 月
29 日的意义以及今后的课题》[③] 一文中，立足于该判决，明确了作
为猥亵性质根据的"行为本身"的内容，并进一步提出应当解明在
该行为内容不明确的场合下性意图存否的判断以及性意图的动机
强度。

　　围绕性犯罪条文的修改，题为《关于性犯罪的刑法的部分修
正》[④] 以及《关于性犯罪改正的探讨》[⑤] 等具有代表性的论文特集
相继刊出。此外，桥爪隆教授所撰写的《关于为了处理性犯罪所实
施的刑法修正》[⑥] 这一重要论稿也被收录在题为《性犯罪对策的进
展与展望》[⑦] 的论文特辑之中。

　　在涉及侵犯名誉的犯罪方面，金尚均在其题为《对歧视言论的
法律规制：作为排除性社会的前奏的仇恨言论》[⑧] 的著作中，探讨
了位于名誉毁损罪和侮辱罪之间的针对个人出身以及民族属性的诽
谤以及中伤行为。进一步，以仇恨言论为内容的标题等问题展开了

────────

① 奥村徹「最高裁大法廷平成 29 年 11 月 29 日判決の背景」判例時報 2366 号
（2018 年）131−137 頁。

② 小林憲太郎「最高裁平成 29 年 11 月 29 日大法廷判決について」判例時報
2366 号（2018 年）138−142 頁。

③ 佐藤拓磨「最大判平成 29 年 12 月 29 日の意義と今後の課題」判例時報 2366
号（2018 年）143−146 頁。

④ 塩見淳ほか「小特集/性犯罪に関する刑法の一部改正」法律時報 90 巻 4 号
（2018 年）55−76 頁。

⑤ 辰井聡子ほか「特集/性犯罪改正の検討」刑事法ジャーナル 55 号（2018 年）
4−22 頁。

⑥ 橋爪隆ほか「性犯罪対策の歩みと展望」法律のひろば 70 巻 11 号（2017 年）
4−15 頁。

⑦ 橋爪隆ほか「性犯罪対策の歩みと展望」法律のひろば 70 巻 11 号（2017 年）
4−58 頁。

⑧ 金尚均『差別表現の法的規制：排除社会へのプレリュードとしてのヘイト・
スピーチ』（法律文化社、2017 年）。

探讨。并围绕人种差别的法律规制以及作为保护法益的人类尊严等内容展开了详细的论述。此外，该作者还在《对于社交媒体上的言论的法律规制》① 一文中，围绕与社交媒体上的人种歧视言论相关的法律问题，介绍了以德国为代表的欧洲各国的理论探讨现状，并指出了该探讨对日本运营商的责任法以及仇恨言论消解法的发展所具有的启发意义。

丸山雅夫在《作为名誉侵害罪的侮辱罪》② 一文中，对日本和德国的名誉毁损罪和侮辱罪进行了比较法研究，主张两罪的保护法益应当均为"作为个体的人的尊严"，而非通说所认为的"社会的名誉"。

（二）财产犯罪

围绕财产犯罪的一般性探讨，伊东研祐在其《作为财产犯罪行为客体的"财产上的利益"、占有转移犯罪的保护客体不存在与作为法益侵害、危殆化的个别的损害》③ 一文中，着眼于针对财产性利益的犯罪，批判近年的判例与学说无视"财产性利益"即行为客体这一事实，以及以区别理解财产性利益与行为客体作为前提展开理论探讨这一现状，并指出此种解释方法会导致对行为客体的无限定解释的问题。此外，荒木泰贵在《财产性信息的占有转移与针对财产性利益的犯罪》④ 一文中，围绕财产性信息的非法取得与针对财产性利益的犯罪成立与否的相关问题，批判了基于信息的不可移转性否定财产犯罪成立的观点，并基于该信息的利用可能性的丧失以及放弃的观点，围绕财产性利益的犯罪成立与否这一问题展开了再度探讨。

---

① 金尚均「SNS 上の表現に対する法的規制」立命館法学 375/376 号（2017 年）168－192 頁。

② 丸山雅夫「名誉侵害罪としての侮辱罪」南山法学 41 巻 2 号（2018 年）53－76 頁。

③ 伊東研祐「財産犯の行為客体としての『財産上の利益』移転罪の保護客体ないし法益とその侵害・危殆化としての個別的損害」法曹時報 69 巻 8 号（2017 年）2083－2101 頁。

④ 荒木泰貴「財産的情報の移転と 2 項犯罪」慶應法学 40 号（2018 年）265－291 頁。

关于盗窃罪，山内龙太在《围绕窃取概念的条件设定论的探讨》[①] 一文中，以非法获取老虎机等游戏机的游戏币的事例为探讨题材，就何种场合下被害者的意思被认定无效以及盗窃罪的成立与否展开了探讨。该文以主张在违反被害者所设定的游戏规则进行的占有转移的情形下，被害者的意思无效进而肯定盗窃罪成立的条件设定理论为立足点，并将该条件与涉及反对给付的条件以及其他条件相区分，认为对于除反对给付之外事项的相关条件，应着眼于被害者的信息收集责任，寻求为了确认行为人的条件遵守状况而须采取的措施。此外，野泽充在《盗窃罪中的"财产损害"?》[②] 一文中，批判了主张盗窃罪的成立须如诈骗罪般以财产损害的存在作为必要条件的见解，基于盗窃罪是针对物的所有权的犯罪这一罪质理解，明确了盗窃罪和诈骗罪的罪质差异。

关于抢劫罪，芥川正洋在题为《关于抢劫罪的自由侵害犯的构成》[③] 的一系列连载论文中，批判了以人身危险为抢劫罪的重罚根据的观点，认为应着眼于由暴行和胁迫行为产生的自由侵害（即剥夺了除忍受对财物占有的丧失之外的选择权利）重新进行解释。在此基础之上，该文考察了自由侵害的内容，探讨了抢劫罪的成立范围。此外，近藤和哉在《抢劫罪的根据和解释》[④] 一文中，主要围绕以下四个问题展开了探讨：1）基于对被害者的反抗进行压制实施的占有转移是否为认定抢劫罪既遂的成立的必要条件?；2）若无心理上的反抗压制而只有物理性的反抗压制行为，是否可以认定抢劫罪既遂的成立?；3）抢劫罪中的暴行和胁迫行为的对象是否应仅限于财物的占有者?；4）即使占有转移是在对被害人的反抗进行压制的前提下进行的，是否有必要进一步探讨暴行以及胁迫行为本身的强度? 对于上述问题意识，作者对问题 1、3、4 采取了肯定的态度，但对于问题 2 持否定立场。

① 山内竜太「窃取概念における条件設定論の検討」法学政治学論究 116 号 (2018 年) 139−173 頁。

② 野澤充「窃盗罪における『財産損害』?」立命館法学 375・376 号、264−289 頁。

③ 芥川正洋「強盗罪の自由侵害犯的構成について（1）（2）完」早稲田法学会誌 67・68 巻 (2017 年)。

④ 近藤和哉「強盗罪の根拠と解釈」高橋則夫〔ほか〕編集『刑事法学の未来：長井圓先生古稀記念』（信山社、2017 年）。

关于诈骗罪，足立友子的《诈骗罪的保护法益论》① 一书备受关注。该著作着眼于近年与诈骗罪相关的裁判例对欺骗以及损害的概念进行扩张解释这一倾向，探讨了"财产"、"财产的损害"以及"欺骗"的概念实质，并且指出了具有明确诈骗罪的财产侵害性机能的"财产处分自由"这一要素，主张由欺骗行为所侵害的"财产处分自由"是作为保护法益内容的"财产"的一部分。此外，佐竹宏章在《关于诈骗罪的构成要件结果的意义以及判断方法》② 一文中，针对近年判例基于财产保护之外的目的扩张诈骗罪的适用这一问题采取了批判的立场。该文立足于诈骗罪本身的法制沿革探讨，对诈骗罪的构成要件结果的内容以及判断方法展开了探究。另外，四方奖在其《关于从以自己名义开设的银行账户提款的行为与诈骗罪的成立与否》③ 一文中，围绕在银行柜台从以自己名义开设的银行账户中提取出他人误汇的钱款以及由汇款诈骗行为所得到的钱款的行为与诈骗罪的成立与否这一问题，详细探讨了民事法上的相关规定，认为由于该提款要求属于权利的滥用行为，所以应当被认定为作为的欺骗行为。以此为前提，该文考察了诈骗行为中重要事项的判断以及损害额的范围等构成要件内容。最后，富川雅满在其《对诈骗罪中的错误者与交付、处分者的同一性的再考察》④ 一文中，考察了在多人参与财产交付以及财产处分行为的场合下诈骗罪的成立与否的问题。该文首先抛出对于通说理解的质疑，认为没有必要维持错误认识者与财产交付以及财产处分者的同一性，只要可以认定是基于错误实行的该交付和处分的决定，便不影响诈骗罪的认定。此外，该文基于此见解进一步考察了在被害者一方存在非错误认识者介入的场合下，诈骗罪是否成立这一问题。

关于汇款诈骗等特殊诈骗的案例，最高裁平成 30 年 3 月 22 日的判决成为刑法学界展开相关理论探讨的契机。在题为《诈骗罪中

---

① 足立友子『詐欺罪の保護法益論』（弘文堂、2018 年）。

② 佐竹宏正「詐欺罪における構成要件的結果の意義及び判断方法について（1）（3）」立命館法学 374・377・378 号（2018 年）。

③ 四方奨「自己名義の預金口座からの払戻しと詐欺罪について」同志社法学 69 巻 7 号（2018 年）3287—3332 頁。

④ 冨川雅満「詐欺罪における錯誤者と交付・処分者との同一性再考」高橋則夫〔ほか〕編集『刑事法学の未来：長井圓先生古稀記念』（信山社、2017 年）。

实行行为的着手》① 论文特集中，佐藤拓磨于《诈骗罪认定中实行行为的着手》② 一文，明确了实行行为的着手的判断基准，即以犯罪计划为前提，在"不存在为了克服外部障碍和心理障碍而出现的新的意思决定之类的中间行为介入"这一情形下，以是否直接达到既遂的阶段作为判断基准，并在此基准之上对前述判决展开述评，进而肯定了该判决的结论。与此相对，该特集所收录的由二本柳诚所撰写的《诈骗罪的实行行为的着手》③ 一文中，就实行行为的着手认定，立足于以达到既遂程度的具体危险与构成要件符合行为以及与之直接相关的行为进行形式性限定的多数说的同时，进一步在对诈骗罪的分析中贯彻了该具有形式性的限定理论，并且从否定了实行行为着手的提前的观点出发，采取了与该判决相反的立场。此外，特别是实施"假装被骗作战"的涉及特殊诈骗的相关案例中，围绕仅负责拿取财物的接收人的罪责所展开的探讨也不在少数。如十河太朗在《假装被骗作战与诈骗未遂罪的共犯》④ 一文中，若以"只要行为者仍保持犯意且意图实施犯罪计划则不能认定诈骗未遂阶段的结束，而应当肯定诈骗（未遂）罪的承继的共犯"这一见解为前提，对于接收者的行为，认定其成立未终了的诈骗未遂的承继的共犯是可能的。该文在前述基础之上，进一步探讨了与该判例相关的最高裁平成 29 年 12 月 11 日的决定。此外，山田慧在《实施假装被骗作战的特殊诈骗案件中接收人的罪责》⑤ 一文中，详细分析了前述平成 30 年的判例和与之相关的地方裁判例，并从承继的共犯与不能犯的理论出发，考察了该最高裁决定的意义。

　　关于使用电子计算机实施诈骗行为的犯罪，伊藤涉在《关于电

---

　　① 佐藤拓磨ほか「特集/詐欺罪における実行の着手」刑事法ジャーナル 57 号、21—47 頁。

　　② 佐藤拓磨「詐欺罪における実行の着手」佐藤拓磨ほか「特集/詐欺罪における実行の着手」刑事法ジャーナル 57 号、21—32 頁。

　　③ 二本柳誠「詐欺罪における実行の着手」佐藤拓磨ほか「特集/詐欺罪における実行の着手」刑事法ジャーナル 57 号、33—47 頁。

　　④ 十河太朗「騙されたふり作戦と詐欺未遂罪の共犯」同志社法学 70 巻 2 号（2018 年）413—448 頁。

　　⑤ 山田慧「だまされたふり作戦が行われた特殊詐欺事案における受け子の罪責」同志社法学 70 巻 2 号（2018 年）507—569 頁。

子计算机使用诈骗罪的适用领域》① 一文中，围绕非法输入存款金额、非法结算营业额、非法进行使用信用卡的在线交易、不支付费用以及非法利用自动检票机实施的非法乘车行为等各犯罪类型，探讨了利用电子计算机诈骗罪的成立范围、既遂和未遂的成立时期以及和其他财产罪的关系。

关于背信罪，关哲夫在其《非法融资中借款方的刑事责任》② 这一著作中，围绕作为非法融资的一方的借款方是否成立背信罪这一问题意识，从借款方是实质对向犯这一观点出发，论述了该行为不具备可罚性的理论基础。

关于器物损坏罪，大塚雄佑在其题为《毁坏罪中"损坏"概念与效用"侵害"性的实质》③ 的连载论文中，围绕对物品效用实现的妨碍在何种情形下能够被评价为"侵害"这一问题意识，基于恢复原状的困难性的考虑，着眼于侵害的量的限定这一见解，从应当对该侵害进行质的限定的观点出发，围绕行为者的行为涉及对该物的修理、修缮的场合下该罪的成立与否展开了理论探讨。

（三）针对社会法益・国家法益的犯罪

关于针对社会法益的犯罪，梅崎近哉在其《查特利体制的猥亵概念以及其陈腐化》④ 一文中，对于猥亵物品陈列罪等犯罪中的"猥亵概念"，分析了与《查特利夫人的情人》一书为争点的判决以及此后的判例，抽析出该判决中所确立的猥亵性的判断构造，即该判决根据性器、性行为的非公然性等原则推定具有猥亵性的内容部分，并考虑作品整体的思想性以及艺术性，以衡量该特性在多大程度上可以缓和甚至消解该作品的猥亵性质为中心展开了分析。在此

① 伊藤渉「電子計算機使用詐欺罪の適用領域について」高橋則夫〔ほか〕編集『刑事法学の未来：長井圓先生古稀記念』（信山社、2017 年）。

② 関哲夫『不正融資における借手の刑事責任』（成文堂、2018 年）。

③ 大塚雄佑「毀棄罪における『損壊』概念と効用『侵害』性の内実（1）（2）完」早稲田大学大学院法研論集 165 号（2018）1—24 頁。

④ 梅崎近哉「チャタレー体制下のわいせつ概念とその陳腐化」西南学院大学法学論集 50 巻 4 号（2018 年）1—78 頁。

基础之上，以"无用之人事件"① 为题材，论述了由于以女性主义为代表的新时代思想热潮的来袭，艺术活动的活跃化等原因，前述判断构造已经不符合现在对于猥亵犯罪的解释需求的见解。

关于针对国家法益的犯罪，大下英希在其《妨害公正竞标罪的成立过程》② 一文中，以与现行强制执行相关的出售妨害罪（日本刑法第 96 条第 4 款）的罪质的相关讨论为前提，考察了改正前的妨害公正竞标罪（日本旧刑法第 96 条第 3 款）的制定过程。江藤隆之在《作为侵犯行动自由的犯罪的公务员职权滥用罪》③ 一文中，将公务员职权滥用罪作为针对个人行动自由的犯罪进行重新解释，并基于该观点提出该犯罪行为的既遂，并非在实施职权滥用行为之时，而是在该行为所导致的个人行动自由侵害的结果产生之时成立。此外，加藤正明在其《关于贿赂罪中与职务紧密相关的行为》④ 一文中，将贿赂罪的保护法益解释为由于违反廉洁义务而收受利益的行为所损害的对该职务公正性的社会信赖。另外，该文针对"将公务员的职务权限解释为组织法上的对内权限，而非为了设定与职权行使对象之间关系的法的效果的作用法层面上的对外权限"这一观点，提出了对与职务密切相关联行为的概念的疑问。

## 四、特别刑法等

关于机动车驾驶致死伤行为处罚法，古川申彦在《危险驾驶致死伤罪并非结果加重犯》⑤ 一文中，围绕将危险驾驶致死伤罪解释为类似伤害致死伤罪的结果加重犯的见解，立足于与伤害致死罪相

---

① 该案件名的日文原文为「ろくでなしこ事件」，「ろくでなし子」是日本漫画家的笔名，意味"无用之人"。该漫画家将自己的性器制成 3D 模型，并将该数据发送给提供过资金帮助的男性，并让其下载。2014 年 7 月 12 日，日本警视厅以陈列淫秽物品罪的犯罪嫌疑逮捕了该漫画家。经过整个再逮捕以及审判手续，最终由佐贺官员井上以该漫画家的行为被认定为无罪。

② 大下秀希「競売入札妨害罪の成立過程」立命館 375 号（2017 年）97-115 頁。

③ 江藤隆之「行動の自由に対する侵害犯としての公務員職権濫用罪」桃山法学 27 号（2017 年）1-34 頁。

④ 加藤明正「贿赂罪における職務密接関連行為について」神奈川法学 49 巻 1 号（2017 年）241-303 頁。

⑤ 古川伸彦「危険運転致死傷罪は結果的加重犯の一種ではない」高橋則夫〔ほか〕編集『刑事法学の未来：長井圓先生古稀記念』（信山社、2017 年）。

关的判例以及条文制定过程的考察，主张危险驾驶致死伤罪并非类似于伤害致死罪的结果加重犯，而是应当作为过失驾驶致死伤罪和特别加重类型，以及作为置于过失驾驶致死伤罪、杀人罪以及伤害罪的中间领域的犯罪进行理解。此外，杉本一敏在其《酒精·药物影响下的危险驾驶致死伤罪的实行行为、故意以及责任能力》① 一文中，将在酒精影响下且与危险驾驶致死伤罪相关的事例划分为驾驶中的意识丧失、能力消失、异常的轻率驾驶以及异常的注意力涣散驾驶这几种类型。并对各类型中的实行行为、因果关系以及对故意的解释进行了考察，进而对药物影响下的危险驾驶致死伤罪进行了同样的分析。最后，玄守道在《关于危险驾驶致死伤罪中对红灯"故意无视"的机能的一系列考察》② 一文中，围绕成立危险驾驶致死伤罪的故意无视红灯的事例，以认定了"故意无视"的东京高裁平成 26 年 3 月 26 日的判决为题材，考察了红色交通信号灯的意义以及"故意"要件的处罚限定机能的实质，探讨了该罪的成立范围。

关于性犯罪，瀧本京太朗在其题为《关于"自拍"行为的刑事规制的序论性考察》③ 的一系列连载论文中，围绕儿童色情法中儿童色情制造罪以及公然陈列罪，以儿童因参与制造过程的成立积极的共同正犯的事例以及儿童单独成立公然陈列罪的事例中针对该儿童的司法政策为问题意识，考察了儿童色情法的保护法益。此外，该文章还就自拍行为的法律规制对日本的条例、美国以及德国的法律规定进行了比较研究，并围绕自拍照片的制作等行为的正当化进行了详细的理论探讨。此外，高良幸哉在其《儿童色情规制的保护法益》④ 一文中，提出了存在二次法益的见解。据其见解，一次法益为被拍摄儿童的当下个人法益，二次法益则为该儿童的未来法

① 杉本一敏「アルコール・薬物影響危険運転致死傷罪の実行行為・故意・責任能力」高橋則夫〔ほか〕編集『刑事法学の未来：長井圓先生古稀記念』（信山社、2017 年）。

② 玄守道「危険運転致死傷罪における赤色信号を『殊更に無視し』の機能に関する一考察」龍谷法学 50 巻 1 号（2017 年）115—142 頁。

③ 瀧本京太朗「いわゆる『自画撮り』行為の刑事規制に関する序論的考察（1）（2）完」北大法学論集 68 巻 3·6 号（2017 年）。

④ 高良幸哉「児童ポルノ規制における保護法益について」比較法雑誌 51 巻 3 号（2017 年）129—156 頁。

益。可以说该见解是着眼于现实事例中的儿童个体的法益保护所提出的观点。此外，该文还指出应当避免将所有的假想的儿童色情作为规制对象从而导致处罚范围的过度扩张的问题。

关于经济刑法，内田幸隆在其《营业秘密侵害罪的基本性格与相关课题》① 一文中，围绕不正当竞争防止法所规定的营业秘密侵害罪，将其保护法益理解为，旨在通过保护营业秘密保有者的营业上的利益来维持间接的公正的竞争秩序。进一步，该文对该罪的目的要件展开了探讨，认为在探讨目的存在与否之外还应当考察处罚范围的合理化问题。此外，滝谷英幸在《关于租税逃避犯的"造假及其他非法行为"》② 一文中，认为不应仅着眼于不正纳税所导致的税收减少的侵害犯这一侧面，而应从隐匿所得所导致税务机关难以把握偷税漏税的实际状况进而导致征税权丧失的风险增加的侧面出发，并主张隐匿所得的行为是逃税犯成立的必要条件。

关于医事刑法，甲斐克则在题为《终末期医疗与刑法》③ 的著作中，收录了其在 2004 年之后发表的相关论文，通过与实务家的共同研究、实地调查以及比较法分析，拓宽了该主题的考察范围。此外，林弘正在其《先端医疗与刑事法的交错》④ 一书中，以着床前的基因诊断和出生前的非侵袭性基因检查为中心，再度探讨与之相关的刑事法争点的同时，也对伴随先端医疗技术导入所产生的伦理问题，以及民事法和刑事法交叉的问题点展开了分析。

关于国际刑法，安藤泰子在其《刑罚权的渊源》⑤ 一书中，首先确认了在国际刑法中国际刑事法庭由基于国家之间的合意的条约所创设，并且该法庭的裁判结果可以发动伴随物理性强制力的刑罚权这一理论前提。在此基础之上，该书考察了国际刑法中的刑罚权的渊源以及刑罚权行使的正当化根据，并且尝试构建国际刑法理论。此外，横滨和弥在其《国际刑法上的上级责任中"实质的管

---

① 内田幸隆「営業秘密侵害罪の基本的性格とその課題について」増田豊古稀『市民的自由のための市民的熟議と刑事法』（勁草書房、2018）。

② 滝谷英幸「租税逋脱犯における『偽りその他不正の行為』について」早稲田大学大学院法研論集 163 号（2017 年）143-167 頁。

③ 甲斐克則『終末期医療と刑法』（成文堂、2017 年）。

④ 林弘正『先端医療と刑事法の交錯』（成文堂、2018 年）。

⑤ 安藤泰子『刑罰権の淵源』（成文堂、2018 年）。

理"要件的实质以及意义》① 一文中，围绕国际刑法中具有不作为的规则形态的上级责任，就被认为是上级责任中作为义务的必要基础的"实质的管理"这一要素，考察了被认为是作为义务理论基础的该要素的妥当性。另外，后藤启介在《基于国际刑事法庭规程 25 条 3 项（a）条文的间接正犯》② 一文中，围绕国际刑事法庭（ICC）规程中"利用组织支配的间接正犯"这一概念，着眼于近年国际刑事法庭实务较多参考德国刑法学者罗克辛的见解这一事实，通过其实务观点与罗克辛所持见解的比较，对国际刑事法庭实务中"利用组织支配的间接正犯"这一概念的法的特征展开了考察。该作者在另一篇题为《国际刑法中正犯与上级责任适用上的关系》③ 一文中，以国际刑事法庭"本巴事件"的判决为素材，围绕国际刑事法庭规程中正犯与上级责任的关系，对行为支配、不作为等概念展开了探讨。

关于废弃物处理法，今井康介在《产业废弃物的受托禁止违反罪与其周边》④ 一文中，考察了产业废弃物的受托禁止违反罪与其他相关犯罪类型的制定过程，探讨了受托禁止违反罪的解释论的课题。

关于恐怖活动准备罪，以《组织性犯罪处罚法改正》⑤ 与《恐怖活动准备罪的探讨》⑥ 为代表的论文特集相继出现。桥本宏大在《组织性犯罪处罚法中的"犯罪收益"概念》⑦ 一文中，指出伴随着组织犯罪处罚法中恐怖活动准备罪的设立，该处罚法中旨在规制

---

① 横濱和弥「国際刑法上の上官責任における『実質的管理』要件の内実と意義」法学政治学論究 117 号（2018 年）69—104 頁。

② 後藤啓介「国際刑事裁判所規程 25 条 3 項（a）に基づく間接正犯」亜細亜法学 52 巻 2 号（2018 年）271—330 頁。

③ 後藤啓介「国際刑法における正犯と上官責任の適用上の関係について」法学研究 90 巻 7 号（2017 年）29—75 頁。

④ 今井康介「産業廃棄物の受託禁止違反の罪とその周辺」早稲田法学会誌 68 巻 1 号（2017 年）31—69 頁。

⑤ 加藤俊治ほか「特集/刑事立法の最新動向/I 組織的犯罪処罰法改正」論究ジュリスト 23 号（2017 年）88—111 頁。

⑥ 井田良「特集/テロ等準備罪の検討」刑事法ジャーナル 55 号（2018 年）23—45 頁。

⑦ 橋本広大「組織的犯罪処罰法における『犯罪収益』概念について」法学政治学論究 116 号（2018 年）211—243 頁。

犯罪收益的第 2 条 2 项 5 号条文也相继设立，该条文将犯罪收益定义为"为了达成用于实施计划性犯罪的资金这一目的所取得的财产"。此外，该文立足于了该 5 号条文的制定过程、且围绕和毒品特例法中"基于药物犯罪的犯罪行为所获得的财产"的内涵展开探讨的相关最高裁判例，讨论了两者之间的关系，并展开对该条文的内涵以及意义的论述。

关于儿童虐待，池田直人在《关于儿童虐待处罚的考察》[①] 一文中，围绕儿童虐待事件中的法律介入，指出了借鉴海外儿童虐待的处罚规定的必要性，并在此问题意识基础之上考察了德国和美国的相关处罚规定。进一步，还考察了作为量刑事由的儿童虐待行为，抽出了量刑上的考虑要素，并探讨了其实质意义。

关于网络犯罪，西贝吉晃在《无权限取得电子计算机信息的行为与刑罚》[②] 等一系列连载论文中，就针对无权限取得电子计算机信息行为的刑法处罚，指出了日本的处罚范围现状中特别是非法取得信息禁止法中非法取得罪的不足之处，详细考察了海外各国关于无权限取得信息罪的规定，并对日本的立法论以及特别围绕电子计算机机密性侵害罪的立法论展开了探讨。

## 五、结语

不难看出，日本刑法研究具有以判例研究为前提，且注重立法以及理论沿革的特点。此外，除了纵向的深度研究，与以德国、英美为代表的国家进行横向的比较理论研究也是日本刑法学研究的重要传统与特色。值得注意的是，日本的刑法研究者虽重视外国法研究，但并非直接照搬使用，而是在充分理解本国的裁判观点的沿革以及刑法条文构造的基础之上，着重探讨将该理论进行本土化的路径，笔者认为这一点对于我国未来的刑法理论比较研究具有非常重要的借鉴意义。若本文对有兴趣致力于日本刑法研究的读者提供一点参考，将不胜荣幸。

---

① 池田直人「児童虐待の処罰に関する考察」東京大学法科大学院ローレビュー 12 号（2017 年）24−66 頁。

② 西貝吉晃「コンピュータ・データへの無権限アクセスと刑事罰（1）　（7）完」法学協会雑誌 135 巻 2〜8 号（2018 年）。

# 2018 年日本民法学研究综述

刘 伟 *

本文主要参考《法律时报》第 90 卷 13 号的 2018 年学界回顾民法部分①，介绍该年度日本民法学的研究动向。2017 年 5 月日本国会通过修改民法（债权法）的法案之后，学界对债权法修改的解读和讨论十分热烈，因此本文首先介绍这部分内容。由于篇幅和掌握有限，无法面面俱到，还望学界同仁谅解。

## 一、民法（债权法）修改

民法（债权法）修正案通过之后，解读性的书籍、连载、专刊等相继发表。例如，中田裕康、大村敦志、道垣内弘人、冲野真已《新修正债权法讲座》，潮见佳男、千叶惠美子、片山直也、山野目章夫《详解修改后的民法典》，山本敬三《从民法基础学习民法修正案》，松尾弘

* 刘伟，早稻田大学法学研究科民法专业博士研究生。本文的写作得到国家留学基金委 "建设高水平大学公派研究生项目" 的资助。
① 田高寛貴・熊谷士郎・伊藤栄寿・高秀成・谷江陽介・瀧久範「2018 年学会回顧・民法（財産法）」法律時報 90 巻 13 号 63－90 頁。佐々木健・二宮周平・松久和彦「2018 年学会回顧・民法（家族法）」法律時報 90 巻 13 号 91－100 頁。

《解读债权法修改》，石崎泰雄《新民法典的成立》等。①

中田裕康《民法（债权法）修改的对立》从立法事项、司法判例，民法编别、规定的设置，乃至是否需要修改等诸方面，整理回顾了各学说之间的冲突和妥协过程。伊藤进《私法规律的构造 4：新债权法的基本规律及构造（3）—（5）》提出通过对此次民法典修改过程及细节的探讨和分析来看待私法的基本构造的变化。② 山野目章夫、松尾博宪《新债权法对重要判例的影响》收集、刊登了学界关于债权法修改后的判例发展方向的最新研究成果。③

## 二、民法总则的研究进展

### （一）民法总论

远山纯弘《总则的共通性》一文将日本民法典起草者赋予总则的角色定位与首倡潘德克吞体系的德国法做比较，探析日本对民法总则的继受是否适当。清水真希子《软法（1）—（3）完》基于民法学界对软法的研究，提出"论点间关联文献的数据库"的概念。小野寺伦子《生态与公共秩序》考察了法国生态公共秩序的理论，提出协商所涉及的参与者——尝试用协商一致的方法形成规范来挑战环境秩序的多维度问题。④

### （二）自然人、物

关于自然人的论文有，大村敦志《民法上自然人形象的更新》、

---

① 中田裕康・大村敦志・道垣内弘人・冲野真已『講義債権法改正』（商事法務、2017 年）；潮見佳男・千葉惠美子・片山直也・山野目章夫『詳解改正民法』（商事法務、2017 年）；山本敬三『民法の基礎から学ぶ民法改正』（岩波書店、2017 年）；松尾弘『債権法改正を読む』（慶応義塾大学出版社、2017 年）；石崎泰雄『「新民法典」の成立－その新たな解釈論』（信山社、2018 年）。

② 中田裕康「民法（債権法）改正の対立軸」社会の変容と民法の課題：瀬川信久先生・吉田克己先生古稀記念論文集上巻（成文堂）；伊藤進「私法規律の構造（4）改正契約債権法の基本の規律構造（3）〜（5）」法律論叢 90 巻 1 号 1－42 頁、法律論叢 90 巻 2・3 号 1－38 頁、法律論叢 90 巻 6 号 1－43 頁。

③ 山野目章夫・松尾博憲『新債権法が重要判例に与える影響』（きんざい、2018 年）。

④ 遠山純弘「総則の共通性」社会の変容と民法の課題：瀬川信久先生・吉田克己先生古稀記念論文集（成文堂、2018 年）；小野寺倫子「エコロジーと公序」社会の変容と民法の課題：瀬川信久先生・吉田克己先生古稀記念論文集（成文堂、2018 年）；清水真希子「ソフトロー：民事法のパースペクティブ（1）〜（3）」阪大法学 67 巻 6 号 1341－1373 頁、68 巻 2 号 395－422 頁、68 巻 3 号 735－764 頁。

吉田克己《自然人的法律构筑》。城内明《以民法为前提的关于主体的考察》参照英美有关"脆弱性"的讨论，主张根据民法典第二条的规定，民法应被解释为即便是在弱势主体的前提下也能实现自立的构建关系。谷本圭子《现代日本社会契约主体的变化》认为"经过长时间思考，从他人那里获取帮助，能够做出判断并决定是否签订合同的人"才是合同主体，民法中的"人"是与他人发生法律关系的，是以个人和社会两方为前提的。宫下修一《民法与消费者契约法的"间隙"》一文提出，近代民法中提出的抽象的"人"与现代民法中的具体的"人"之间是有"间隙"的。作者整理了民法典修正案及消费者法修正案的讨论稿，根据强化消费者契约法的要求，主张消费者应完全回归为抽象的"人"。Peter·A·Vander 著、长野史宽译《法人格与人格权》回顾了德国人格法的发展与现状，在此基础上探讨机器人、电子代理商以及自然（动物）等新人格化的必要性。吉井启子《民法上动物的地位》、栉桥明香《动物的法地位》以法国民法 2015 年修正案及讨论稿为素材，阐述动物的法地位。大岛梨沙《关于身体与人格作为交易对象的备忘录》着眼于考察"偶像专用管理契约"的法律性质和偶像产业的特殊性，作者观点是对"身体是人格的媒介"理论的深化。①

（三）法人

中野邦保《非盈利团体法制的变迁和发展》建议构建团体成立方案，可以根据不同的团体目标开展自主活动。伊藤荣寿《无权利能力社团论的发展》分析入会、持有相关理论及最高法院判例（平成 26（2014）·2·27），探讨无权利能力的社团的财产归属关系及权利行使，明确社团会员持有股权的必要性。福田清明《一般法

---

① 大村敦志「民法における人間像の更新」社会の変容と民法の課題：瀬川信久先生・吉田克己先生古稀記念論文集（成文堂、2018 年）；城内明「民法の前提とする主体像についての一考察」『大改正時代の民法学』（成分堂、2017 年）；谷本圭子「現代日本社会における契約主体の変容」立命館法學 2018 巻 1 号，367－396 頁；宫下修一「民法と消費者契約法の「間隙」」大改正時代の民法学（成分堂、2017 年）；Peter·A·Vander（長野史寛訳）「法的人格と人格権」民商法雑誌 154 巻 2 号 247－270 頁；橋橋明香「動物の法的地位」社会の変容と民法の課題：瀬川信久先生・吉田克己先生古稀記念論文集（成文堂、2018 年）；大島梨紗「取引対象としての身体と人格についての覚書」社会の変容と民法の課題：瀬川信久先生・吉田克己先生古稀記念論文集（成文堂、2018 年）。

人法上理事代表权限制的规律》指出一般社团法人、一般财团法人的代表理事未经内部程序擅自处分重要财产的，关于代表理事法律行为是否归属法人，福田强调在与传统判例保持一致性的同时，尽可能构建代理法内在的法律结构。斎藤哲志《萨莱伊的法人论之一视角》认为特殊的历史背景影响了萨莱伊的观点。①

（四）法律行为、意思表示

公序良俗原则的代表性论文有后藤卷则《暴力行为和消费者契约》，主张消费者契约以一般的、平均的消费者为基准，在缔结"非必要契约"的情况下，虽未有显著的欠缺对价均衡，但仍对消费者的撤销权予以承认。渡边达德《监管法规与民事法》一文中指出，随着分期付款销售法的修正，在有机地构建和利用监管法规、自愿条例等整个法律规范的同时，应尝试与民事规则间的"视线往返"，从而使"法系统化"往更精深的方向发展。②

山本敬三《对"动机错误"判例法的理解及民法修改的解释》以对保证相关判例法的准确一致的理解为线索，试图在此基础上解释修正后的民法典。武川幸嗣《错误法的意义与界限》一文也以保证合同中的案例、司法判例为分析对象，即使在没有明确"合同内容"的情况下，在不能预期达成协议时，"合同前提"的意义在于能够灵活地保护意思表示者。若根据双方合意，合同内容是普遍期待的，则不应轻易将其称为"合同前提"。金山直树《保证人的错误问题》也阐述了处理保证合同中的错误。作者"沉入"最高法院代表性案件中，试图对各种判例作出一致性理解，同时，明确"保证人的错误"这一问题设置本身的界限。小川浩三《重见萨维尼》

---

① 福田清明「一般法人法における理事の代表権の制限に関する規律：判例の承継及び代理法への関連づけという視点から」明治学院大学法科大学院ローレビュー24 卷 79—101 頁；斎藤哲志「サレイユ法人論への一視角」社会の変容と民法の課題：瀬川信久先生・吉田克己先生古稀記念論文集（成文堂、2018 年）。

② 後藤卷則「暴力行為と消費者契約」社会の変容と民法の課題：瀬川信久先生・吉田克己先生古稀記念論文集（成文堂、2018 年）；渡辺達德「取締法規と民事法」消費者法研究 4 卷 13—33 頁。

以及赤羽寿海《"错误"的法制度的经济分析》也备受瞩目。①

山城一真《论意思表示》认为"意思表示"应当被构建为在合同缔结过程中当事人行为的相关评价。藤田寿夫《意思表示责任和债权法修改》整理编撰关于意思表示责任和信赖原则相关理论，此外，阐述了债权法修正及法国民法修改动向。②

（五）合同无效、合同撤销

酒卷修也《部分无效的本质及适用范围（6）（7）》分析了法国民法及其对日本的启示。大窪诚《民法典第 125 条但书中异议相对方》主张民法第 125 条第 4 款、第 5 款所谓的异议相对人应视为可撤销行为的相对人。③

## 三、物权法的研究进展

（一）物权法总论

堀田亲臣《物权请求权》讨论租赁权的排除妨害请求权对物权请求权理论的影响。返还请求权的相对人是标的物的"占有者"，因此并不产生与物权请求权的冲突。④

（二）物权变动

继承法修改后，学界关于继承和登记的学说相当活跃。石田刚《主张继承登记欠缺的正当利益的备忘书》积极评价了继承法修正案，提出关于法定继承份额的取得也适用民法典第 177 条，并提出

---

① 山本敬三「「動機の錯誤」に関する判例法の理解と改正民法の解釈：保証に関する判例法を手がかりとして（山本・酒巻教授退職記念号）」法学論叢 182 巻 1－3 号 38－108 頁；武川幸嗣「錯誤法の意義と限界に関する一考察」法学研究 91 巻 2 号 1－26 頁；金山直樹「保証人の錯誤問題」法学研究 91 巻 2 号 201－222 頁；小川浩三「いまひとたびのサヴィニー」民商法の課題と展望：大塚龍児先生古稀記念（信山社、2018 年）；赤羽寿海「錯誤に関する法制度の経済分析」東京大学法科大学院ローレビュー 12 巻 3－23 頁。

② 山城一真「表示を論ず（上）」法律時報 89 巻 12 号 104－109 頁；山城一真「表示を論ず（下）」法律時報 89 巻 13 号 265－270 頁；藤田寿夫『表示責任と債権法改正』（成文堂、2018 年）。

③ 酒巻修也「一部無効の本質と射程（6）」北大法学論集 68 巻 4 号 777－827 頁；酒巻修也「一部無効の本質と射程（7）」北大法学論集 69 巻 3 号 767－838 頁；大窪誠「民法 125 条ただし書の異議の相手方」東北学院法学 78 巻 144－115 頁。

④ 堀田親臣「物権的請求権について－改正民法 605 条の 4 を契機として」大改正時代の民法学（成文堂、2017 年）133－152 頁。

对第三人善意无过失的解释论。良永和隆《根据遗嘱的不动产取得与第三人对抗要件》从肯定法定继承份额的取得适用民法典第 177 条的立场赞同继承法的修改。①

田高宽贵《继承法修改的课题——以遗嘱与登记为中心》认为依据遗嘱产生的物权变动，因无受益者的意思表示，并不适用物权法第 177 条。同作者《依据遗嘱产生的权利是否需要登记》也提出类似观点。松尾知子《继承与登记的解释论的界限与登记制度再审查的必要性》指出继承与登记的解释论是有界限的，赞同对登记制度的再审查。②

此外，还有金子敬明《不动产物权变动中继承人的地位》、大场浩之《国际标准化组织的起源和发展》等文章发表。③

（三）所有权

吉田克己《所有权不明的土地问题及民法学课题》指出所有权不明的土地问题，相关部门早已火速展开应对，而民法学上的探讨却迟迟未推进。本文从不在者④的财产管理制度、取得实效、所有权放弃、登记许可税的减免、继承登记义务化等方面提出综合性、网罗性的对策、意见。续篇《所有者不明土地问题及土地所有权论》对法律对策进行理论上的深化。⑤

此外，还有水津太郎《德国剩余共同制中家居用品的物上代位

---

① 石田剛「『相続登記の欠缺を主張する正当の利益』に関する覚書」21 世紀民事法学の挑戦（加藤雅信先生古稀記念）上卷（信山社、2018 年）485—511 頁；良永和隆「遺言による不動産取得と第三者対抗要件：相続法改正案の検討（小野寺忍教授追悼号）」專修法学論集 130 卷 299—322 頁。

② 田高寬貴「遺言と登記をめぐる相続法改正の課題」法律時報 89 卷 11 号 39—45 頁；田高寬貴「遺言による権利取得における登記の要否」法学研究 91 卷 2 号 27—62 頁；松尾知子「『相続と登記』の解釈論の限界と登記制度の再検討の必要性」市民と法 109 卷 11—18 頁。

③ 金子敬明「不動産物権変動における包括承継人の地位」社会の変容と民法の課題（上）瀬川信久先生・吉田克己先生古稀記念（成文堂、2017 年）；大場浩之「ius and rem の歴史的素描」社会の変容と民法の課題（上）瀬川信久先生・吉田克己先生古稀記念（成文堂、2017 年）。

④ 离开以往住所或居所的人。

⑤ 吉田克己「所有者不明土地問題と民法学の課題」土地総合研究 26 卷 2 号 42—79 頁；吉田克己「所有権不明土地問題と土地所有権論」法律時報 90 卷 9 号 68—77 頁。

规定》等论文发表。①

（三）用益物权

山城一真《设定地上权合同的法律构成》作为被理解为一般性质的物权合同的地上权合同，是否可以同设定抵押权合同一样作为债权合同来理解呢？目前，物权合同说是否适用合同总则尚不明了，从债权合同说来看，设定地上权合同可以理解为一种买卖合同。②

古积健三郎《以入会权为中心的诉讼形态》认为全体成员达成一致且团体本身是原告的，可提起入会权诉讼。全体人员作为当事人提起必要的共同诉讼的，若有意见不同的，可代位提起诉讼。③

## 四、担保物权法的研究进展

（一）一般担保、典型担保

阿部祐介《论抵押权的追及权》一文通过分析 16 世纪以来法国民法的历史变迁，把握房地产拍卖及向第三方的任意买卖，再定位抵押权实行制度的理论，再次提出抵押权是物权，并非是对标的物的支配，而是一种追及权。作者期待建立不以所有权为中心的新的物权法体系。小塚庄一郎《国际担保法的形成》分析了担保法统一的国际条约和示范法，作者认为以追求经济利益为目标的私法应制定统一的法律规范。田村耕一《地方金融部门面向中小企业融资担保的意义和解释》一文指出面向中小企业的生产信用，应发展不依赖于担保的融资，提出不同于消费信用的担保方法。④

池田雅则《建筑施工抵押方式的备忘录》通过考察以前的司法判例，作者认为如果商人间的留置权是一边维持标的物的流动性，

---

① 水津太郎「ドイツ剰余共同制における家財道具の物上代位規定」法学研究 91巻 2 号 63—97 頁。

② 山城一真「地上権設定契約の法的構成」21 世紀民事法学の挑戦（加藤雅信先生古稀記念）上巻（信山社、2018 年）。

③ 古積健三郎「入会権をめぐる訴訟の形態について」21 世紀民事法学の挑戦（加藤雅信先生古稀記念）上巻（信山社、2018 年）。

④ 阿部祐介『抵当権者の追求権について』（有斐閣、2018 年）；小塚庄一郎「国際的な担保法の形成」民商法雑誌 153 巻 5 号 676—697 頁；田村耕一「地域金融機関による中小企業向け融資における担保の意義と解釈」『大改正時代の民法学』（成分堂、2017 年）。

一边实现担保权利的话，与留置权人相比，后取得担保权利的人是不能作为保护对象的。郑芙蓉《可否对不动产抵押权的售卖价格实现物上代位权》，参考中国物权法相关规定，认为日本不动产抵押权的偿还可以通过物上代位权的方式实现。[①]

（二）非典型担保

水津太郎《动产让渡担保权与动产买卖先取特权的优劣》详细阐述了允许让渡担保重复设定的平成 18 年（2006 年）最高法院判例【竞合＋顺序型】与第三人取得让渡担保的昭和 62 年最高法院判例【非竞合型】二者之间的关系和适用范围。池田雄二《让渡担保在所有权转移担保上的谱系位置》探索了日本权利转移型担保的渊源，提出担保交易在中世的武家法等史料上就已出现过。此外，还有松田佳久《机械设备所有权取得期待权（附条件权利）的让渡担保》等论稿。[②]

所有权的保留，青木则幸《美国不动产担保法的权利保留现状》、藤泽治奈《合同解除规定的修改对非典型担保的影响》等文章发表。[③]

## 五、债权法的研究进展

（一）债权目的及其他

山野目章夫《新民法债权关系中种类物买卖的法律关系》考察新修正债权法中种类物买卖的法律关系的转换点这一概念。前田阳一《人身损害赔偿的中间利息、延迟利息及后遗症损害、迟发性损

---

[①] 池田雅則「建物建築背負代金債権の担保手段をめぐる覚書」社会の変容と民法の課題（上）瀬川信久先生・吉田克己先生古稀記念（成文堂、2017 年）；郑芙蓉「不動産抵当権の売却代金への物上代位の可否について」21 世紀民事法学の挑戦（加藤雅信先生古稀記念）上巻（信山社、2018 年）。

[②] 水津太郎「動産譲渡担保権と動産売買先取特権の優劣」21 世紀民事法学の挑戦（加藤雅信先生古稀記念）上巻（信山社、2018 年）；池田雄二「譲渡担保の所有権移転担保における系譜的位置」社会の変容と民法の課題（上）瀬川信久先生・吉田克己先生古稀記念（成文堂、2017 年）；松田佳久「機械設備における所有権取得期待権（条件付権利）の譲渡担保」創価法学 48 巻 1 号 27—66 頁。

[③] 青木則幸「アメリカ不動産担保法における所有権留保の現状について」21 世紀民事法学の挑戦（加藤雅信先生古稀記念）上巻（信山社、2018 年）；藤澤治奈「契約解除規定の改正が非典型担保に与える影響」法律時報 89 巻 12 号 122—126 頁。

害相关问题》关于蓄积、迟发性的损害，显在化时能把握损害事实，损害和赔偿请求权发生时，以延迟利息和中间利息的利率为基准。菅尾晓《对法定利率变动制的移行及其影响》提及蓄积性、持续性侵权行为的情况下利率算定期间的问题。①

关于假想货币的论文有，森田宏树《假想货币私法上的性质》着眼于假想货币的结算手段，认为假想货币对持有者来说有一定的债务免责力，有必要构建假想货币的归属、转移等法律规范。此外，末广裕亮《假想货币的法律性质》，后藤出、渡边真澄《比特币在私法上的地位》等论文发表。决算法律制度的论文有，田中夏树《存款制度的变化与存款合同当事人的确定》一文中再次提起"存款人的认定"就是当事人的确定这一问题。②

（二）债务不履行及其他

2018 年度履行请求权相关领域研究硕果累累。如森田修《履行请求权及填补赔偿请求权的并存》提出从履行请求权到填补赔偿请求权的转移，即便在实体法上采用履行请求权，也不可避免地出现"浮动状态（Schwebezustand）"，这是日本法与德国法的不同之处。原田刚《新修正民法典"追完请求权"介绍》通过对追完请求权③的法律性质的理解，明确了履行请求权持之以贯的立场，解释了新修正民法典第 562 条第 1 款的"修补"中是否包含"再履行"、"重建"等问题。石崎泰雄《履行请求权·追完请求权》提出新修

① 山野目章夫「新しい民法の債権関係規定のもとにおける種類物売買の法律関係」法の支配 190 号 72－84 頁；前田陽一「人身損害賠償の中間利息・遅延利息と後遺障害・遅発性賠償などをめぐる問題」法の支配 190 号 49－59 頁；菅尾晓「法定利率の変動制への移行とその影響」大改正時代の民法学（成文堂、2017 年）。

② 森田宏樹「仮想通貨の私法上の性質について」金融法務事情 66 巻 15 号 14－23 頁；末廣裕亮「仮想通貨の法的性質」法学教室 449 号 52－57 頁；後藤出・渡邊真澄「ビットコインの私法上の位置づけ」ビジネス法務 18 巻 4 号 103－107 頁；田中夏樹「預金制度の変化と預金契約の当事者確定」日本法學 83 巻 2 号 337－377 頁。

③ 买卖合同中已交付的标的物存在种类、品质和数量等方面瑕疵时，买受人可请求出卖人继续履行义务的权利。

正民法典应采用引渡时危险负担原则和领受迟滞危险负担原则。①

　　长坂纯《德国给付障碍法上损害赔偿的规则构造》在比较法的基础上，把握合同义务和新修正民法典第 415 条的债务不履行构造，探讨过失责任主义等问题。中野万叶子《让·多马的义务体系：以损害赔偿论为中心》认为让·多马以普芬道夫的义务论为框架，通过置换罗马法 culpa 为 faute 的概念，对两个体系进行比较。小林友则《损害减轻义务的内容》根据德国学说理解法律责任的概念，定位损害减轻义务的内容。②

　　此外，还有大塚哲也《违反信息提供义务的损害赔偿与机会的丧失》、新堂明子《不实表示法：赫德利·伯恩有限公司诉海勒及合伙人有限公司案 50 年》、松本克美《债权法现代化与安全注意义务》、平野裕之《安全注意义务合同法上的紧密渗透》等论文发表。③

　　（三）责任财产的保全

　　围绕法国法上的财产（patrimoine）概念推出了两次大型论文连载。濑户口祐基《共同担保概念民法上的意义（1）－（5）》从"狭义责任财产"的视角考察"共同担保"概念。小峯庸平《责任财产的分割与转移》对照日本法财产责任的分割和转移，不仅着眼于日本法制度的沿革，还紧密联系社会关心的公司重组等现代课题。山田希《新修正民法典债权人代位权上无可代位财产的要件》

---

① 　森田修「履行請求権と填補賠償請求権との併存」社会の変容と民法の課題：瀬川信久先生・吉田克己先生古稀記念論文集（成文堂、2018 年）；原田剛「改正民法における『追完請求権』論序説」法学新報 124 巻 11・12 号 1－41 頁；石崎泰雄「履行請求権・追完請求権：比較法的考察と新履行障害法の解釈」法学会雑誌 58 巻 1 号 17－57 頁。

② 　長坂純「ドイツ給付障害法における損害賠償の帰責構造（1）、（2）」法律論叢 90 巻 2・3 号 277－315 頁、90 巻 6 号 131－164 頁；中野万葉子「ジャン・ドマの義務の体系：損害賠償論を中心に」西南学院大学法学論集 50 巻 1 号 73－102 頁。

③ 　大塚哲也「情報提供義務違反に基づく損害賠償と機会の喪失」21 世紀民事法学の挑戦（加藤雅信先生古稀記念）下巻（信山社、2018 年）；新堂明子「『不実表示法：ヘドレイ・バーン対ヘラーから 50 年を経て』論集の紹介：理論編」社会の変容と民法の課題：瀬川信久先生・吉田克己先生古稀記念論文集上巻（成文堂、2018 年）；松本克美「債権法の現代化と安全配慮義務」社会の変容と民法の課題：瀬川信久先生・吉田克己先生古稀記念論文集上巻（成文堂、2018 年）；平野裕之「安全配慮義務の契約法における密かなる浸透」社会の変容と民法の課題：瀬川信久先生・吉田克己先生古稀記念論文集上巻（成文堂、2018 年）。

指出在新修正的民法典框架下"无可代位财产"这一概念的理解范围应更为宽松。秋山靖浩《债权者代位权的运用》明确被保全之债等于登记请求权的转用型（明文化）和被保全之债等于不动产租赁权的转用型（非明文化）的背景和概念。原惠美《欺诈还款行为性》与否认权相比较，提出欺诈行为撤销权具有独立的机能。①

（四）多个当事人的债权关系

松尾弘《债权的准共有》论述了构筑债权共同归属的规律（对内效力）与多个当事人的债权关系的规律（对外效力）相联系的可能性。窪田充见《连带债务》提出了对新修正连带债务制度根本性的理解。福田诚治《从委任等法理看双重支出的非利益分配标准》指出当受托保证人、连带债务人等债务消灭行为不奏效时，可根据具体情况，对非利益分配标准运用委任、事务管理、不当得利等一般法理处理。金山直树《保证合同缔结前的义务与合同缔结补助者的理论》提出在保证合同上主债务人不是合同当事人的，主债务人的欺诈行为属于第三人欺诈，债权者的既得利益和保证人的风险都不能被保障。对此，出于安全考虑，作者提出债权者对债务人应负有调查义务，保证人作为事实关系相关者为合同缔结补助者。②

加贺山茂《从保证的本质看新修正民法的问题点》指出通说中存在的错误观点，并重新定义了"偿还"、"债务"等基本概念。此外，还有斋藤由起《主债务偿还期的延期对保证人的影响》、山田

---

① 瀬戸口祐基「共同担保概念の民法上の意義（1）～（5）」法学協会雑誌 135 巻 1 号 1—72 頁、135 巻 3 号 403—478 頁、135 巻 5 号 1030—1106 頁、135 巻 7 号 1599—1684 頁、135 巻 9 号 2097—2165 頁；小峯庸平「責任財産の分割と移転に関する一考察（1）～（3）」法学協会雑誌 134 巻 9 号 1565—1632 頁、134 巻 12 号 2517—2564 頁、135 巻 6 号 1293—1355 頁；山田希「民法改正後の債権者の無資力要件」21 世紀民事法学の挑戦（加藤雅信先生古稀記念）下巻（信山社、2018 年）；秋山靖浩「債権者代位権の転用」法律時報 89 巻 10 号 114—118 頁；原恵美「弁済の詐害行為性」法律時報 90 巻 5 号 139—143 頁。

② 松尾弘「債権の準共有について」法学研究 91 巻 2 号 255—284 頁；窪田充見「連帯債務」法の支配 190 巻 60—71 頁；福田誠治「委任等の法理からみた二重支出の不利益割当基準」民商法の課題と展望：大塚龍児先生古稀記念（信山社、2018 年）；金山直樹「保証契約締結前の義務と契約締結補助者の理論」法曹時報 70 巻 4 号 1033—1075 頁。

创一《保证制度相关的债权法修改》等论文发表。[①]

（五）债权让与、债务承担

千叶惠美子《债权让与限制的特别约定与民法典修改》围绕新修正的债权让与制度的几个重要问题提出解释论。白石大《限制债权让与特别约定法律修改的日法比较》，介绍法国民法典第1321条第4款的立法背景、学说等，明确了与新修正日本民法典债权让与特别约定的相似性。四谷有喜《将来债权让与中债务人向受让人主张抗辩权》分析将来债权让与的对抗要件具备时债务者对抗后发生的事由的理论，基于继续买卖、信用合同的构造等，提出受让人保护、债务人保护的调整方向等问题。古屋壮一《民法典第467条与撒克逊王国民法典》提出不参与让渡的债务人的法律地位不应发生变化，让与当事人与债务人维持公平的债权让渡法理念是民法典第468条第2款的应有之义。此外，再评价了确定日期说，根据第478条第2款类推，主张对劣后级受让人的清偿是有效的。[②]

（六）债权的消灭

山本宣之《对无权限者清偿的法律关系》聚焦近年来最高法院司法判例，分析债务人、债权人、无权限者的法律地位及相互关系。深川裕佳《由让渡债权产生的主动债权三者间的相互抵销》参照新修正法国民法典第1348-1条相关学说，以贸易的同一性为中心，解释新修正日本民法典第469条第2款第2项。深谷格《债权让与和债务抵销相关民法典的修改》指出"被强化的留置权"是具有牵连关系的债权债务相互抵销的依据，作为更为严格的要件，应对民法典第469条第2款第1项的"原因"进行限制解释。同作者

① 加賀山茂「保証の本質から見た改正民法の問題点」大改正時代の民法学（成文堂、2017年）；齋藤由起「主たる債務の弁済期の延期による保証人への影響」社会の変容と民法の課題：瀬川信久先生・吉田克己先生古稀記念論文集上卷（成文堂、2018年）；山田創一「保証制度に関する債権改正の考察」21世紀民事法学の挑戦（加藤雅信先生古稀記念）下卷（成文堂、2018年）。

② 千葉惠美子「債権譲渡制限特約と民法改正」民商法の課題と展望：大塚龍児先生古稀記念（信山社、2018年）；白石大「債権譲渡制限特約に関する法改正の日仏比較」社会の変容と民法の課題：瀬川信久先生・吉田克己先生古稀記念論文集上卷（成文堂、2018年）；四ッ谷有喜「将来債権譲渡において債務者が譲受人に主張しうる抗弁」社会の変容と民法の課題：瀬川信久先生・吉田克己先生古稀記念論文集上卷（成文堂、2018年）。

《作为被动债权的损害赔偿权相互抵销的禁止》探究 1985 年以来的司法判例及相关学说，指出债权法修改的意义和问题所在。山田八千子《双方物损事故中新民法典第 509 条的适用及保险责任》主张根据新修正民法典第 509 条，交叉性侵权行为中债务抵销是被明文允许的，依据责任保险缔结的意图，给付额不应受影响。①

除上述研究成果外，还有深川裕佳《多个当事人间债权债务抵销的法律性质与"集体行为理论"》（theorie de l'acte collectif），石田刚《抵销上的"相互性""合理期待""牵连性"》，井上真一郎、道垣内弘人、长谷川宅司、八木崇典、山本和彦著《新债权法中的扣押和抵销》，中原太郎《债权人的担保保存义务》，渡边力《担保保存义务与免除特别约定》等。②

## 六、合同法的研究进展

### （一）合同法总论

笠井修《合同责任的多元化限制》提出合同责任的三个问题，一是合同责任的归责方式，二是合同责任的赔偿范围，三是比较美国合同法，损害赔偿额的算定。木户茜《合同责任决定范围的多元性（1）》参照美国合同法上关于 fault 的学说，提出如何确定合同责任和责任内容。山城一真《合同履行阶段行为限制及其界限》与法国合同法比较，提出构建合同规范的意图之一便是限制司法规制这一观点，根据诚实信用原则探析合同规范的界限。莲田哲也《合

---

① 山本宣之「無権限者への弁済の法律関係」庫大法学 51 巻 3・4 号 601－637 頁；深川裕佳「譲渡債権の『発生原因である契約』から生じた自働債権による三者間相殺」東洋法学 61 巻 3 号 133－161 頁；深谷格「『債権譲渡と相殺』に関する民法改正について」大改正時代の民法学（成分堂、2017 年）；深谷格「損害賠償債権を受働債権とする相殺の禁止について」21 世紀民事法学の挑戦（加藤雅信先生古稀記念）下巻（成文堂、2018 年）；山田八千子「双方物損事故における新民法 509 条の適用と責任保険」中央ロー・ジャーナル 14 巻 4 号 115－132 頁。

② 深川裕佳「多数当事者間相殺の法的性質と『集団的な行為理論』」21 世紀民事法学の挑戦（加藤雅信先生古稀記念）下巻（成文堂、2018 年）；石田剛「相殺における『相互性』『合理的期待』『牽連性』」法律時報 89 巻 11 号 114－119 頁；井上真一郎・道垣内弘・长谷川宅司・八木崇典・山本和彦「新債権法下の差押えと相殺」事業再生と債権管理 31 巻 4 号 153－167 頁；中原太郎「債権者の担保保存義務」法律時報 90 巻 1 号 126－130 頁；渡力「担保保存義務と免除特約」21 世紀民事法学の挑戦（加藤雅信先生古稀記念）下巻（成文堂、2018 年）。

同责任的时间延长（1）》指出合同责任界限的规定非常暧昧，作者从合同余后效论的视角出发，从时间方面分析合同责任，试图厘清界限。长坂纯《合同上义务概念的扩张和债务关系构造》以德国民法为素材，着眼于义务概念的扩张。中舍宽树《三层法律行为论与多个当事人间的契约论》指出意思表示双重构造的问题点，对架构新的契约论具有重要意义。同作者《布瓦松纳的合意论与多个当事人间的契约论》以布瓦松纳的合意论为焦点，探讨多个当事人之间的契约关系。小林和子《多个合同中当事人间的关系》提出多个合同相互依存时，当事人关系应该如何考虑的问题。[①]

（二）合同的成立、解释、效力

山里盛文《合同的解释》介绍如何保护信息和交涉能力都较落后的当事人的合法权益，以此为基础，介绍他人加害禁止原则和平等原则。山代忠邦《合同的解释原则》提出合同解释是以当事人的意思表示为起点，并探讨当事人缔结的合同的内在要素。北山修悟《合同的解释与合同法理论（4）》介绍债权法修改的审议过程，提出合同解释的相关学说。岩川隆嗣《双务合同的牵连性与担保原理（1）—（7）》以法国法上同时履行抗辩权的相关理论为中心，从债务对价、原因关系等与传统理解不同的方向展开，试图对同时履行抗辩权、法定解除权等进行统一性理解。风险分担方向，野中贵弘《对合同适合性的买受人的信赖》，北居功《买受人的正当容忍拒绝》以及福本忍《民法（债权法）修改背景中危险承担与解除关系

---

① 笠井修『契約責任の多元的制御』（勁草書房、2017 年）；木戸茜「契約責任決定規範の多元性（1）」北大法学論集 68 巻 6 号 1325—1386 頁；山城一真「契約の履行段階における行為規制とその限界」社会の変容と民法の課題：瀬川信久先生・吉田克己先生古稀記念論文集上巻（成文堂、2018 年）；蓮田哲也「契約責任の時間的延長に関する一考察（1）」白鴎法学 24 巻 3 号 133—175 頁；長坂純「契約上の義務概念の拡張と債務関係構造」現代私法規律の構造：伊藤進先生傘寿記念論文集（第一法規、2017 年）；中舍寬樹「三層的法律行為論と多数当事者間契約論」社会の変容と民法の課題：瀬川信久先生・吉田克己先生古稀記念論文集下巻（成文堂、2018 年）；中舍寬樹「ボアソナードの合意論と多数当事者間契約論」現代私法規律の構造：伊藤進先生傘寿記念論文集（第一法規、2017 年）；小林和子「複数契約における当事者関係」筑波ロー・ジャーナル 21 号 37—67 頁。

的转型》等。①

加贺山茂《〈为第三方订立的合同〉的活用——对支付委托合同购买者的保护》从为第三方订立合同的角度重构个人商品分期付款调解，指出分期付款合同的欺瞒性，主张应改判剥夺了分期付款合同购买者正当权利的一系列最高法院判决。金安妮《合同让与法律规范中对第三人保护的法理》一文分析中国合同让与的理论动向，为日本合同上的地位转移相关解释论做出了贡献。丸山绘美子《财产让与使用、收益权的对抗与合同上的地位的转移》指出"特许权让与与许可协议的承继"与"租赁不动产与租赁合同的承继"二者在法对应上存在差异，需要整合。内田晓《什么是维持合同的"正当利益"》就合同履行期前当事人被拒绝，合同是否依然有效的问题，作者以英国法对维持合同的正当利益为基准进行了观点阐述。除上述论文外，关于合同的效力，还有坂口甲《德国法上后发不能论的成立与开展（1）－（3）》，大原宽史《合同责任法的修正与履行不能》等论文。②

（三）合同的解除

杉本好央《法德民法典上法定解除的历史与理论》以 20 世纪以前的法国、德国民法上法定解除的历史沿革为素材，试图把握日

---

① 　山里盛文「契約の解釈 —契約責任における主観と客観」明治学院大学法科大学院ローレビュー 23 巻 91－115 頁；山代忠邦「契約の解釈に関する原則」信州大学経法論集 2 巻 1－38 頁；北山修悟「契約の解釈と契約法理論（4）」成蹊法学 87 巻 250－211 頁；岩川隆嗣「双務契約の牽連性と担保の原理（1）～（7）」法学協会雑誌 134巻 7 号 1089－1163 頁；134 巻 8 号 1492－1563 頁；134 巻 10 号 2015－2089 頁；134巻 12 号 2443－2516 頁；135 巻 2 号 217－288 頁；135 巻 4 号 645－722 頁；135 巻 6 号1233－1292 頁；野中貴弘「契約適合性への買主の信頼」日本法學 83 巻 1 号 55－114頁；北居功「買主の正当な認容拒絶」法学研究 91 巻 2 号 173－200 頁；福本忍「民法（債権法）改正のコンテクストにおける危険負担と解除の関係の変容」大改正時代の民法学（成文堂、2017 年）。

② 　加賀山茂「『第三者のためにする契約』の活用による立替払契約の購入者の保護」明治学院大学法科大学院ローレビュー 23 号 1－12 頁；金安妮「契約譲渡法制における第三者保護の法理」法学政治学論究：法律・政治・社会 115 号 73－113 頁；丸山絵美子「財産譲渡における使用・収益権の対抗と契約上の地位の移転」法学政治学論究：法律・政治・社会 115 号 73－113 頁；内田晩「契約を維持する『正当な利益』とは」帝京法学 31 巻 1・2 号 75－142 頁；坂口甲「ドイツ法における後発的不能論の成立と展開（1）～（3）」法学雑誌法学雑誌 63 巻 2 号 524－466 頁；63 巻 3 号 820－768 頁；63 巻 4 号 1174－1117 頁。

本民法上法定解除制度相关理论。同作者《20 世纪前期法国民法裁判解除准则的意义与辐射范围（1）（2）完》探讨了对裁判解除准则相关判例的特别规定。福本忍《布瓦松纳旧民法典草案（Projet）中法定解除的法律基础》介绍并评价布瓦松纳对民法解除的观点。山田到史子《"合同解除权"要件与合同撤销权的前奏曲"履行拒绝权——合同不履行的抗辩"》探求新修正民法中合同解除制度的构造与意义，以债务不履行为基础，探讨合同解除权的要件论与双务合同上牵连性等诸制度之间的关系。平山阳一《现行德国民法典解除要件中的"严重地违反义务"》指出"严重地违反义务"这一概念应以合同目的为前提，且该概念在合同中起到了根本性的作用。松井和彦《附随义务的不履行与合同的解除》探讨了合同解除相关新规定对以前的判例准则的影响。①

（四）格式合同

关于新修正民法典中格式合同相关论文有，山本丰《新修正民法典中格式合同的规律》介绍新修正民法典中格式合同的新规定，批判格式合同是法律发展桎梏的观点。河上正二《新修正民法上"格式合同"规定的若干问题点》认为格式合同的规定包含市民法中的许多问题，为确保对消费者的知情权和选择权，主张在立法和解释上寻求相应对策。此外，桑刚和久《格式合同的变更》，川地宏行《新修正民法典中格式合同的要件与内容规制》等论文发表。②

武田直大《德国不公平条款限制效果论中关于补充合同解释的

---

① 杉本好央『独仏法における法定解除の歴史と論理』（有斐閣、2018 年）；杉本好央「20 世紀前期のフランスにおける裁判解除準則の意義と射程（1）（2）」法学雑誌 63 巻 2 号 550－525 頁；法学雑誌 63 巻 3 号 864－821 頁；山田到史子「『契約解消権』の要件と契約解消権のプレリュードとしての『履行拒絶－契約不履行の抗弁』」大改正時代の民法学（成分堂、2017 年）；平山陽一「現行ドイツ民法における解除要件としての『重大な義務違反』法学研究論集 47 巻 79－94 頁；松井和彦「附随的な義務の不履行と契約の解除」法律時報 90 巻 7 号 102－106 頁。

② 山本豊「改正民法の定型約款に関する規律について」大改正時代の民法学（成分堂、2017 年）；河上正二「改正民法における『定型約款』規定における若干の問題点」社会の変容と民法の課題：瀬川信久先生・吉田克己先生古稀記念論文集上巻（成文堂、2018 年）；桑岡和久「定型約款の変更」法律時報 90 巻 8 号 81－86 頁；川地宏行「民法改正における定型約款の組入要件と内容規制」現代私法規律の構造：伊藤進先生傘寿記念論文集（第一法規、2017 年）。

司法判例（3）完》补充合同解释中存在不同的处理方法，当条款
无效时，作者认为在合同履行阶段可以不考虑条款使用者的主观状
态。此外，同作者《无效的合同条款的变更》探讨该问题的基本法
律框架以及应考虑因素。山田孝纪《合同条款的不当性判断与比例
原则》着眼于德国法的比例原则，判断合同条款的不当性。①

（五）买卖合同、消费借贷

原田刚《买卖合同、承包合同的履行和追完履行义务》横向论
述买卖合同、承包合同在履行上的法律问题，从合同责任、侵权行
为等多角度明确履行和追完履行的法律地位。中村肇《新修正民法
典中买卖合同的追完规定》探讨追完履行相关规定，着眼于尊重合
同及合同规范的多层次构造。古谷贵之《民法修改与买卖中合同不
适用的给付》探讨买受人的追完请求权问题。西内康人《试论担保
责任的赔偿范围》从指定数量的买卖合同的经济学角度出发，分析
不支持履行利益赔偿的判例，指出履行利益赔偿并非有效的合同构
架。田中洋《约定数量不一致的合同与损害赔偿内容》介绍修改前
民法典第 565 条关于数量不足的担保责任的相关判例，探讨对修改
后民法典的意义和影响。此外，田畑嘉洋《物的瑕疵与合同不适
用》，三宅新《民法第 572 条（商法第 526 条第 3 款）的存在意
义》，夏静宜《中国合同法上出卖人的瑕疵担保责任（5）、（6）完》
等论文发表。②

消费借贷方向的论文有，渡边力《德国准消费借贷与债务关系

---

① 武田直大「ドイツ不当条項規制効果論における補充的契約解釈に関する裁判
例の展開（3）完」阪大法学 67 巻 5 号 857－891 頁；武田直大「無効な約款条項の変更
（1）」阪大法学 68 巻 1 号 107－152 頁；山田孝紀「約款条項の不当性判断と比例原則」
法と政治 68 巻 3 号 585－638 頁。

② 原田剛『売買・背負における履行・追完義務』（成文堂、2017 年）；中村肇
「改正民法における売買の追完規定の検討」現代私法規律の構造：伊藤進先生傘寿記
念論文集（第一法規、2017 年）；古谷貴之「民法改正と売買における契約不適合給
付」産大法学 51 巻 3・4 号 819－876 頁；西内康人「担保責任の賠償範囲に関する一
試論」民商法雑誌 154 巻 1 号 112－132 頁；田中洋「数量にかんする契約不適合と損害
賠償の内容」法律時報 90 巻 2 号 128－132 頁；田畑嘉洋「物の瑕疵と契約不適合」大
改正時代の民法学（成分堂、2017 年）；三宅新「民法 572 条（商法 526 条 3 項）の存
在意義」民商法の課題と展望：大塚龍児先生古稀記念（信山社、2018 年）；夏静宜
「中国契約法における売主の瑕疵担保責任（5）、（6）完」法学論叢 181 巻 1 号 68－934
頁、181 巻 2 号 75－106 頁。

《合同内容）变更的框架》以及谷口聪《我国公用物合同条款的继受与发展》等。①

（六）租赁合同

升田纯《民法修改与租赁合同》以判例为基础，探讨债权法修改对租赁合同与租赁管理业的影响。茂木明奈《居住租赁合同中平等对待的意义与课题（上）（下）》探讨居住租赁合同中平等对待法的内容，指出应无差别缔结合同，不能因租赁人、中介的人种、性别等对其区别对待，同时承认合同缔结请求权。小柳春一郎《法国住房租赁中禁止区别对待的法理与独立行政机构（AAI）（1）》《法国法租赁住宅招租阶段的区别禁止》探讨租赁合同中禁止区别对待的法理。生熊长幸《现代日本居住权法的一侧面（3）完》指出租住人被扣除押金、礼金、更新费用、通常损害修补等都要符合消费者契约法第 10 条前半部规定。田中英司《居住租赁与经济利用的妨碍》围绕居住使用租赁关系的解约，分析德国民法判例，构建相关理论框架。②

租赁人地位方向，秋山靖浩《租赁不动产让与中租赁人地位的保留》，大川谦藏《新修正民法典中租赁人地位保留合意与租金的支付》，都筑满雄《租赁人地位的转移》。押金方向，长谷川隆《押金合同的法律构成与相关问题的探讨》研究押金合同的法律构成、分别管理义务的存否、义务的具体内容以及押金返还时利息等问题。比嘉正《扣除押金特别条款的法律性质》认为扣除押金的法律性质一般来说属于权利金（礼金）的范围，但是根据目的不同，也具有返还义务的可能。转租方向，松田佳久《转租法理辐射范围扩

① 渡辺力「ドイツにおける準消費貸借と債務関係（契約内容）変更の枠組」法と政治 68 巻 2 号 115－159 頁；谷口聡「わが国における要物契約条項の継受と今までの展開」現代私法規律の構造：伊藤進先生傘寿記念論文集（第一法規、2017 年）。

② 升田純『民法改正と賃貸借契約』（大成出版、2018 年），茂木明奈「住居の賃貸借契約における平等処遇の意義と課題（上）（下）」法律時報 90 巻 4 号 77－82 頁、90 巻 5 号 94－99 頁。小柳春一郎「フランスにおける居住用賃貸借における差別禁止法理と独立行政機関（AAI）（1）」独協法学 103 号 272－213 頁；小柳春一郎「フランス法における賃貸住宅募集段階の差別禁止」社会の変容と民法の課題：瀬川信久先生・吉田克己先生古稀記念論文集下巻（成文堂、2018 年）；生熊長幸「現代日本の居住権法の一断面（3）完」立命館法学 2017 巻 2 号 433－485 頁；田中英司「住居の賃貸借と経済的利用の妨げ（5）～（7）」西南学院大学法学論集 50 巻 1 号 127－184 頁、50 巻 2・3 号 350－284 頁、50 巻 4 号 245－320 頁。

大的历史沿革及一般性》以及同作者《拒绝更新转租合同及其正当理由》等论文发表。①

（七）雇佣、承包及委任合同

芦野训和《判例中服务提供型合同与"雇佣类似概念"》探究雇佣类似概念及雇佣规定的机能和意义。升田纯《民法修改与承包合同》一文就债权法修改对承包合同的影响，从判例出发探讨对建筑承包从业者的影响。丸山惠美子《承包合同中发包人行使任意解除权导致的损害赔偿》探讨在何种要件下合同不具有约束力以及损害赔偿的限制等理论。水津太郎《承包合同中发包人薪酬减额请求权的新设立》以及大西邦弘《建筑缺陷相关建筑业者、买受人的接近性及侵权行为责任》认为建筑缺陷是否能得到损害赔偿，应着眼于建筑物的买受人与建筑业者的接近性。大塚智见《委托人的意图与受托人的权限（1）—（3）》一文介绍委托的范围及委托人的意图，从调整委托人与受托人的自由的技术手段出发，指出其中的问题点，提出受托人的裁量权限应该受到限制的课题。②

## 七、无因管理、不当得利、侵权行为的研究进展

（一）无因管理、不当得利

无因管理方向，久须本香织《震灾时残疾人设施经营者的法律

① 秋山靖浩「賃貸不動産の譲渡における賃貸人たる地位の留保」社会の変容と民法の課題：瀬川信久先生・吉田克己先生古稀記念論文集下巻（成文堂、2018 年）；大川謙蔵「改正民法における賃貸人たる地位の保留合意と賃料の支払い」大改正時代の民法学（成分堂、2017 年）；都筑満雄「賃貸人の地位の移転」法律時報 90 巻 4 号 115−119 頁；長谷川隆「敷金契約の法的構成および関連する基本的な 1、2 の問題についての覚え書き（1）金沢法学 60 巻 2 号 45−87 頁；比嘉正「敷引特約の法的性質について」九州国際大学法学論集 23 巻 1.2.3 号 209−223 頁；松田佳久「サブリース法理の射程拡大の歴史と一般化」創価法学 47 巻 1 号 33−59 頁；松田佳久「サブリーにおける更新拒絶と正当理由」創価法学 47 巻 3 号 41−62 頁。

② 芦野訓和「裁判例における役務提供契約と『雇用類似概念』」東洋法学 61 巻 3 号 119−132 頁；升田純『民法改正と背負契約』（大成出版、2018 年）；水津太郎「背負における注文者の報酬減額請求権の新設」法律時報 90 巻 3 号 119−123 頁；大西邦弘「建物の瑕疵にかかる建築業者・購入者の十分な近接性と不法行為責任」法と政治 68 巻 2 号 365−399 頁；大塚智見「委任者の指図と受任者の権限（1）〜（3）完」法学協会雑誌 134 巻 10 号 1851−1933 頁、134 巻 11 号 2115−2185 頁、134 巻 12 号 2367−2442 頁。

责任》以及松久三四彦《公共紧急救助行为与紧急事务管理规定类推适用》等论文从紧急事务管理规定的适用以及类推适用等角度，论述相关人员减轻责任的观点。①

不当得利方向，油纳健一《不当得利法中"使用利益"的范围（7）（8）完》一文介绍像汽车、建筑机械等具有明显价值损耗的标的物，是否也包含在"使用利益"范围之内，分析德日两国民法典起草过程及判例学说，得出价值损耗不应包含在使用利益之中的结论。村田大树《不当得利法的箱庭说与分解说》从类型论谈起，批判分解说。笹川明道《不当得利返还请求权行使上的信义则与权利滥用法理的限制》探讨不当得利类型及信义则和权利滥用规定的适用条件。②

（二）侵权行为

侵权行为总论方向，白石友行《民事责任法与婚姻家庭（2）（3）完》探讨遗属固有的抚慰金请求权及配偶、子女对出轨一方的损害赔偿请求权、家族间的侵权行为，监督义务人的责任等婚姻家庭相关的民事责任法。侵权行为要件论方向，平野裕之《医疗过失中损害赔偿责任的一元化》以医疗过失为素材，以生命、健康的合意处分为对象，阐述侵权责任法的原理，提出医疗过失无论是加害型还是防止型都应遵循侵权行为法的原理。平野哲郎《医师民事责任的构造与立证责任》主张建立在医患相互信赖基础上的医疗合同应根据合同法的法理解决。侵权行为效果论方向，永下泰之《以民诉法第 248 条试论可否斟酌体质因素》，武村壮太郎《医疗过失事

---

① 久須本かおり「震災時における障害者福祉施設の利用者に対する事業者の法的責任」21 世紀民事法学の挑戦（加藤雅信先生古稀記念）下巻（信山社、2018 年）；松久三四彦「公的緊急救助行為と緊急事務管理規定（軽過失免責）類推適用の可否」民商法の課題と展望：大塚龍児先生古稀記念（信山社、2018 年）。

② 油納健一「不当利得法における『使用利益』の範囲（7）（8）完」広島法学 41 巻 1 号 316−299 頁、広島法学 41 巻 2 号 102−187 頁；村田大樹「不当利得法における箱庭説と分解説」21 世紀民事法学の挑戦（加藤雅信先生古稀記念）下巻（信山社、2018 年）；笹川明道「不当利得返還請求権の行使に対する信義則・権利濫用法理に基づく制限」21 世紀民事法学の挑戦（加藤雅信先生古稀記念）下巻（信山社、2018 年）。

例中因患者体质因素减责的现状及课题》等论文。①

（三）共同侵权行为

大塚直《多个侵权行为人之间的责任关系》，对必要条件的竞合、累积的竞合、多个侵权行为人与被害人过失的竞合等进行论述。同作者《共同侵权行为、竞合的侵权行为与建筑石棉肺诉讼判决》阐述累积的竞合与重合的竞合的意义，论述、整理竞合类型的重要性。渡边知行《金融商品贸易相关者的侵权行为责任》探讨金融商品违法贸易相关人的责任及其类型化。②

（四）名誉、隐私及其他

水野谦《对"虚构名字"的考察》探讨虚构名字的法益，以及与诽谤、侵犯隐私的关系。角本和理《信息时代隐私的法理论（4）（5）》以社会学者阿米太·爱兹安尼理论为中心，详解自由主义的共同体主义概念。桥本真《名誉感情侵害与社会评价的低下》一文主张确立与社会名誉对应的名誉感情侵害的内容及法理，整理侵害样态及被害内容等司法判例。③

--------

① 白石友行「民事責任法と家族（2）（3）完」筑波ロー・ジャーナル 21 号 69－110 頁、22 号 21－68 頁；平野裕之「医療過誤における損害賠償責任の一元化の可能性」法学研究 91 巻 2 号 223－254 頁；平野哲郎「医師民事責任の構造と立証責任」判例時報 2336 号 12－27 頁；永下泰之「民訴法 248 条による素因斟酌の可否に関する一試論」社会の変容と民法の課題：瀬川信久先生・吉田克己先生古稀記念論文集下巻（成文堂、2018 年）；武村壮太郎「医療過誤事例における素因減責の現状とその課題」商學討究 68 巻 1 号 213－251 頁。

② 大塚直「複数不法行為者の責任の関係に関する最近の議論について」社会の変容と民法の課題：瀬川信久先生・吉田克己先生古稀記念論文集上巻（成文堂、2018 年）；大塚直「共同不法行為・競合的不法行為論と建設アスベスト訴訟判決について」21 世紀民事法学の挑戦（加藤雅信先生古稀記念）下巻（信山社、2018 年）；渡邊知行「金融商品取引に関与した者の不法行為責任」社会の変容と民法の課題：瀬川信久先生・吉田克己先生古稀記念論文集下巻（成文堂、2018 年）。

③ 水野謙「『虚名』に関する一考察」社会の変容と民法の課題：瀬川信久先生・吉田克己先生古稀記念論文集下巻（成文堂、2018 年）。角本和理「サイバー時代におけるプライバシーの法理論（4）（5）」北大法学論集 68 巻 5 号 1087－1154 頁、69 巻 2 号 281－352 頁；桥本眞「名誉感情侵害と『社会的評価の低下』（1）（2）」熊本法学 141 号 1－46 頁；142 号 55－106 頁。

### 八、家族法的研究进展

#### （一）家族法总论

本泽巳代子编《家族综合政策Ⅳ：家族内的虐待、暴力及贫困》，第一部分介绍韩国、中国、英国、印度在防止暴力、虐待及保护受害人方面的法律规范，第二部分从社会各角度，如从临床、儿童福祉、社会保障等方面进行分析。玛丽·安·格伦顿著、绀野包子译、新井诚监译《家庭变迁与新的财产》原著从离婚简易化、家庭援助的衰退，女性及少数职业选择困难、行政援助增大等方面提出问题，日文版序文分析了现今社会变化及相关课题。①

#### （二）家事事件程序法、人事诉讼、户籍相关

家事事件程序法实施五年来，实务案例不断增加，2018 年学者刊发系列刊物。金子修、山本和彦、松原正明编《讲座实务家事事件程序法（上）（下）》，佐上善和著《家事事件程序法Ⅰ家事审判·家事调停》。比较法研究方向重点对比东亚国家现行制度，为本国自身问题提出更优解决方案。包括稻田龙树编《东亚家族法上当事人之间的合意：从历史背景到以子女利益最优的家事调停》，二宫周平编《离婚事件的合意解决与家事调停的机能：韩国、中国台湾地区、日本比较法研究》等。②

#### （三）性别相关

大西祥世《女性的活跃与推进性别平等的法实践：比较日本与欧洲》介绍自《男女共同参与社会基本法》颁布以来，女性在社会上的活跃程度以及推进性别平等的法实践，对比欧洲，提出性差别的限制、无意识的偏见等问题。丸山茂《性别理论与家庭变迁：法国同性婚姻的引入》为同性婚姻的导入提供理论依据。石嶋舞《性

---

①　本澤巳代子『家族のための綜合政策Ⅳ．家族内の虐待・暴力と貧困』（信山社、2017 年）；メアリー・アン・グレンドン・紺野包子訳・新井誠監訳『変容する家族と新たな財産』（日本評論社、2018 年）。

②　金子修、山本和彦、松原正明『講座実務家事事件手続法（上）（下）』（日本加除出版、2017 年）；佐上善和『家事事件手続法Ⅰ家事審判・家事調停』（信山社、2017 年）；稲田龍樹『東アジア家族法における当事者間の合意を考える：歴史的背景から子の最善の利益をめざす家事調停まで』（勁草書房、2017 年）；二宮周平『離婚事件の合意解決と家事調停の機能：韓国、中国台湾地区、日本の比較を通じて』（日本加除出版、2018 年）

同一障碍者特别法上身体要件的废除之考察》指出身体接受手术等并非是对性别违和的改善，详细探讨身体要件废除伴随而来的法律问题，此文对特别法的修改具有极高的贡献。①

（四）夫妻

1. 婚姻

二宫周平《选择夫妻别姓制度实现的方向性：内阁府社会调查与两个别姓审判（1）（2）完》，以户籍上的姓氏、别姓婚姻申请书的受理为焦点，探讨夫妻别姓制度的法律理论构成。坂本洋子《为什么夫妻别姓不能实现》从宪法到具体权利，从社会调查到司法裁判，对此进行全方位解释。此外，还有竹中勋《民法 750 条违宪诉讼的必要性》，田代亚纪《对夫妻同姓制度与家庭的宪法考察》等论文发表。大塚正之《关于不贞行为安慰金的司法判例分析（1）－（5）完》学术上对不贞行为安慰金争议颇多，但司法实务支持该请求权。婚姻关系有无破裂、对方有无故意过失等皆是判定安慰金的重要因素。②

2. 离婚

中山洋志《离婚后配偶者的生存权益及离婚前的赠与是否违反公序良俗》明确离婚前对婚外情对象的赠与是无效的，并在判例及学说上比较研讨对婚外情对象的财产赠与违反公序良俗原则的问题。此外，参照德国民法典，日本司法部门可依据司法解释否定赠与合同的效力。③

---

① 大西祥世「女性活躍およびジェンダー平等を推進する法実践：日欧の比較」立命館法学 377 号 1－30 頁；丸山茂「ジェンダー理論と家族の変容：フランスにおける同性婚の導入」神奈川大学評論 88 号 92－100 頁；石嶋舞「性同一性障害者特例法における身体的要件の撤廃についての一考察」早稲田法学 93 巻 1 号 79－115 頁。

② 二宮周平「選択的夫婦別氏制度実現の方向性：内閣府世論調査と 2 つタイプの別姓裁判（1）（2）完」戸籍時報 768 巻、769 巻；坂本洋子「選択的夫婦別氏はなぜ実現しないのか」時の法令 2051 巻 22－32 頁；竹中勲「民法 750 条違憲訴訟の再開の必要性」同志社法学 69 巻 4 号 1－37 頁；田代亜紀「夫婦同氏制度と『家族』についての憲法学的考察」早稲田法学 93 巻 3 号 103－126 頁；大塚正之「不貞行為慰謝料に関する裁判例の分析（1）～（5）完」家庭の法と裁判 10 号 34－40 頁、11 号 41－55 頁、12 号 39－57 頁、14 号 39－49 頁、15 号 40－55 頁。

③ 中山洋志「離婚後の配偶者の生存利益と離婚前の贈与の公序良俗違反性」法学新報 124 巻 11・12 号 109－147 頁。

### 3. 同性婚姻/同性伴侣

丹尼尔·马查多《巴西同性婚姻》分析巴西法律承认同性伴侣的司法裁判及学说。从财产法角度保护同性伴侣利益为起点，承认家族法类推适用，进而扩大类推适用范围，最终实现同性伴侣的保护。介绍亚洲国家动向的论文有，蔡秀卿《台湾开亚洲同性婚姻法律保障之先河》，亚洲家族法三国会议编《同性婚姻、同性伴侣制度的可能性及课题》。[①]

### （五）亲子

#### 1. 实际亲子关系

只承认丈夫享有嫡出否认权违背男女平等原则的司法案件，大阪最高法院和东京最高法院均作出合宪裁判。亚洲家族法三国会议编《亲子关系的确定》探讨确定亲子关系的现状及相关课题。日本、韩国现行嫡出推定问题引人注目，另一方面，中国台湾地区废止再婚禁止期、增加母亲及子女的嫡出否认权等。金亮完《韩国嫡出推定制度修改》，丰田博昭《德国父子关系事件中血缘的鉴定》围绕 DNA 鉴定结果是否支持父子关系存否，提出除 DNA 鉴定结果外，还需要补充血缘鉴定的其他要件。[②]

#### 2. 收养关系

本年度主要探讨课题为特别收养关系制度的修改，提高收养对象年龄，征得亲生父母同意作为收养要件等。喜友名菜织《作为儿童福利型的收养制度的展望（1）（2）完》明确父母同意及子女利益为基础的必要性，整理现行法制度在实践领域的问题点，明确法律修改方向。田中通裕《关于民法 817 条第 7 款》提出收养制度应

---

① マシャド・ダニエル『ブラジルの同性婚法』（信山社、2018 年）；蔡秀卿「台湾でアジア初の同性婚の法的保障へ」法学セミナー 62 巻 10 号 1—5 頁；新・アジア家族法三国会議『同性婚や同性パートナーシップ制度の可能性と課題』（日本加除出版、2018 年）。

② 新・アジア家族法三国会議『親子関係の決定』（日本加除出版、2017 年）；金亮完「韓国における嫡出推定制度の改正」戸籍時報 762 巻 20—27 頁；豊田博昭「ドイツ父子関係事件における血縁鑑定」修道法学 40 巻 2 号 235—284 頁。

分为"纯粹型"与"再婚养子型"，明确二者边界，后者应另行规定。[①]

3. 生殖辅助医疗相关

家永登《代理母亲与所生子女在法律上的亲子关系》，长友昭《中国人工授精的法律保护》，于丽玲著、宍户圭介、中塚干也、栗屋刚译《人工生殖法（中国台湾地区）》。[②]

（六）继承、遗嘱

1. 继承法概论

2018 年 7 月，相继颁布《民法及家事事件程序法的部分修正》（平成 30 年法律第 72 号）、《法务局关于遗嘱、遗书的保管等的法律规定》（平成 30 年法律第 73 号）。此次继承法修改是自 20 世纪 80 年代以来最大的一次法律修改，包含提高配偶继承份额、创设贡献制度等，此次法律修改是日本应对老龄化社会及经济发展变化做出的重要举措之一。二宫周平《继承法修改提案（1）》围绕配偶居住权、生前赠与持有免除[③]的意思表示，批判修正案受到尊重合法婚姻和保护合法配偶者思想的禁锢。《继承法修改探讨（2）》从家庭多元化角度出发，提出特殊贡献者被纳入被继承人亲属范围内的观点。

2. 继承人、继承份额、继承财产

新井诚、矢泽久纯《半血缘兄弟姐妹的继承份额是全血缘兄弟姐妹的二分之———试论民法第 900 条第 4 款但书规定》从民法学说、宪法学说、判例等方面探讨半血缘、全血缘兄弟姐妹继承份额的差异化规定之根据及其妥当性。副田隆重《受遗赠人的财产继承份额：以近年来的否定其继承权相关判例为中心》对受遗赠人的财

---

① 喜友名菜織「児童福祉型の他児養育制度としての特別養子縁組の展望（1）（2）完」早稲田法学会誌 68 巻 1 号 179－232 頁、68 巻 2 号 151－206 頁；田中通裕「民法 817 条の 7 について：特別養子縁組の成立要件としての「要保護性」と「特別の必要性」」法と政治 68 巻 2 号 489－523 頁。

② 家永登「代理母による出生子の法的親子関係」専修法学論集 130 号 1－57 頁；長友昭「中国における人工受精子の法的保護をめぐる議論」法政理論 50 巻 2 号 92－121 頁；于麗玲/宍户圭介・中塚幹也・栗屋剛訳「人工生殖法（台湾地区）」岡山商科大学法学論叢 26 号 74－165 頁。

③ 共同继承人中有特别受益继承人的，特别受益财产视为全部继承财产的一部分，在此基础上共同继承人对继承财产进行分割。

产继承，分为无继承权的案例、需慎重考虑的案例等类型，提出应本着谨慎的原则，对待受遗赠人的财产继承。①

3、遗产分割

本年度发表的论文依然围绕最高法院平成 28 年（2016 年）作出的裁判，存款作为遗产的一部分统筹进行分割这一重大变革。学界和实务界对这一裁判表现出极大的关心，展开多角度研究。山内久光《遗产分割审判的思考：对退款金融机构的保护——附平成 28 年（2016 年）12 月 19 日最高法院决定》指出在继承开始后遗产分割前，对金融机构的保护可适用不动产分割民法第 909 条但书规定。潮见佳男《从遗产归属面看遗产共有的二元构造》抛开以前的共有说与合有说对立的观点，从遗产的归属面上论述遗产共有的法律框架，再探讨各判例学说。②

4.遗嘱

田高宽贵《根据遗嘱取得的权利是否需要登记》从司法判例出发，认为根据遗嘱取得的物权变动不适用民法第 177 条，应根据民法第 94 条第 2 款类推适用。作者还提出应根据该规定，调整根据遗嘱取得物权者与从表见继承人处取得物权者之间的关系。小川惠《德国继承法中遗赠的履行与遗嘱执行者》从学说、判例出发，介绍德国法遗赠履行中遗嘱执行人的法地位，为今后法律修改明确遗嘱执行人的权利义务等内容奠定基础。③

---

① 新井誠、矢澤久純「半血兄弟姉妹の相続分を全血兄弟姉妹の 2 分の 1 とする民法 900 条 4 号但書規定についての一試論」広島法科大学院論集 13 号 101−129 頁。

② 山内久光「遺産分割審判に関する『平成 28 年 12 月 19 日付け最高裁大法廷決定』についての一考察：払戻に応じた金融機関の保護について」判例時報 2336 号；潮見佳男「遺産の帰属面から見た遺産共有の二元的構造」法学論叢 182 巻 1−3 号 1−24 頁。

③ 田高寛貴「遺言による権利取得における登記の可否：裁判例の考察による具体的判断要素の分析」法学研究 91 巻 2 号 27−62 頁；小川惠「ドイツ相続法における遺贈の履行と遺言執行者」同志社法学 70 巻 2 号 475−505 頁。